纪念中国加入
WTO十周年丛书

入世十年 法治中国

吕晓杰 韩立余 黄东黎 史晓丽 杨国华 编写

纪念中国加入世贸组织十周年访谈录

人民出版社

责任编辑:茅友生

装帧设计:鸿 一

图书在版编目(CIP)数据

入世十年 法治中国——纪念中国加入世贸组织十周年访谈录/
吕晓杰 韩立余 黄东黎 史晓丽 杨国华 编写.
-北京:人民出版社,2011.12
ISBN 978-7-01-010475-1

Ⅰ.①入… Ⅱ.①吕… Ⅲ.①世界贸易组织-规则-影响-社会主义法制-
建设-中国-文集 Ⅳ.①F743-53②D920.0-53

中国版本图书馆 CIP 数据核字(2011)第 258055 号

入世十年 法治中国

RUSHI SHINIAN FAZHI ZHONGGUO

纪念中国加入世贸组织十周年访谈录

吕晓杰 韩立余 黄东黎 史晓丽 杨国华 编写

人民出版社 出版发行

(100706 北京朝阳门内大街 166 号)

环球印刷(北京)有限公司印刷 新华书店经销

2011 年 12 月第 1 版 2011 年 12 月北京第 1 次印刷

开本:710 毫米×1000 毫米 1/16 印张:23.5

字数:390 千字

ISBN 978-7-01-010475-1 定价:45.00 元

邮购地址 100706 北京朝阳门内大街 166 号

人民东方图书销售中心 电话 (010)65250042 65289539

目 录

前 言

一年多以前，我们几个好友聚到一起，说起中国加入世界贸易组织（WTO）快十年了，作为从事 WTO 研究和实务工作的人，应该做点什么来纪念这样一个重要的日子。

我们还清楚地记得，《人民日报》在 2001 年 11 月 11 日发表了一篇社论——《中国改革开放进程中具有历史意义的一件大事——祝贺我国加入世界贸易组织》。社论说：加入世界贸易组织标志着"我国对外开放事业进入一个新的阶段。这是我国现代化建设中具有历史意义的一件大事，必将对新世纪我国经济发展和社会进步产生重要而深远的影响。"时光荏苒，到今年的 12 月 11 日，中国加入 WTO（"入世"）整整十年了。这十年来，"入世"究竟给中国带来了哪些方面的变化？中国以后该朝着哪个方向发展？我们想，这可能是很多人都想知道的一个大问题。

在我们看来，WTO 对中国的影响是方方面面的，因此，利用中国"入世"十周年纪念这一机会来回顾一下 10 年来的变化，对于我们坚定信心、展望未来是很有意义的。由于我们都是从事法律工作的，考察 WTO 对中国法治建设的影响是我们义不容辞的责任。于是，我们决定从"入世"对中国法治的影响这一角度，拜访那些在中国

"入世"过程中以及在中国"入世"后起着重要作用或者在 WTO 领域具有重要影响的一群中国人和外国人。我们拜访的人包括前美国贸易代表巴尔舍夫斯基大使、美国享有世界声誉并被称为 WTO 之父的 Jackson 教授、WTO 上诉机构前主席和现任"大法官"、直接参与中国"复关"和"入世"谈判的核心人员、中国负责外经贸法律工作的官员、中国驻 WTO 使团的官员、中国在 WTO 秘书处工作的"内部人士"和 WTO 总干事拉米身边工作的人、美国负责中国事务的贸易代表助理、WTO 专家组成员、欧盟大名鼎鼎的贸易法律师、代理 WTO 争端解决案件的国内知名律师、中国高校长期从事 WTO 研究的著名学者等。这些人中的每一位都是 WTO 界响当当的人物！我们希望，透过他们的亲身讲述，让我们有机会从多个不同的视角来审视中国"入世"十年来的发展和变化，尤其是在法治建设方面的发展和变化。摆在读者面前的这本读物就是在这样的背景下诞生的。

明确立意之后，我们开始约见和访谈这些"当事人"，并针对每位受访者拟定详细的访谈大纲，希望尽可能地通过他们的各自不同的亲身经历给出读者们希望知晓的答案。令我们感动的是，在我们发出访谈邀请之后，这些曾经并且现在仍然继续从事 WTO 相关工作的专家们，仿佛与我们心有灵犀，欣然接受了我们的请求。当时，我们心中的喜悦与激动可想而知！

在随后的几个月时间里，在清华大学、中国人民大学、对外经济贸易大学、王府井东方广场的写字楼和君悦酒店、中外律师事务所的办公室、餐馆和咖啡厅，在美国华盛顿的乔治城大学、在美国顶级律师事务所总部的办公室，到处都留下了我们与专家们一一访谈的身影。受访专家们经常是刚刚下了飞机还没有习惯时差就直奔访谈地点，有的专家则是利用短暂的回国休假时间或者出差时间接受访谈，还有的专家在无法抽出时间接受面谈的情况下给我们发来了手稿。受访专家们的大力支持和认真精神感动了我们！在那段时间里，虽然身体是累的，但我们的内心是激动的，我们的收获是丰富的！我们是如此近距离的聆听他们的经验和见识，感受他们的风采和智慧！我们是如此无所顾忌地提出我们想知道的每一个问题，生怕错过了难得的机会！每一次访谈结束后，我们总是感慨万千。每当这时，我们就感觉到，这一系列访谈，不仅仅是回顾与展望，更是我们自身提升的难得经历！从每一个访谈中，我们了解到了不为人知的故事和事实真相，思考了前所未想的问题。就这样，每一次访谈，我们都沉浸在兴奋和感慨之中。我们尽情地提问者、交流着，以至于几乎忘却了我们访谈的主题：WTO对中国法治建设的影响！

当几个月的访谈结束后，我们开始静下心来，仔细翻译、整理和阅读着每篇访谈稿。通读下来，我们终于松了一口气——我们的访谈目标实现了！因为尽管受访专家们来自不同的国家、从事着不同的职业，但是，他们都有一个共识：WTO是国际法治的成功典范，它为世界的稳定与和平作出了积极贡献。加入WTO更是对中国的法治建设产生了积极而深远影响，它促使中国以国际规则为立法准则，促使中国认真履行WTO承诺，促使中国积极运用WTO争端解决机制等等。十年来，中国已经走上了法治的轨道，形成了完善的法律体系。当然，专家们也提出了中肯的建议：不要神化WTO，不要夸大WTO对中国改革开放的影响。中国的改革开放是自主性的，不是任何外力强加的。我们应该以切切实实的客观态度看待WTO对中国政治经济发展所起的作用。同时，中外专家们还告诫我们，中国"入世"将近十年，中国已经不再是新成员了。在未来的日子里，中国应该在WTO中发挥出更大的作用！

为了使大家了解美国对中国"入世"十周年的看法,我们对"美中经济和安全审查委员会"在2010年6月9日举行的听证会进行了翻译和整理。这次听证会的主题是"中国在WTO中的作用:过去和将来"。纵观听证会14位嘉宾的发言,或理性或感性,但它反映了外界对中国"入世"的看法。我们希望透过这些看法,能够为大家开拓新的视野。

　　摆在读者面前的这本书一定存在着这样或那样的不足,例如由于时间和联络等因素所限,我们只访谈了目前的13位专家。但是,我们为受访专家们有如此广泛的共识感到欣慰!在中国"入世"20年或者更长时间之后,当读者读完这本书,还能够从中发现一片别样的天地的话,那我们的目的就达到了!

编　著

2011年8月

外经贸法规"元老"——张玉卿

张玉卿简历

张玉卿，北京张玉卿律师事务所主任。WTO 争端解决机构专家组成员，WTO PGE（常设专家组）成员。

1982 年毕业于对外经济贸易大学国际商法专业，获硕士学位，同年被分配到外经贸部条法司工作。1986 年获美国乔治城法律中心国际法硕士学位。

1987 年回国后一直就职于商务部条法司。曾任商务部条约法律司司长。担任过两届 UNIDROIT 理事会理事，《国际商事合同通则》第三版工作组成员，中国法学会 WTO 研究会副会长，中国国际经济法学会副会长，中国国际经济贸易仲裁委员会仲裁员，香港国际仲裁中心仲裁员，中国政法大学兼职教授和博士生导师。2005 年成立北京张玉卿律师事务所，从事国际经济贸易、WTO 法律咨询和国际仲裁工作。

出版的专著有:《美国国外销售公司(FSC)案评介》(2011年)、《国际货物买卖统一法:联合国国际货物销售合同公约释义》(2009年)、《WTO与保障措施争端》(2001年,与李成钢合著)、《国际反倾销法》(2001年,与高永富合著)、《国际货物买卖统一法:联合国国际货物销售合同公约释义》(1998年)、《国际反倾销法律与实务》(1993年)。主编《WTO法律大辞典》(2006年)、《国际统一私法协会(UNIDROIT)国际商事合同通则:2004》(2005年)、《WTO新回合法律问题研究》(2004年)、《国际特许经营指南》(2002年)、《国际反倾销法实用大全》(2001年)、《国际经贸条约集(第一卷)》(1993年)。与他人共同翻译:【美】约翰·H·杰克逊(John·H·Jackson)著:《GATT/WTO法理与实践》(2002年)。此外,还发表数十篇学术论文。

张玉卿先生访谈手记

谈起这部访谈成果，首先要感谢的就是张玉卿先生。当我们最初向他谈起这个系列访谈计划的时候，他对我们竖起了大拇指：值得做！紧接着就反指着自己笑道：那你们第一个就应该采访我！我当你们的试验品！就这样，他真的就成了我们的"试验品"。

他在外经贸部（现在的商务部）条法司工作二十多年，先后担任处长和司长，亲身参与和经历了中国涉外经贸法律的发展变化，参与和经历了中国从"复关"到"入世"的全部过程。早在20世纪80年代中国提出"复关"请求之初，他就参加了中国的"复关"谈判。到了90年代后期，他又参加了"入世"谈判。退休之后，他不仅继续从事着他所喜欢的法律事业，同时还作为中国政府首批推荐的专家入选WTO专家组指示性名单。2007年9月被WTO总干事拉米指定为审理美国、厄瓜多尔诉欧盟香蕉案(DS27) 两个第21.5条专家组成员，成为中国公民在WTO专家组任职的第一人。

对于中国的改革开放、对于中国的外经贸法律工作，他太了解了！对于那些从事外经贸法律业务的中国人和外国人，他太熟悉了！不仅如此，多年来，他还笔耕不辍，著作颇丰。正是这种忘我的学术精神，使他获得了高校和学术研究机构的青睐，他经常走入大学的课堂、走入研讨会的会场，与学生和学者们交流和对话。退休了，他的天地更宽了，他是WTO的"法官"、他是律师、他是教授、他是仲裁员、他是学术研究学会的会长。我们在想，对于中国外经贸关系这么些年的风风雨雨，他是最有发言权的！我们访谈对象的第一人，舍他其谁？

如此资深的外经贸法律官员，却平易近人，乐观开朗，谈笑风生，热情洋溢，诙谐幽默，慷慨大方！在他的律师事务所办公室，我们的访谈是轻松的、愉快的，大有宾至如归的感觉！

然而，从他的谈话中，我们却也看到了他十分"较真"和严肃的一面。他谈到了"入世"前的大规模的法律法规的清理，谈到了自己担任"法官"的WTO争端解决案件，谈到了加入WTO对中国法治建设的积极作用，谈到了中国加入WTO的艰辛过程，谈到了中国在国际上的地位，谈到了中国遵守国际规则的重要性。尤其是他从自己的亲身经历，高度评价了为中国加入WTO作出重大贡献的那些人，特别是时任首席谈判代表的龙永图先生，认为他"是中国加入世贸的功臣，我们应该感谢他的工作，记住他的名字。"

整整三个小时的访谈，令我们对张玉卿先生肃然起敬，我们敬佩他的学识，敬佩他的执着，更敬佩他的真诚！对他的访谈，不仅让我们看到了WTO对中国法治建设的积极贡献，看到了中国改革开放的丰硕成果，更坚定了我们克服困难完成全部访谈计划的信心！

❋ 张玉卿访谈录 ❋

访谈对象：张玉卿

访谈时间：2010 年 5 月 16 日下午

访谈地点：北京市张玉卿律师事务所

访谈人：杨国华、韩立余、黄东黎、吕晓杰、史晓丽

访问时长：3 小时

访：首先，非常感谢张司长接受我们的访谈邀请。我们这次访谈的主题是"入世十年对中国法治建设的影响"。我们希望通过访谈，找到一些看得见、摸得着的实质影响，而不仅仅是纯粹的感觉。事实上，加入 WTO 对中国在很多方面都产生了影响，但是，我们今天的访谈主要集中在"入世"对于中国法治建设的影响上。记得上个星期，我们提出了这个系列访谈计划，想听听张司长您的看法，并请您做我们的首位受访者。您当时就说："这事儿我坚决支持，头一个得采访我，我给你们当试验品。"今天，我们就将您作为系列访谈的"试验品"了，希望通过今天的访谈能够为我们日后展开的更多访谈提供经验和教训。

那么，我们今天的第一个问题是：张司长，为什么您说得第一个

采访您?

张玉卿:(笑)我的意思是说,从 20 世纪 80 年代中期开始,我就一直参与中国的"复关"与"入世"工作,直至谈判最后完成。在中国政府里,像我这样能够参与中国"复关"和"入世"全程的幸运儿并不多。事实上,从 20 世纪 90 年代初期开始,我的工作重心就一直在 WTO 领域,包括参与谈判、清理国内的法律法规、参与国内立法、参与 WTO 案件的争端解决。

访:大概是什么时间开始进行大规模的法律法规的清理工作的?它意味着什么?

张玉卿:我记得,1999 年 11 月 15 日,中美关于中国加入 WTO 的双边谈判取得成功。1999 年 12 月 1 日,我们就成立了法律法规清理小组。1999 年 11 月 15 日是一个具有里程碑意义的日子。为什么这样说呢?因为美国在 WTO 中一直扮演着举足轻重的角色,它是龙头老大,能够与美国谈成协议,说明中国加入世贸的日子屈指可数了。美国虽然通过谈判拼命争取自己的利益,但是,美国的方案也同时反映了欧盟、日本等大多数发达国家的利益。美国实际上是 WTO 中发达成员的总代表。中国在与美国达成协议之后,其他 WTO 成员再与中国进行谈判时,在要价上仅仅是填平补齐而已。这些国家再想对中国提出更高的要价就很难了,而且也不大可能会有国家对美国与中国达成的谈判结果表示反对。这是当今世界的现实。总的来讲,在中美谈判中,中国在某些方面争取到了十分重要的有利条件,例如取得无条件的多边最惠国待遇,打掉了所谓的"一般保障措施"等等。所以我说,1999 年 11 月 15 日是个值得纪念的一天,是个具有历史意义的一天。成立清理法律法规办公室这一安排,说明我们中国政府对中美协议的高度重视,对 WTO 规则的尊重。

访：中国在与美国谈判成功之后立即成立清理法律法规办公室，是美国人在谈判中提出的要求？还是我们主动采取的一项措施？这个机构的具体任务是什么呢？

张玉卿：1999年成立的这个机构的准确名称是"法律法规清理小组办公室"。在谈判中，美国人并没有提出这个要求，它完全是我们自己的主动行为。因为当时我们很清楚，如果我们对外承诺遵守GATT 的规则，放开外贸权、按照 TRIPS 规定保护知识产权、在国际贸易中遵守最惠国待遇与国民待遇，就必须使我们的外经贸制度与 WTO 的规定相符，就必须要对那些不符合上述要求的法律法规进行清理、修改，甚至重新制定。这体现了我们对 WTO 规则和国际法的尊重以及我们履行义务的诚意。

当时，我们的任务很艰巨。首先是清理外经贸部的所有内部文件、部门规章、行政法规等，然后逐步扩展至其他各部委。国务院为此还专门成立了一个领导小组。在中央一级，需要修订、废止，或者制定的法律、行政法规、规章和其他政策措施共有1150余件。在中央层面的清理法律法规工作完成之后，就是各省内部的法规清理工作。对于被清理的法律法规，我们按照"保留"、"修改"、"废止"和"重新制定"这四个档次来分类，造册。在中央和地方的法律法规清理中面临的所有问题，比如某个法规规章是否保留、某项法律法规是否符合 WTO 的规定，这都要由外经贸部的法律法规清理小组办公室定夺。具体说就是现在的杨国华副司长，当时的杨处长负责。你们可以想象得到，当时的工作量究竟有多大！

在加入 WTO 之前进行大规模的法律法规清理工作，这在世界上是绝无仅有的。以至于美国著名的 WTO 学者杰克逊（John Jackson）教授都对中国的这种做法感到吃惊！我记得，WTO 秘书处法律司有位专门负责"中国加入 WTO 工作组"法律工作的官员哥特勒专程来到中国约见我，了解中国法律以及法律法规的清理情况。他曾经向我提出，中国的某些法律制度和 WTO 规则不相符，但是，中国政府完全可以向 WTO 提出给予两年过渡期的请求，也就是在"入世"两年后再使中国的法律法规与 WTO 规则相符，不一定非要在"入世"前清理法律法规，这样也会使中国清理法律法规的时间宽松一些。

事实上，通过在日内瓦进行的多边和双边谈判，我们早就清楚中国的贸易制度在某些方面是与 GATT/WTO 制度不符的。我们长期实行的计划经济下的对外贸易管理体制与以市场经济为导向的 WTO 规则存在着很多不匹配的地方。例如，在当时，我们的外汇使用采取的是计划和内部审批的制度，进出口也是通过计划、配额和许可证进行管理，而且有权从事外贸业务的也就是那些数量有限的几十家外贸总公司以及它们控制的各省分公司。在哥特勒提出建议之后，我们在研究后觉得，虽然他的建议是出于好意，但是，我们担心，如果我们不进行法律法规的清理工作，有可能会使中国在过渡期内不能取得完全的 WTO 成员地位，不能完全享受 WTO 的权利。最后，我们还是没有采纳他的建议，仍然继续进行庞大的法律法规清理工作，而且必须要在中国加入 WTO 之前完成。可想而知，我们的任务是迫在眉睫的。要想中国在加入 WTO 之后立即取得完全的 WTO 成员地位，我们必须对与 WTO 规则不符的法律法规进行彻底的清理。我们当时也感觉到，对于长期习惯于靠内部文件管理的中国，无论从程序上还是彻底性上，清理法规的工作都是十分艰巨的，这项工作就像个无底洞，没完没了。但是，为了中国早日加入 WTO，工作组的同志们还是充满了按时完成任务的信心与决心。事实也证明这项工作完成得非常出色！

杨国华（补充）：确实如您所言，作为法律法规清理小组办公室的工作人员，我当时深知任务的艰巨。我记得我们办公室的作用主要有两个：一是清理外经贸部的法规和规章；二是清理各部委的法规和规章。那时，中央的十四个负有经济管理职能的部委都成立了类似的工作小组，例如财政部、发改委、农业部等都成立了法规清理小组。外经贸部的法规清理办公室主要负责向其提供咨询和总协调。现在看来，这项工作的意义非同寻常。

访：我们想问张司长这样一个问题，在各部委成立清理法律法规小组的设想究竟是谁最早提出来的？

张玉卿：中国的"入世"谈判主要是由外经贸部牵头，龙永图副部长是首席贸易谈判代表，所以，清理法律法规的建议自然是外经贸部先提出来的。当时，国务院主管这项工作的领导是时任国务委员的吴仪同志。她提出：所有部门的法律法规是否符合WTO规则，是否保留，外经贸部说了算！当然，外经贸部最终要将清理方案报国务院批准。

访：在当时，既然没有外国给予的压力，我们为什么要主动进行法律法规的清理呢？其他的WTO成员在加入WTO的时候也做过类似的法律法规清理工作吗？

张玉卿：在回答你这个问题之前，我们先看看GATT/WTO的历史发展和其基本理念。GATT/WTO的理论是建立在市场经济理论基础之上的。在关贸总协定形成时，其所有23个原始缔约方都是实行市场经济的，没有计划经济或非市场经济的国家参加GATT。关贸总协定的规则就是在总结和发展市场经济制度的基础上产生的。所以，当西方国家加入关贸总协定或者WTO时，它们只是面临着接受某些新规则或者适当调整某些做法和关税水平的问题，或者说是扩大市场准入，但是并不涉及根本制度的改变。

虽然在 20 世纪 50 年代至 60 年代，有几个社会主义国家例如匈牙利、捷克等加入了关贸总协定，但是，它们都是以"进口承诺"的方式加入的，即按它们的出口贸易或国民生产总值的增长幅度承诺每年从关贸总协定缔约方进口的增长幅度。采用这种方式加入关贸总协定无需对其国内法律法规进行清理，因为加入方只要履行了"进口承诺"，就视为履行了关贸总协定的义务。采取"进口承诺"方式加入关贸总协定的最大特点就是，加入方履行其关贸总协定义务如何与这些国家的对外贸易管理体制无关，其外贸管理体制无需进行改革。关贸总协定的其他缔约方只关注加入方的"进口承诺"的大小以及是否实际履行了，而不关注其外贸管理制度。

中国在加入 WTO 时并没有采取"进口承诺"的方式。在 20 世纪 80 年代中期，我们提出的"复关"三个原则是："以发展中国家的身份"、采取"关税减让的方式"，"恢复中国在关贸总协定中的缔约方席位"。关税在市场经济国家中对于进出口起着主要的杠杆作用。但是，在计划经济体制中，关税措施却起不到这个作用，因为国家对贸易权的管制、对外汇的控制、对进出口数量的管制等会对关税起到重大的抵消作用。既然中国以关税减让方式作为"入世"的条件，就涉及到调整中国对外贸易管理体制的问题，否则，即便是将进口关税降到零，总协定的缔约方还会担心贸易权、计划、配额、许可证等会起决定性作用，零关税不会起到促进进口的作用。所以，中国以关税减让方式加入 WTO，就必须对与 WTO 不符的法律法规予以废止或修改，就必须建立起一套与 GATT/WTO 规则相符的对外贸易管理体制。我个人觉得，中国以关税减让的方法加入 WTO 是完全正确的，它与我们建立市场经济的总体目标是一致的。同时，通过加入 GATT/WTO 谈判和法律法规的清理，极大地促进了建立市场经济目标的实现，促进了中国市场经济体制下的外经贸法律制度的提前完成。

事实上，如果我们不提前进行法律法规的清理，就不会顺利地在2001年12月11日加入WTO，享受完全的WTO权利。因为在历次的中国加入WTO工作组会议上，一些WTO成员反复提到中国限制外贸经营权、进口机电产品的内部审批、配额许可证发放的公开透明、外资法中的外汇平衡、当地含量、经济特区的特殊政策、专利保护期限、对布图设计的著作权保护等问题。它们认为，这些做法是不符合GATT/WTO的基本规则的，我们必须改进。因此，清理和修改法律法规是摆在我们面前的急迫问题，中国要加入WTO，就必须先解决这些问题。

访：《WTO协定》第16条第4款要求每一成员必须保证其法律、法规和行政程序与协定的义务相一致。因此，我们清理法律法规也是为了履行这一义务。在清理的法律法规中，最具代表性的就是中外合资经营企业法、中外合作经营企业法、外资企业法、专利法、商标法、著作权法等9件法律，还有国务院制定的技术进出管理条例、保障措施条例等。我们从1999年底开始进行清理法律法规的工作，历时近两年的时间，涉及3000多个法律法规，可以说是中国历史上规模最大的一次清理法律法规工作，别的国家从来没有做过。

那么，在清理法律法规时，自然会涉及到法律法规的废除或者修改，工作组有没有遇到过一些部门或地方政府不愿意修改或者废除其法规的阻力呢？

张玉卿：当然是有的，但公开反对的不多。阻力主要体现在应该如何修改法规这一问题上。在《对外贸易法》中，外贸经营权的修改是最困难的，因为它直接涉及到是否允许私人企业甚至个人从事国际贸易的问题。我们与美国在1997年达成的双边非正式协议中，就承诺放开外贸经营权。当时，由于我们国内有些人对此坚决反对，修改外贸法的阻力非常大。许多法律法规虽然最终修改了，但有的拖了一两年，有的还要长。有些法律还留下了"尾巴"。

访：从目前来看，在当初那么大阻力的情况下进行清理法律法规的工作是值得的吗？当初这么做对中国日后的法治建设产生了哪些影响呢？

张玉卿：毫无疑问，当时进行法律法规的清理是一项重大举措，其意义是深远的。现在看来，这样做是值得的，我们也看到了积极的效果。通过大规模的清理法律法规，我国的外经贸法律法规包括外贸、外资、外汇、海关、商检、知识产权保护等方面的法律法规有了很大的进步与质的飞跃，这些外经贸法规已经基本上和国际标准接轨了。通过清理，我们将带有浓厚计划色彩的、与 GATT/WTO 不符的外经贸制度改掉了。我们因此建立了一整套全新的外经贸法律制度。我们的外贸法就是一个典型的范例。另外，中国对贸易救济制度的全面立法，贸易救济机制的全面系统的建立与实施，也是中国清理法规的重大效果之一。可以说，如果没有加入 WTO，我们至今可能还在老路上走。而且，WTO 所要求的"透明度"义务也使我们摒弃了靠内部文件、领导人讲话管理外经贸的时代。WTO 所要求的"司法审查"制度也使我们放弃了过去那种司法部门不能挑战行政部门决策的做法。现在，外贸管理、外资、质检、海关、外汇以及商标、专利等部门的行政决定都要受到司法审查的制约。这是中国法治上的巨大进步！

访：我们刚才一直是在加入 WTO 的背景下谈法律法规的清理问题。假设中国没有加入 WTO，有可能进行这么大规模的法律法规清理工作吗？

张玉卿：微乎其微，虽然有这种需求，但没有这种压力，靠自觉革命其实是很难的。

访：您认为中国加入WTO是历史的偶然还是必然？对于当时的决策者而言，加入WTO的决策是这些决策者的偶然做法吗？

张玉卿：有人说，中国的改革开放源于三个主要事件：一是中国共产党十一届三中全会启动了中国的改革开放进程；二个是邓小平20世纪90年代初的南方讲话推动了中国进一步的改革开放；三是2001年中国加入WTO形成从外部推动中国继续改革开放的动力。我认为，这种说法不无道理。中国加入WTO既是中国经济发展的客观需要，也是中国改革开放的必然结果。在中国进行"入世"谈判时，国内外就流行这样两句话："中国需要WTO，WTO也需要中国"。可见，中国加入WTO是一种必然的结果。

当然，决策者的作用也很重要。在中国"入世"这个问题上，决策者们顺应了这一客观必然，也有一定的魄力。例如，当时的中美两国领导人曾经直接过问中国加入WTO的事情。如果没有中国国家主席江泽民和美国总统克林顿的直接推动，中国"入世"的时间可能还要被推后。特别是在1999年11月15日那天的谈判中，如果没有中国总理朱镕基在关键时刻的亲自直接会见、谈判，就不会有中美的协议。对于中国加入WTO，他们是功不可没的！我觉得，中国加入WTO也好，建设法治社会也好，谁都知道这是历史的需要与必然。但是，国家领导人能够认识到这一点，并亲自推动实现这些目标，在中国是最难能可贵，也是最关键的。

访：为什么您认为中国加入WTO是一种客观必然的选择呢？

张玉卿：中国必然选择加入WTO，我个人觉得主要基于以下几个方面的考虑：

第一，关贸总协定是事实上的国际组织，中国本来就是它的原始缔约方。国民党政府退到台湾之后，在关贸总协定里守候了几年，后又退出，这使得中国在关贸总协定中的席位一直空缺。中华人民共和国成立之后，一直没有和关贸总协定有任何接触和联系，也没有参加它的任何活动。但是，我们是《国际纺织品贸易协议》（《多种纤维协定》，Multifibre Agreement，MFA）的缔约方，中国的纺织品贸易必须按 MFA 操作。由于 MFA 协定与关贸总协定存在关联，我们开始关注关贸总协定，开始了解关贸总协定。当时，国务委员张劲夫同志了解到中国与关贸总协定的这种历史渊源后，认为基于改革开放的需要，我们应该考虑参与关贸总协定的活动。在国际经济贸易中起着如此重要作用的国际组织，中国却游离在外，这是不正常的。所以，中央当时就决定"复关"，并提出了"复关"三个原则，这无疑在当时是明智之举。

第二，改革开放后，中国的经济不断发展。这就使得中国虽不是关贸总协定的成员，但客观上还要受到关贸总协定规则的制约。比如，中国的出口产品频频遭到西方国家的反倾销和反补贴调查。它们打着总协定的招牌滥用规则，限制中国出口产品，然而我们在日内瓦却没有发言权。由于中国不是 WTO 成员，在美国就不能享受永久的最惠国待遇，年年要受到美国国会的审议。如果中国的出口产品在美国得不到最惠国待遇，中国的对美出口就会遭遇致命的阻碍。这种状况必须改变，而办法就是加入 WTO。

第三，在 1999 年 9 月 11 日召开的 APEC 第七次会议上，江泽民主席会见美国总统克林顿时表示，中国对加入 WTO 一直采取积极态度，中国加入世界贸易组织不仅是中国经济发展和改革开放的需要，也是建立一个完整开放的国际贸易体系的需要。我们希望谈判能够在平等互利的基础上进行，争取早日达成协议。克林顿也表示，美国支持中国尽早加入 WTO。他说，他现在要亲自过问中国加入 WTO 的事情，并希望与江泽民主席共同解决这个问题。当时，他提出一个主要的加入条件，就是希望中国解决好知识产权的保护问题。同时，美国也愿意在纺织品、最惠国待遇和一般保障措施等方面采取灵活的立场。显然，这是美国就解决中国"入世"问题所做一次关键的表态。此次首脑会谈起到了重要的推动作用。

另外，早在 1990 年 1 月，台湾地区正式以"台、澎、金、马单独关税区"的名义也向关贸总协定提出了加入申请。1992 年初，美国国务卿贝克访华，转达了台湾地区想尽快加入关贸总协定的愿望。由于台湾地区加入关贸总协定不涉及繁重外贸制度问题，其加入程序可能会更快一些。大陆当然不会同意让台湾先于大陆加入关贸总协定或者 WTO。最终，中美双方达成了"中先台后"的"入世"原则。1992 年 9 月，关贸总协定理事会主席正式发表声明，确认了上述原则。所以，中国加入世贸还涉及到台湾这个敏感的政治问题。

基于上述考量，我们觉得中国加入 WTO，不能久拖不决。所以中国加入 WTO 既是是一种客观必然的要求，国家领导人亲自支持、推动也促使了这一选择的加快实现。

杨国华（补充）：您这个分析很有道理。中国加入 GATT/WTO 与中国从 1978 年开始实行改革开放这个大的背景是一致的。2002 年召开的党的十六大报告提到："以开放促改革、促发展"。这句话的内涵非常深刻。它说明，国家领导人很清楚，我们在改革中遇到了一些问题，需要通过开放政策来推动改革的深入进行。

张玉卿：是的。大家都在讲改革开放，但是，怎么改？怎么开放？近期目标是什么？远期目标是什么？没有人能够讲得清楚，也没有人敢触及这些敏感的问题。而且真到了改革的时候，还有可能遭到那些既得利益者的反对。对于著作权法，我们搞了几十年就是搞不出来，最后，还是在"复关"和"入世"过程中解决了这个问题。其实，对外开放的一个重要方面就是要积极考虑加入国际上的条约，因为这些条约也是人类文明的体现，是人类对社会生活的总结。加入那些被世界上大多数国家承认的条约，也是我们对世界文明的认可，也是世界对中国的认可。入世前，许多人大呼"狼来了"，许多人认为中国入世"弊大于利"。入世十年了，看看我们经济贸易的发展，看看我们的国际地位，不都证明中国走对了吗！

访：在清理了法律法规之后，外贸经营权、外资准入、知识产权保护等方面都跟国际标准接轨了。您说过，这代表着"国际文明，社会文明"。其实，这件事情已经不仅仅是法治的问题了。记得 2001 年 11 月 11 日《人民日报》发表的一篇社论——《中国改革开放进程中具有历史意义的一件大事——祝贺我国加入世界贸易组织》说过，加入 WTO"必将对新世纪我国经济发展和社会进步产生重要而深远的影响。"① 对于这句话，您是如何解读的呢？中国加入 WTO，除了法律上的进步之外，是否还有社会文明上的进步呢？

张玉卿：的确，加入 WTO 不仅给我们带来了法律上的进步，也带来了许多新的文明与理念。我记得在文化大革命刚开始的时候，彭真同志曾经提过"在法律面前人人平等"这句名言。但长期来，有许多事情在处理时就是不平等的，但大家都习以为常了。例如，我们习

---

① 参见《人民日报》社论：《中国改革开放进程中具有历史意义的一件大事——祝贺我国加入世界贸易组织》，2001 年 11 月 11 日第一版。社论说：这标志着我国对外开放事业进入一个新的阶段；这是我国现代化建设中具有历史意义的一件大事，必将对新世纪我国经济发展和社会进步产生重要而深远的影响。

惯于按财产的所有制性质进行立法，企业也按不同的性质立法，这就导致不同所有制的财产、不同性质的企业适用不同的法律，享受不同的待遇。再例如，早期有权从事国际贸易业务的就是那几十家外贸公司，其他公司没有这个权利。虽然后来放开了外贸经营权，但也只限于国有企业才有资格。加入WTO后，至少在贸易权问题上得到了彻底解决。不管是国企、私企、还是合资企业，甚至自然人，只要履行必要的法律手续，就可以从事国际贸易了。这一做法使得我国在贸易权上实现了真正的人人平等。

另外，我们经常讲透明度问题，这实际上是来自WTO的一个概念。我们在加入WTO时承诺，只实施那些公开了的法律法规，这意味着我们放弃了过去那种凭内部文件、开会传达来管理对外贸易的工作方式。在知识产权保护方面，以前根本没有现在这样的全面立法，也没有现在这样的认真执法态度。我们过去总是口头上讲，应该重视知识、重视知识分子，其实，认真和严格地保护知识产权、对侵权违法者给予严厉的处罚，才是对知识、对知识分子的真正保护与爱护。还有一个方面的进步值得关注，那就是，加入WTO就意味着我们几乎全部放弃了过去靠计划、内部审批、配额许可证的对外贸易管理方式。事实上，我们不能简单地将这种改变看成是管理方式的转变，它实际上代表了管理理念的改变。这一改变铲除了很多走后门、走关系、行贿受贿的现象！难道这不代表着我们社会的进步吗?! 类似的进步还很多。这些进步都是在中国加入WTO的过程中或者是加入WTO之后才取得的。因此，加入WTO不仅给我们带来了经济上的发展，也给中国带来了许多新的机制和现代的理念。

访：今年3月，全国人大常委会决定修改《著作权法》。2001年的《著作权法》第4条第1款规定："依法禁止出版、传播的作品，不受本法保护。"在 WTO 受理的美国诉中国知识产权案中，专家组认为，中国的上述规定不符合 WTO 规则。因为按照《伯尔尼公约》和 TRIPS 的规定，作者应当自作品产生之日起就享有著作权。政府可以禁止作品的出版和传播，但不能否认作者的著作权。中国在该案件中败诉之后，全国人大常委会修改了《著作权法》，将第 4 条第 1 款删除。这是自加入 WTO 以来，我国第一次根据 WTO 专家组的裁决修改全国人大制定的法律。

您是怎么看待这次的全国人大修改《著作权法》这件事的？这件事与中国的法治建设有什么样的关联？

张玉卿：其实，第 4 条第 1 款是《著作权法》中的一个很简单的问题，一个 ABC 的问题。比如，我写了一本书，没有人给我出版，这本书算不算是我的作品呢？或者说，假如国家禁止出版我的书，我对我的作品是否有著作权呢？实际上，各国都承认这种著作权，这是国际上普遍遵守的一个规则，但我们的法律却背道而驰。值得我们深思的是，在立法的当时，中国并不是没有人懂得这个问题。前些天，我和中国人民大学的郭寿康教授就谈论起了这个问题。他说，当时在起草通过《著作权法》时，许多人就指出过第 4 条第 1 款有问题，但是，这个意见没有被接受，还是通过了。现在好了，WTO 说你错了，我们才不得不改。所以，我感慨的是，中国知识分子的真知灼见为什么当时不能能被采纳呢！试想，如果中国不加入 WTO，这个条文可能还会执行十年、二十年或者甚至更长时间。这件事应该值得我们反思！

访：既然在《著作权法》立法和法律清理时没有能够解决第 4 条第 1 款的问题，而 WTO 争端解决机构作出的裁决促使中国删除了该款规定。你觉得，在中国"入世"之后，我们应该如何对待 WTO 争端解决机构对我们作出的不利裁决呢?

张玉卿:我们可以拿美国作一个例子。当初,在美国国会就是否接受乌拉圭回合的谈判结果进行讨论时,争论也很激烈。特别是以共和党议员多尔为首的不少参议员认为,加入 WTO 将侵害美国的国家主权。但是,大多数人还是支持加入 WTO 的。例如,美国著名的 WTO 学者杰克逊(John Jackson)教授就到国会去讲演,克林顿总统也亲自推动这个事情,美国才得以加入 WTO。杰克逊教授认为,美国加入国际条约就意味着在一定程度上让渡了国家主权,就要遵守条约。但是,如果你觉得 WTO 损害了国家的主权,你可以退出来。

一个国家对国际法的尊重,关乎一个国家的国际形象,涉及到对国际社会的公共秩序的维护。既然中国加入了 WTO,就应当尊重 WTO 的规则,遵守 WTO 的纪律。像中国这样一个大国,在遵守国际法方面更要特别注意贯彻这个理念和原则。何况我们的立法特别是那些行政法规、部门规章以及地方性法规在有些方面可能还是有问题的。知错能改,善莫大焉!尤其是在 WTO 作出裁决之后,就更应该认真遵守。现在,我们与 WTO 成员的贸易额占我国贸易总额的 95%以上,我们在 WTO 中的地位也在不断提高,因此,我们的行为必须跟我们的大国地位、经济发展水平、贸易发展水平相匹配。在加入 WTO 之后,应该努力使我们的法律法规的制定和实施提高档次,努力与 WTO 规则保持一致。当 WTO 对我们做出不利的最终裁决之后,我们应该抱着善意来理解,按照 WTO 规则执行这些裁决。这是一方面。另一方面我们还应看到,不少国家目前对中国仍存有偏见,还有的国家对中国的发展存在嫉妒心理,或惧怕心理。因此,它们往往滥用 WTO 的规则,歧视、限制中国的出口产品,包括海外投资,从而使中国企业享受不到本应享有的权利。对此我们在尽量做 WTO 好成员的同时，还要坚决勇敢地在多双边中维护中国企业的 WTO 协定所赋予的权益。这也是对 WTO 规则的捍卫。

访：执行 WTO 裁决是遵守国际法的一种体现，也是遵守国际秩序的一种意识。您认为，执行 WTO 裁决到底是一种意识呢还是一种需要？

张玉卿：我觉得，执行 WTO 裁决首先应该是基于有这个需要，其次也离不开意识。我们遵守国际法首先是国家主权与利益的需要，当然还涉及中国的国际形象问题。中国这么大一个国家，如果对国际法视若无睹，认为国际法可有可无，这是不可取的。如果 WTO 裁决我们败了，我们不予以执行，就有可能招致报复，就会影响我们的贸易利益，一些人就有可能失业，因此，遵守 WTO 裁决自然是基于客观需要。但是，意识也很重要，要意识到国家的形象，意识到国家、企业的利益。如果没有执行 WTO 裁决的理念和意识，你怎么可能会执行呢？如果大家都不执行 WTO 的裁决，又如何维护这个多边体制呢。所以，二者都很重要，缺一不可。当然，我们应该对 WTO 案件格外重视，认真对待，要打好官司，尽量避免 WTO 争端解决机构作出对中国不公平的裁决。

对于 WTO 争端解决机制，我们应该有正确的认识。不能官司打赢了就高兴，打输了就说人家不公平、不公正或者歧视中国。与国际海洋法庭（ITLOS）、解决投资争端国际仲裁中心（ICSID）以及国际法院（ICJ）相比，WTO 争端解决机制在国际法上有很多突破性的发展，有很多先进性。例如，对贸易争端实行强制性管辖、程序严谨、审限严格、裁决自动通过、监督执行严格等。另外，WTO 案件一律由专家进行审理，不存在任何政治势力或行政的干预。正因为如此，使得 WTO 争端解决机制具有很高的信赖度，WTO 成员乐意将问题诉诸这里来解决。这样一个比较完善的争端解决机制有效地避免了过去那种弱肉强食、大打贸易战的混乱局面，提高了大家对 WTO 的信任。所以，中国应该充分利用这一机制维护我们的贸易利益。

访：你认为，通过加入 WTO，我们得到了什么呢？

张玉卿：加入 WTO 为中国在对外经贸方面建立起全新的法律制度带来了动力与机遇。现在，我国的许多法律或者条文就是 WTO 规则在中国的具体体现。这些法律制度的建立不仅改进了中国的法治状况，同时也对我国的改革开放产生了很大影响。可以说，WTO 规则对促进中国对外经贸的发展起到了基础性的作用。如果没有加入 WTO，中国对外经贸活动的外部环境就不会像今天这样好，中国的对外贸易与国际投资也不会这样快的发展！而且，一个国家法治的进步和在国际舞台上的地位，要看这个国家对在国际上被广泛认可的国际公约的态度。显然，我们加入 WTO 这件事情本身使得中国在国际上的地位得到了很大程度上的提升。

通过加入 WTO，我们的立法和司法学到了 WTO 的某些长处，我们的社会有了很大的进步，我们的改革也在与 WTO 相关的方面向前发展。例如，通过清理法律法规，我们制定了全新的中国对外贸易制度，解决了与国际接轨和透明度的问题。尽管这套全新的对外贸易法律体制在某些方面还不够圆满，但从总体上而言还是应当予以肯定的。毫不夸张地说，清理法律法规和制定新的外贸制度，就像是一场革命。

WTO 的先进性并不局限在对外贸易体制方面，其他领域也大有借鉴的余地。例如，WTO 争端解决机制的独立运行制度、自动管辖制度、专家审案制度、程序的透明和公开制度、裁决书的翔实和逻辑严密性、裁决的自动通过和生效制度、裁决书严格的执行程序等，就很值得我们的立法、司法界学习。这也是国际上普遍肯定 WTO 争端解决机制的主要原因。WTO 争端解决机制重视程序规则，无论专家组还是上诉机构，它们完全依照 WTO 规则审案，不会考虑政治或其他因素。WTO 裁决不仅推理和分析严密，而且为确保条文解释的前后一致性，还非常尊重先例。我个人认为，WTO 争端解决机制是人类文明在国际法上的重大发展。我们为什么不能取其长处，为我所用呢？当然，WTO 专家组和上诉机构的报告也存在一定的问题，例如，有的报告过于冗长，并存在着大量的重复。但是，瑕不掩瑜，它的整个制度设计应该予以肯定，值得中国学习和借鉴。

访：您刚才说到，清理法律法规是与国际接轨的体现，执行 WTO 裁决是遵守国际法的体现。这些都是国际法意识或者国际法治的体现。同时，你也提到，WTO 对其成员的法治包括立法、解释和审判有很多借鉴意义。例如，我国在加入 WTO 时，最高人民法院就曾经提出过要加强法院判决的说理部分。您认为，我国的司法机构如何借鉴 WTO 争端解决机制呢？

张玉卿：在中国加入 WTO 前后，我曾应邀参加一些讲课，介绍 WTO 的争端解决机制。但是，结合中国的司法审判实践，我曾提出两点建议：第一，裁决或判决要讲理。讲理是要把事实、证据和适用的法律讲清楚，对适用的条文要给予具体适用和解释。同时，裁决书还要有逻辑推理过程和相应的分析，并根据这些分析得出结论；第二，裁决或判决要回答问题。如果你读过一份 WTO 案件的裁决，你就会发现，专家组或者上诉机构对当事方提出的几乎所有问题都要做出交代，做出回答。在国内诉讼中，当事人花了几十万甚至上百万的律师费，经过了多次的仔细研究才就案件提出了某些法律问题，对这些无论是事实问题还是法律问题，不能愿意理就理，不愿理就弃之不顾，裁决应该对法律的适用和解释作出详细的说明，要敢于直面问题、敢讲清道理。只有这样，我们的法律才能成为活的法律、有指导意义的法律，判决成为有内容的判决，说理服人的判决。最高人民法院已经开始重视这些问题，是非常可贵的。

访：目前，在涉外案件和海事案件审判中，我们已经开始加强判决的说理部分。那么，在其他非涉外领域，还有必要借鉴 WTO 争端解决机制吗？

张玉卿：现在，有一种概念认为，WTO 就是外经贸的事情。我认为，这是不准确的或者说是将 WTO 狭义化了。如果说，中国加入 WTO 是中国改革开放的动力，那么，我们就应该不断深化对 WTO 的理解，扩大它的功能与作用。特别是我们的立法界和司法界，应该自觉学习和借鉴 WTO 的长处。独立地依照法律和规则审案，排除各方面的干预与干扰。此外，中国还应该借鉴 WTO 的案例法制度，要在司法实践中尽量保持同类案件判决的前后一致性，使法院判决具有相对的稳定性，对社会具有一定的指导意义。我们的法律和司法判决应该朝着法律本身提供的可预见方向发展。我觉得，我们有遵守国际法和重视国际形象的传统，但是，在国内法层面做的还很不够，还有很多方面需要改进和提高。

当然，WTO 争端解决机制也不是十全十美，它在执行机制上还存在着一定的问题。我最近正在整理 WTO 的一个著名案件，就是美国的 FSC 案（Foreign Sales Corporations）。我发现，美国通过各种手段取巧于 WTO 的程序规则，千方百计地变换手法，新瓶装旧酒，以达到抵制和拖延执行 WTO 裁决的目的，为此还招致欧盟每年 40 亿美元的贸易报复。最后，到了走投无路时，美国不得不修改了实施几十年的通过放弃税收对出口进行补贴的做法。当然，FSC 案有一定的特殊性，它涉及到一个国家的税收体制。而且，欧美在这个问题上已经争论了几十年，因此，在解决上存在着一定的难度。然而，在WTO作出裁决后，美国还是执行了裁决。如何避免WTO漫长持久的诉讼，及时为受到损害的成员方提供救济，这是WTO要解决的问题。

访：在刚才的访谈中，您主张，WTO制度值得其他国际组织和国内相关机构效仿。同时，你也提到，为了加入WTO，中国进行了法律法规的清理并履行了WTO裁决，实现了与国际规则接轨，遵守了国际法治，这是明显的进步。那么，在其他方面，加入WTO对中国法治的进步还有哪些影响呢？

张玉卿：加入WTO后，中国法治的进步体现在多个方面。例如，很多法律和行政法规制定得比以前更加详细和具体，我们开始重视程序规则了，法律的覆盖面也不断扩大，法院也开始重视"审判文书"的起草工作，还有目前中国所有行政部门的决定都要受到司法审查的制约，等等。但是，我们也看到了许多不足和需要改进的地方，我们大家都希望中国的立法与司法能够更如人意。例如，我们都在关注，中国的民法典何时制定出来？中国的商法在那里？我们最终通过的反垄断法还有不应该有的例外。这些不足或缺失不利于中国市场经济的发展，不利于中国对外贸易的发展。

访：现在，在某些法律法规颁布前，我们已经开始公开征求社会意见、公开征求民众意见，你如何看待这一做法？

张玉卿：的确，在加入WTO之后，许多法律和法规在起草阶段就开始征求社会的意见。但是，并不是全部的法律法规都要事先征求公众意见。"公开"征求意见不是指仅仅通过政府的组织系统征求意见或者简单开几个内部座谈会征求意见即可，而是向全社会公开征求意见。例如，加入WTO之后，商务部在修改对外贸易法、起草反垄断法草案和修改反倾销条例、反补贴条例及保障措施条例时，就采取了非常广泛的听取意见与评论的办法，包括听取外国专家的意见等。这使得草案在日后提交批准时比较成熟。现在，中国的经济成分、市场主体已经发生了翻天覆地的变化，过去的那种封闭的征求意见手段已经落后。

访：有观点认为，建设一个起作用的法治体系，对于保障改革开放之后的国家利益是很重要的，同时，它也是市场经济的保障。您是如何看待这种说法的？

张玉卿：我认为这种说法是正确的。首先，改革开放的实践活动通常走在前面，实践成功后，就要用法律予以规范起来，以保障实践做法的延续与发展。有了法治体系，并依法办事，才能真正巩固改革开放的成果。搞市场经济实际就是要搞法治经济，减少政府对经济的过度干预。如果总是用行政手段解决经济问题，市场经济的体制就得不到保障。加入 WTO 之后，我们更需要强调依法治国、依法管理，我们必须把这一理念贯彻下去。否则，我们的做法就会跟 WTO 规则撞车，国家和企业的权益也得不到保障。我们必须建立一套科学和持久稳定的法治体系，国家、企业和个人都在这一法律体系的框架下运转，只有这样，国家才能长治久安。如果靠行政命令办事，就很容易导致朝令夕改、政策因人而异。

访：有观点认为，中国是唯一的一个用法律条文规定政府必须实行市场经济的国家。您怎么看待这个问题？

张玉卿：这种观点有一定的道理。根据中国加入世贸的议定书和工作组报告，我们必须走市场经济的道路，不能再回到过去的计划经济体制，否则，我们就会违反 WTO 规则。这也是当时在议定书中中国同意其他成员对中国出口产品在一定期限内可以适用特殊规则的原因。中国加入 WTO 的议定书和报告书就像 WTO 的法律文件一样，都属于国际条约，我们应该认真遵守。我相信，我们是能够做到这一点的。中国一直以来对国际法是很尊重的，中国人说话是算数的，是守信用的。既然已经参加了国际条约，就会按此去做。此外，WTO 规则是建立在市场经济机制基础上的。虽然原来的东欧几个国家加入关贸总协定不是成功的案例，但后来他们也都实行市场经济了。中国是以市场经济国家的身份加入 WTO 的，只不过由于在当时我们的市场经济体制尚未完善，所以我们接受了一些特殊过渡期条款。

访：在"入世"十年之际，我们谈"入世"对中国法治建设的影响，其实这是一个很复杂的问题。对于如何判断一个国家是否是一个法治国家，每个人都有自己的观点。那么，你是如何看待这个问题的？

张玉卿：这是一个很大的问题，更是一个很复杂的问题。让我们仅局限在外经贸领域谈谈这个问题。我认为，在外经贸领域，法治的标准是：第一，要和国际标准接轨，具体就是与 WTO 接轨。比如，对外贸易法、海关法、知识产权保护法、质检法、外汇管理法等都必须与 WTO 的规则相一致。那些涉及到最惠国待遇与国民待遇的相关法律法规例如税法、投资法或有关市场准入的法规，也要与 WTO 的规定相符。同时，还要根据新的承诺或 WTO 裁决不断修改相关法律法规，因为我们每天都要和 WTO 成员打交道；第二，要依法办事。法律是有功能的、起作用的，不是摆设，不能束之高阁。政府的所有部门都应依法办事，所有带有指令性的文件和指示都要有法律法规上的依据。如果能够长期坚持下去，就可以说中国在 WTO 方面的法治成熟了。

访：根据您的看法，加入 WTO 对中国在很多方面都是有促进作用的，比如，立法、司法等。

张玉卿：那是当然的。值得骄傲的是，我们的法律法规清理、修改与制定工作是卓有成效的。这项工作避免了许多中国在 WTO 的被诉案件，并为中国建立起了一套全新的、完善的对外贸易法律制度。法院在这方面也做了大量的工作，例如，法院建立了知识产权庭，建立了司法审查的机制。可以说，"入世"十年来，中国基本上符合了它对 WTO 应履行的义务。当然，仔细审查的话，我们可能还有一些不足。

访：我们想问您的最后一个问题是，您和"入世"首席贸易谈判代表龙永图副部长一起从事了多年的 WTO 谈判，能谈谈对他的印象吗？

张玉卿：为了中国"复关"和"入世"，商务部先后有四位领导担任首席贸易谈判代表，那就是沈觉人副部长、佟志广副部长、谷永江副部长和龙永图副部长。我有幸参加过四位首席谈判代表负责的谈判工作，但一起工作时间最长的是龙部长。可以说，龙部长是对中国加入世贸工作花费时间最长、精力耗费最多、贡献最大的一位部长。没有他的努力，中国"入世"可能还要花费更长的时间。他对 GATT/WTO 的历史、宗旨与规则相当娴熟，对中国加入世贸的政策和原则掌握得相当准确。龙部长用他出色的英语不辞辛苦地努力与各国沟通，争取让中国早日加入世贸。他勇于捍卫国家利益，敢于对某些成员的漫天要价进行顽强的说理，甚至是严厉的斥责。他善于协调国内各个部门之间的立场与利益，能够带领谈判团队不屈不挠地努力奋斗。在"入世"谈判中，龙部长充满了对祖国的热爱，表现了毫不动摇地保护国家经贸利益的坚定立场。龙部长是中国加入世贸的功臣，我们应感谢他的工作，记住他的名字！

"GATT/WTO 之父"——John H.Jackson

John H.Jackson 简历

John H.Jackson，美国乔治城
大 学（Georgetown University）法
学教授、国际经济法研究所所长。

美国普林斯顿大学文学学士、
密歇根大学法律博士(J.D.)、德国
汉堡大学法学博士。

1973 年至 1974 年任美国总
统办公室特别贸易代表办公室总
顾问。1988 至 1989 年任密歇根大

学副校长助理。2000 年在 WTO 案件中任专家组主席。2003 年 6 月
被 WTO 总干事素帕猜任命为 WTO 顾问委员会成员。多年来，他还
一直从事为美国政府和外国政府及国际组织提供咨询的工作。Jackson
撰写了多部颇有影响的学术著作和论文，其中，《世界贸易和 GATT
法 律 》(World Trade and the Law of GATT)、《GATT 和 WTO 的 法
理 》(Jurisprudence of the GATT and the WTO: Insights on Treaty Law

and Economic Relations）和《国际经济关系中的法律问题》(Legal Problems of International Economic Relations）等已经成为国际经济法学的经典之作。此外，Jackson 还担任多个学术期刊的编委（如 American Journal of International Law,Law and Policy in International Business,International Tax & Business Lawyer, Fordham International Law Journal,Maryland Journal of International Law & Trade, World Economy）。他还是 1998 年创刊的《国际经济法学刊》(Jouranl of International Economic Law）的创始人及主编。基于其对国际法领域的杰出贡献，美国国际法学会在 2008 年 4 月授予他该学会的最高荣誉奖"曼莱·哈德森（Manley O.Hudson Medal）奖章"。2008 年 10 月，意大利佛罗伦萨欧洲大学学院（European University Institute）授予他荣誉博士学位。

Jackson 教授访谈手记

　　熟悉 WTO 的人都知道，Jackson 教授在业界被尊称为"GATT/WTO 之父"。据说，"WTO"一词就是他首先提出来的！当然，以他的年龄，他不可能是关贸总协定的创始人，但他在 1969 年出版的专著"World Trade and the Law of GATT"被公认为阐释关贸总协定的权威之作。在长达四十多年的时间里，他矢志不渝地研究 GATT/WTO，著作等身，桃李满天下。世界上从事 WTO 工作的人，多数都能和他或远或近地扯上关系——或者是他的学生，或者听过他的课，最起码也听过他的演讲。在 2004 年 WTO 成立十周年之际，WTO 发布了一份专家报告"The Future of the WTO"，就 WTO 的发展方向问题进行了探讨。这份报告就是 WTO 当时的总干事素帕猜邀请八位著名人士撰写的，Jackson 教授就名列其中。由此足见他在 WTO 领域的影响力！

　　在此次访谈中，他对 WTO 尤其是 WTO 争端解决机制赞誉有加，对贸易促进和平的理念坚信不疑。同时，他也相信，WTO 能够促进中国的法治进程。也许正是由于这些信念，在美国国会当年辩论是否给予中国"永久正常贸易关系"待遇（PNTR）的时候，他是积极的推动者。他是温文尔雅的学者，更是敦厚慈祥的长者，他总是非常诚恳地夸奖和鼓励别人，这次访谈也不例外。在短短的访谈中，我们感受到了他对中国的热情和善意，感受到了他的客观和认真。

John Jackson 访谈录

访谈对象：John Jackson

访谈时间：2010 年 10 月 21 日下午

访谈地点：美国华盛顿乔治城大学法学院 John Jackson 教授办公室

访谈人：黄东黎

访谈时长：1 小时

访：非常荣幸您在百忙中能够接受我们的访谈。您也知道，早在 24 年前，中国就开始寻求重新加入关贸总协定。2001 年 12 月 11 日最终实现加入 WTO 的愿望。明年也就是 2011 年是中国"入世"十周年，我们几位中国学者正在做这样一项工作，即对 WTO 的知名专家学者进行访谈，请他们谈谈中国"入世"对中国法治进程的影响。您是 WTO 的知名学者，所以，我们想请您谈谈这个问题。首先，我们想请您谈谈您是如何与中国结缘的？

Jackson：大概是在 1987 或 1988 年，对外经济贸易大学的一位学者邀请我访问中国。虽然他是搞经济学的，但知道我写了一些关于关贸总协定方面的东西，所以就邀请了我。我在中国呆了 10 天，但感觉时间真的是太短了。那次访问中国让我大开眼界，那个时候，满大街都是自行车，而不是小汽车。记得当时我们住在一个西式酒店，那个时候，酒店还使用自己的供水系统。另一件让我印象深刻的事情是，我在对外经济贸易大学演讲时，发现那儿的学生英语非常好，这一点让我非常惊讶。后来我有很长一段时间没有去中国，尽管我喜欢这个国家，喜欢那儿的人。再后来的 10 年，我至少到过中国三次。

访：您的职业与中国"入世"有关联吗？

Jackson：从某种程度上来说是有的，而且也是很偶然的机会产生了这种关联。我记得那是在 2002 年，就在这间办公室，我接到了一位美国女士的电话。她在北京工作，好像是一个基金会或者类似的单位。她说："我们想请您给中国外经贸部的工作人员做一个培训，培训地点就在您的学校。"培训的费用由他们基金会来承担。这完全出乎我的意料，当时我一点准备都没有，只好先说可以。之后，我和我的同事 Jim Feinerman 商量了这件事情，因为他很了解中国的情况。如果当初他不和我一起做这个事情的话，我也不大可能去做。就这样，我们两个人为中国外经贸部的工作人员培训项目准备了两周时间。培训最终如约举行，我保证听课效果，我们还请了同声传译，当然这也让他们基金会花了不少钱。虽然我们很少做培训，但培训过程很有意思，Jim 和我都认为，那是一次我们了解中国人的难得机会。从那儿以后，我们和中国商务部建立了联系。现在，我们在中国有一些很好的朋友，经常会有交流活动。而且，我们每年都会接收几个中国学者来这里学习和研究。尽管我不懂汉语，但我们还是可以交流的，因为中国人的英语变得越来越流利，这就简单多了。

访：在您看来，促使中国"入世"的动机或推动力是什么？

Jackson：我想，这个推动力应该是来自中国的领导层。我不是中国问题专家，我的认识来自于华盛顿一些学者如 Feinerman 以及其他学者和经济学家等的观点。也就是说，这不是我的直接认识，而是间接认识，是通过与一些学生、中国官员等进行交谈后得出的结论。我接触过的这些人告诉我，中国的领导层认为，加入 WTO 对于中国人尤其是中国经济至关重要。"入世"可以帮助他们在中国进行推动改革开放政策，特别是市场经济改革政策。我知道，中国的"入世"谈判非常艰难。但中国做出了一个正确的决定：必须要加入 WTO，任何事情都不能阻挡中国加入 WTO 的决心，无论付出什么代价，中国都要实现加入 WTO 的目标。

访：从中国的角度来看，加入 WTO 是非常有利的。但是，从美国的角度来看，支持中国加入 WTO 是出于什么动机呢？

Jackson：我想，了解国际事务和世界经济学以及亚洲事务的人都知道中国的潜力，也知道世界的和平在很大程度上取决于中美关系。民意测验显示，从总体上而言，美国人对国际事务和国际关系是比较关心的。但是，在华盛顿，也有一些人对待任何外国人或者国际事务都不是特别的友好。你可以看看其他的民意测验，特别是 Chicago Council of Foreign Relations，它每四到五年就会做出一个非常好的民意调查。根据这个调查，对于华盛顿发生的事情，大家都会发出一些带政治性的噪音。每个人都在空谈，制造一些没什么用的噪音，这就是现实。我个人认为，中美关系至关重要，它是世界上最为重要的双边。我觉得，中美关系在未来还将有很大的发展空间。

访：以您看来，其他一些 WTO 成员例如欧盟对于中国"入世"是否做出了积极的贡献？

Jackson：我认为，日本和北美国家对于中国"入世"起到了积极的作用。总的说来，如果一个国家的领导层具有开拓性，或者考虑地缘政治关系，就会支持中国加入 WTO。在 WTO 成立后，中国"入世"前，几乎所有人都说，为了 WTO 和世界经济的成功，我们必须让中国加入 WTO，中国必须成为其中的一员。我想，这是当时的一个共识。但是，在中国开始进行"入世"谈判之后，问题就出现了，那就是美国的相关法律必须经过修改后才能对中国适用。当时，有 4 位美国众议员写信给我，请求提供法律意见。在回复中，我详细解释了中国必须加入 WTO 的原因和对美国的利益。

访：您的意见可能对于是否给予中国永久正常贸易关系待遇这一投票结果起到了非常重要的作用？

Jackson：或许是吧。我记得在国会投票后不久，一个学生在上课时问我："4 位众议员果真根据您的意见给中国的 PNTR 议案投赞同票了吗？"我说我不知道。当时，我的助手坐在教室后面，他解释说："这 4 位议员都投了赞成票"。

访：这就是您的影响力。您是专门研究 WTO 制度的，您认为，WTO 法是国际公法的组成部分吗？

Jackson：是的。过去有观点认为，关贸总协定是独立于国际法之外的一个特殊体制。但是，我并不赞成这个观点。上诉机构在它做出的第一个裁决中就认为，WTO 是国际公法的一个组成部分。

访：WTO 作为一个法律体系，你认为它区别于所有其他法律体系的特征是什么？

Jackson：我想应该是争端解决机制。它是一个适用刚性法律的机制，并且非常注重法律分析。但也可能有人认为，WTO 争端解决机构作出的裁决理论分析太强了。我个人认为，争端解决机制这一点可以将 WTO 区别于其他所有的国际法领域。以金融领域为例，巴塞尔协议就不是个很有刚性的法律，它是个软法。但是，WTO 有一个由刚性法律构成的非常稳固的法律体系，这个法律体系极其注重法律分析，并且结构完善。因此，我认为，不管对 WTO 做出怎样的改革，都不能损害 WTO 争端解决机制，都不能做任何可能取代 WTO 的事情。WTO 体制已经获得了相当大的成功，它是世界上很独特的一个实践，是现存国际法律机构中最强大的一个。我希望 WTO 能够继续保持发展的原则。然而，我们也对 WTO 的其他方面表示担心，例如，我们非常担心多哈谈判方面不能获得积极的进展。

访：谈到 WTO 争端解决机制，我们想知道您对 WTO 法律程序中先例的作用是如何评价的？判例是否可以视为是 WTO 法律解释的一个法律渊源？WTO 法律实践中的遵循先例做法将对条约解释的法律理论产生怎样的影响？

Jackson：我认为，先例原则至关重要。尽管 WTO 没有采用这个措辞，但它已经体现在 WTO 之中。事实上，判例可以被视为 WTO 法律解释的渊源之一。我在 2006 年曾经写了一本书，该书就涉及到了这个问题。我认为，判例法有助于保持法律的连续性、可预见性和安全性。"可预见性"、"安全性"等措辞在 WTO 争端解决或条约解释中经常见到。判例已经发展成为 WTO 法律解释的一个重要工具。

访：在 WTO 成立以后，我们可不可以说国际法不再是"软法"了？

Jackson：我认为不能一概而论。在国际法中，有的部分也很有刚性的，只不过它们通常局限在很窄的技术范围之内。就刚性而言，WTO 恐怕是产生广泛影响的最重要的国际法律机构。

访：您如何看待 WTO 的未来？

Jackson：WTO 会继续发展。我并不认为会有国家将来摒弃WTO。即使 WTO 将来仅剩下一个争端解决体系继续运行，它仍然有存在的价值。现在的情况是，在WTO中尤其是秘书处和那些驻WTO使团的外交官存在一些公众不甚明了的、类似幕后操作的、不充分公开的做法。最近几年，我对这些做法或多或少地有所接触。

WTO有三大支柱：一是争端解决体制，二是谈判体制，三是以部长级会议为首的组织体制。目前，谈判体制是最为瘫痪的一个。组织体制中的各个委员会还在继续工作。现在的情况是，各成员不需要修改刚性的法律规定。如果你有一大套刚性法律作为基础，你可以通过各种行政管理行为协调某些做法和大量的不同方法。在某种程度上，这保证了WTO协定的执行。

访：加入WTO之后，中国的对外贸易有了很大发展，您如何看待中国将来在WTO中的表现？

Jackson：我认为，中国在WTO的表现一直都很积极，可以说比美国的表现还要积极。

访：就中国"入世"后的法治进程问题，你是如何评价中国目前的法治现状？也就是说，与2001年加入WTO时相比，今天的中国在法治方面是否有所进步呢？

Jackson：客观地说，我可能不是回答这个问题的合适人选。因为有些人经常去中国，他们比我更了解情况。但是，在过去的六、七年里，我也曾经就此问题与其他人交流过几次，有时与我的学生（包括中国学生），有时与中国官员进行交流。比如，在两年前，我曾经与妻子和两位中国官员（也是我们的朋友）聊了整整一个傍晚，大家开诚布公地谈论自己的看法。从这些交谈中，我了解到，中国正在朝法治方向发展。当然，从报纸上，你可能会读到关于中国法治倒退的文章。

访：中国在"入世"议定书中做出了许多承诺，所有这些承诺都被视作中国应承担的国际义务。在"入世"议定书中，中国承诺实行市场经济。那么，这是否意味着中国已经做出了实行市场经济的国际承诺？您认为中国有义务实行市场经济体制吗？

Jackson：我并不认为中国有义务必须实行市场经济体制，但是，坚持以市场经济为导向的发展方向是符合中国利益的。我想，正是基于这种考量，中国才申请加入世贸组织的。而且，我相信，中国在今后将继续沿着这条路走下去。目前，国际上对什么是市场经济还有很多争议。我认为，从国际法、国际组织和国际条约这个角度来说，一套标准不可能适用于所有的情况。对于每个国家和不同的文化而言，他们必须有一个适应的过程。

访：您的意思是，中国并没有作出实行市场经济体制的承诺并承担这一国际义务？

Jackson：在我的印象里，中国"入世"文件中的用语并没有这么规定。因此，你只能说，"入世"文件是以市场经济为发展方向的。事实上，市场经济体制在有些情况下也并不总是那么好，刚刚发生的金融危机就证明了这一点。

访：那么，您是不是认为法治是中国在"入世"议定书中承诺的一个国际义务？

Jackson：最近，我在看中国"入世"议定书时，发现有一些特征，例如，透明度方面的承诺。这可能就是你所说的法治吧。我想，与其说法治，还不如说条约中的一些条款正在朝着法治方向发展。

访：您觉得，WTO 中的哪些规定将会促使中国进行更进一步的经济体制改革？ WTO 中的非歧视条款有可能推进中国的经济法治化进程吗？

Jackson：我认为，透明度义务将会促使中国进行更进一步的经济体制改革。当然，WTO 的非歧视原则、最惠国待遇、国民待遇和其他一些条款对于促进法治建设也具有非常重要的作用。我个人认为，中国在某种程度上正在朝着市场经济的方向发展。

访：你认为，WTO 的透明度义务有可能促进中国的政治法治进程吗？

Jackson：这个问题很难回答，因为我对中国还不够了解。我记得大概在 6 年前，我参加了一个晚宴，当时有几位学者认为，中国入世将有助于中国更好的保护人权。这令我很惊讶，因为中国"入世"的承诺和 WTO 的协定涉及的都是经济方面的问题，根本就不涉及政治性问题例如人权问题。但是，我觉得有一种不可避免的趋势，也就是透明度义务可以让公众了解事情的进展，非歧视原则可以促使 WTO 成员要公平对待。事实上，中国政府在履行非歧视原则方面做得相当好，有时可能比美国做的还要好。

访：在非歧视性方面，中国曾经发生过一些争论。一些人认为，中国政府怎么能够给外国人以非歧视待遇，而不给中国的私有企业以非歧视待遇呢？事实上，WTO 规则促使人们重新思考政府和公民之间的关系。

Jackson：是的，这是有可能的。我想，在这方面，我们不能一律把美国、欧盟或者日本模式当做样本，对中国而言，更是如此。

访：是的。与其他国家相比，中国有着不同的政治结构和文化氛围。拿透明度来说吧，中国已经制定了相应的法律规定，要求政府就某些决策召开听证会。一开始，人们相当惊讶，以至于发出感慨："哇，难以置信，我们可以参与政治决策了。"

Jackson：希望你们的书对此有所涉及。

访：会的，我们还会和其他受访嘉宾讨论这个问题。我们进行访谈的一个重要内容就是想了解一下，中国"入世"是否推动了中国法治的进程。从目前的情况看，至少可以说，透明度义务促使中国政府在某些方面改变了决策过程。此外，我们想听听您的意见，以您的了解，WTO 透明度义务是否也提高了其他 WTO 成员的法治意识？

Jackson：在我看来，至少在某些方面是起作用的。但是，我并不清楚透明度义务到底促使一些国家改变了多少。过去的三、四十年，很多人都认为：通过贸易建立起经济关系，国家之间进行大量的商品交换，这是促进国际社会走向和平的重要因素。我想，和平的关键是要以规则为导向。我不太愿意使用"法治"这个词，因为这个词让人们感到害怕。实际上，如果你在各处都有正在发展的经济伙伴，你就有兴趣维持友好关系，不会轻易破坏这种关系。因为保持这种友好关系对双方都有利。

访：如果要进一步研究"入世"与中国法治进程之间的联系，您是否有什么建议提供给我们？

Jackson：这个问题很值得研究。你们可以研究一下相关案例，特别是要研究一下涉及制度改革方面的变化。如果能够通过案例研究来展示这个发展过程将是非常有价值的。

访：提到案例研究，中国已经参与到 WTO 争端解决机制中来。目前，我们在 WTO 争端解决机构有多个案件作为原告和被告。您认为，这些争端解决案件会在中国产生影响吗？

Jackson：会的。现在，中国正在变得越来越专业，中国正在培养这方面的专业人士，中国在 WTO 争端解决案件的专业水平也在不断提高。

访：好的，非常感谢您在百忙中接受我们的访谈，希望将来有更多的机会向您请教 WTO 的问题。

"中国代表团公使"——张向晨

张向晨简历

张向晨，中国常驻WTO代表团副代表、公使。

北京大学国际政治系硕士研究生毕业，后获得北京大学法学博士学位，2002年在美国约翰·霍普金斯大学国际关系学院做高级访问学者。

张向晨公使自1991年起进入商务部工作。1992年至2001年12月参加了中国恢复关贸总协定缔约国地位和加入WTO的谈判工作。在中国加入WTO之后，于2005年7月至2008年7月任中国商务部WTO司司长兼中国政府WTO通报咨询局局长。

在繁忙的工作之余，他还撰写了《窗外的世界——我眼中的WTO与全球化》（2008年）、《WTO后的中美关系：与美国学者对话》（2002

年)、《发展中国家与 WTO 的政治经济关系》(2002 年) 等专著,主编了《中国观点:多哈回合贸易与谈判》(2008 年)、《WTO 香港部长级会议重要发言汇编》(2006 年)、《WTO 与中国贸易政策分析》(2003 年)。此外,他还公开发表了多篇学术论文。

❋ 张向晨公使访谈手记 ❋

　　我们对张向晨公使的访谈，是在一家餐馆进行的。访谈的时间选在了他从日本东京参加完重要会议顺道回到北京的那天晚上。由于很快要从北京返回他的工作常住地日内瓦，他就从首都机场坐上车直接来到了我们约定的餐馆，随身还携带着出差的行李。到达餐馆时，已是晚上八点了。一坐定，我们就催着他吃了一大碗"下车面"。没等

张向晨公使在中国加入 WTO 签字仪式上

吃完，我们就侃侃而谈起来。

虽然年纪不大，但他是中国加入 WTO 谈判的核心小组成员，知道"入世"谈判过程中的每一个细节。他参加了 2001 年底在卡塔尔首都多哈召开的部长级会议，参加了在那次会议上举行的中国加入 WTO 签字仪式，那张最具代表性的、被广泛引用的中国代表签署文件的照片上，助签的那个人就是他！

在与我们的访谈中，他兴奋地回忆起了谈判中的某些关键情节和自己的看法。他尤其谈到了当初"没想到"的问题，即：谈判时曾经担心加入 WTO 可能会对中国的相关产业带来严重冲击，没想到的是，这个严重冲击不仅没有出现，反而是这些产业蓬勃发展、欣欣向荣。这让他们这些谈判者非常欣慰。

"入世"后，他担任了商务部世界贸易组织司的司长。现在，他又到了 WTO 总部所在地——日内瓦常驻，担任中国常驻 WTO 代表团公使，由此参与了更加广泛的多边谈判工作。因此，当我们在访谈中期待他更多的回忆那些中国加入 WTO 谈判的点点滴滴细节的时候，他已经将话题转到了他在日内瓦从事的那些工作，滔滔不绝地谈起了新回合谈判停滞不前的症结所在以及中国如何在多边贸易体制中发挥更大的作用。

张向晨访谈录

访谈对象：张向晨

访谈时间：2010 年 11 月 13 日晚上

访谈地点：北京市西城区车公庄大街 21 号

访谈人：杨国华、韩立余、黄东黎、吕晓杰、史晓丽

访问时长：1 小时

访：非常感谢您下了飞机就风尘仆仆地接受我们的访谈，这对我们是个难得的机会。您几乎全程参与了中国"入世"谈判的全过程，"入世"后又担任了商务部世界贸易组织司司长，现在又以中国常驻 WTO 代表团副代表的身份常驻日内瓦工作。所以，我们非常想了解，您这样一个背景的人，是怎么看待 WTO 这个国际组织的？你觉得加入 WTO 对中国的影响是什么？

张向晨：先回答第二个问题吧。我觉得，怎么看待 WTO 整个国际组织没有第二个问题重要。

由于我亲身经历过中国"入世"的整个过程，所以，我在看这个问题的时候会带着一种责任感。在当初签署"入世"文件的时候，我们也怀着一种忐忑的心情，因为不能肯定"入世"就会一定有好的结

果。即便事先采用了很多种经济模型进行了比较充分的论证，从理论上分析出加入 WTO 是利大于弊，但是，这个论证还是要经历实践的检验。当时，中央领导也非常担忧，特别是担心农业产业能否经得起入世的冲击。在工业领域，大家最为担心的是国内汽车产业有可能被外国汽车的进口冲垮，因为我们承诺将汽车进口关税从原来的 100% 降到 25%，① 这是一个很大的挑战。正因为如此，在签署"入世"文件前，很多人不赞同我国对外承诺大幅度降低汽车进口关税。而且，我们的一些参与谈判同志是从汽车产业来的，他们深知大幅度降低进口关税可能给国内汽车产业带来的巨大压力。因此，在谈判中，我们感受到了很大的压力。应该说，这些担心在当时是有一定理由的。现在，"入世"快十年了，我们并没有看到当时最为担心的事情发生。农业和汽车产业并没有因此受到很大的影响和严重的冲击，甚至连短时间的严重冲击也没有发生过，这使我们倍感欣慰。

也有人可能对此持不同意见。认为近年来大豆进口很多，冲击了中国的大豆产业。的确，进口大豆的数量越来越多是事实，但是，大豆的进口关税水平和中国加入 WTO 并没有直接的关系。因为在中国加入 WTO 之前，大豆的关税就是 3%，加入 WTO 之后还是 3%。在

---

①　我国在入世时承诺逐步降低汽车及零部件的进口关税税率。实际上，中国早在上个世纪 80 年代就开始降低汽车进口关税。1986 年，我国的汽车进口关税重新调整，排量 3 升以上的汽油轿车为 220%，3 升以下的为 180%。1994 年 4 月 1 日，排量 3.0 升以下的汽油轿车关税降为 110%，3.0 升及以上排量关税降为 150%。1997 年 10 月 1 日，进口汽车 3.0 升排量上下的汽油轿车，税率分别降至 100% 和 80%。2002 年 1 月 1 日，排量 3.0 升以下的进口轿车关税降到 43.8%，3.0 升以上的降到 50.7%。2003 年 1 月 1 日，排量 3.0 升以下的进口汽车关税降到 38.2%，3.0 升以上降到 43%。2004 年 1 月 1 日，排量 3.0 升以下的进口汽车关税降到 34.2%；3.0 升以上降到 37.6%。2005 年 1 月 1 日，进口汽车关税降到 30%，汽车零部件关税也下降到 13%。2006 年 1 月 1 日，进口汽车关税从 30% 下调至 28%。2006 年 7 月 1 日，小轿车、越野车、小客车整车的进口税率下降到 25%，车身、底盘、中低排量汽油发动机等汽车零部件的进口税率降到 10%，至此，中国加入 WTO 的汽车及其零部件降税承诺已经履行完毕。

"入世"谈判时，我们不太可能将大豆进口关税再提高，只能维持现状。关于"入世"对大豆产业的影响，我们也做过一些调查。我国大豆的主要生产基地黑龙江省基本上保持了原有的大豆生产规模，即便是全国的大豆生产也依然保持着年产 1400 万吨到 1600 万吨的产量。事实上，我们的大豆生产并没有因国内需求的增加而扩大生产规模，而只是基本上保持了存量市场的份额。增量市场则大多被国外大豆尤其是巴西、阿根廷、美国的大豆占据。这些国家生产的大豆不仅出油率高，而且也具有价格竞争优势，而且美国还为大豆生产提供了大量的财政补贴。"入世"前，一部分反对中国加入 WTO 的人认为，中国加入 WTO 将造成每年 900 万农民失业。客观而言，农民失业的情况肯定是有的，但这不一定是我们加入 WTO 引起的。中国"入世"过了这么多年，我们并没有看到这方面比较有力的因果关系证据。总体来讲，中国在农业产业上处于弱势地位，我们的自然禀赋摆在那里，进口的农产品比我们的农产品具有更强的竞争力。但是，开放农业市场之后，农产品进口平均关税从原来的 21% 下降到 15%。尽管原来的进口关税就不高，但继续下降还是会带来一定程度的冲击。但是，到现在为止，我们并没有看到明显的冲击。原因可能是我们采取了比较充分的防范措施，也可能是我们低估了自身的竞争力和适应力。

"入世"后在汽车产业发生的变化更是令我们意想不到。40 多年来，我们的汽车工业一直靠高保护政策得以发展。但事实证明，这种体制下的汽车产业发展的并不是很好。加入 WTO 之后，我们将汽车进口关税降到 25%，汽车产业非但没有因此受到太大的冲击，反而是发生了一些积极的变化。在加入 WTO 两年之后，进口汽车并没有太多的增加，反倒是国内的汽车市场出现了"井喷"式的增长，国产汽车为适应市场的需要发明了很多新的车型。

总之，现在的这种结果是我们这些"入世"谈判者当初没有想到的，它超出了所有人的预期，甚至是超出了最为乐观的人的预期。

有人说，中国加入WTO的过程是点石成金！中国在申请"复关"的报告里也有一句话：恢复关贸总协定缔约国地位是实现中华民族自立于世界民族之林的最后一项重大的外交行动。为什么这么说呢？因为中国在当时已经绝大多数国家都建交了，并且在所有的重要国际组织中都有一席之地，只有关贸总协定是个例外。因此，我们在当时提出"复关"申请的主要目标是出于外交方面考虑，而不是中国经济体制改革方面的考虑。但是，在后来的谈判过程中，我们慢慢意识到，这个过程对中国带来的影响是很大的，而不仅仅是完成一个外交使命这么简单。

1992年召开党的"十四大"以前，我们对经济体制的描述是"有计划的商品经济"。当时，外国人特别不理解这是什么意思。在他们看来，世界上的经济体制只有计划经济和市场经济两种类型，而有计划的商品经济属于哪一类型？当时，我们谈判代表团曾经试图将这个措辞翻译成"有计划的市场经济"，但未被批准。因为在当时，从计划经济转型到市场经济这个问题在国内还是很敏感的。"十四大"提出了建立社会主义市场经济体制的目标之后没过几天，关贸总协定就召开了中国"复关"第十二次工作组会议，在这次会议上，关贸总协定结束了对中国贸易政策的审议，也就是说通过了"复关"的资格审查。在当时的会议上，我们对"社会主义市场经济体制"作出了这样的解释：我们要搞的市场经济与一般的市场经济没有什么差别，都是旨在发挥优化资源配置的作用，只不过社会主义市场经济体制是在中国共产党领导下进行的。在后来的谈判中，我们越来越体会到，关贸总协定里的国民待遇、非歧视、透明度原则都是建立市场经济体制必须的，所以，我们建设社会主义的市场经济机制就必须接受和实施这些原则。在这方面，李岚清同志是一个很有远见的人，记得当时他让我们不厌其烦、不厌其详地在国内宣讲关贸总协定中的这些制度，因为国内各个层面对这个问题并没有什么认识。

访：到明年，中国加入 WTO 就要满十年了，你是怎么看待中国与 WTO 之间的关系的？

张向晨：我觉得中国和 WTO 之间是互动的关系，二者是相互影响的。实际上，别人如何看待我们，在某种程度上取决于我们以什么方式看待别人；反之亦然。在当年进行"入世"谈判时，龙永图副部长有一次发了脾气，给美国谈判代表气哭了。她说，中国现在还没有加入 WTO 就这个样子，如果加入了 WTO，肯定会把 WTO 给搅得天翻地覆。这是美国人当时最大的担心，他们怕中国进去之后会颠覆WTO 体制。但是，在我们加入 WTO 之后，他们发现，中国并不是一个破坏者，而是 WTO 体制的维护者。美国有位学者皮尔森写过一篇文章，分析了中国在世界银行和国际货币基金组织（IMF）中的表现，认为从总体上而言中国是体制的维持者，而不是推翻者。

在加入 WTO 的头几年，我们与其他 WTO 成员之间的关系实际上是处于"蜜月期"的，尽管美国和其他 WTO 成员对我们有不满的地方，但总体上还是认为我们履行了"入世"承诺，执行了市场开放政策，即便在某些方面没有执行，也是因为存在特殊困难比如法规出台较晚，等等。但是，随着中国经济实力的强大，中国也结束了为期五年的过渡期，中美在多边的矛盾开始凸显。同时，我们也面临着如何与 WTO 的老成员打交道的问题。在"入世"的前五年，我们基本上是把自己放在一个学生的位置。在 WTO 的各种活动中，我们很慎重，总体上是抱着学习的态度，说话比较少。但是，在过渡期结束后，加上多哈回合谈判的深入，许多 WTO 成员要求我们必须站出来讲话，发表看法。尤其是美国人和欧洲人，他们发现中国和他们想像的不太一样，有点过于低调。他们认为，中国在 WTO 中必须扮演一个更重要的角色。这种呼声对于我们的确是个不小的挑战。

直到现在，欧美还在抱怨，中国过于低调，不怎么说话，总是躲在别人后面。我们国家也有学者这么认为。事实上，这和我们国家的文化有关。我们中国人不喜欢像有些国家那样高调，儒家文化是内敛的。此外，在经济利益上，我们也有自己的特点。在多边体制中，我们既有进攻利益，又有防守利益，而且，这两个方面的利益都很重大。不像有的国家只有进攻利益没有防守利益，或者有的国家只有防守利益而没有进攻利益。正是这样一个两面性，使得我们在 WTO 谈判中必须要照顾两方面的利益，这种分寸的把握和拿捏是很难的。

现在，有些国家让我们在 WTO 中发挥领导作用。事实上，我们是不愿意说我们要发挥领导作用的，而愿意说我们中国将发挥建设性的作用。因为 Leadership（领导作用）的定位既不符合我们的外交政策，也与我们真正实力不相符。对于国外所说的让中国发挥 Leadership，我们并不把它翻译成"领导作用"，而是翻译成"引领作用"，就是带个头而已。当年，欧盟贸易委员曼德尔森来北京时，曾经谈到中国在多哈回合中的角色问题，我们提出了四个"L"原则，我本人也可以说是这个提法的开创者之一吧。这四个"L"原则是：Less, Lower, Longer 和 Later。Less 就是指承诺开放的范围要少一点，Lower 就是减让的幅度要低一点，Longer 就是指义务的实施期要长一些，Later 就是推迟两三年后再开始实施承诺的义务。我们为什么要提出免减、少减、延长减和推迟减的建议呢，因为我们主张自己是 WTO 的新成员，同时又是发展中国家。当时，曼德尔森回应说，你们的想法倒是很好，把自己给保护起来了。但还需要再加上一个"L"，那就是 Leadership，也就是说，你们中国以后要在 WTO 中发挥领导作用。

访：按照我们的说法，中国要在今后发挥引领作用。那么，以您的亲身经历看来，中国"入世"后的这些年对 WTO 包括多哈回合谈判的参与情况有什么样变化？

张向晨：我可以举一个例子来说明中国参与多哈回合谈判的情况以及中国参与 WTO 活动方面的变化。在多哈回合谈判中，我们加入了 G20，这个 G20 不是金融危机中的那个 G20，而是发展中国家之间在农业谈判中的一个协调机制。我们之所以参加 G20，是因为美欧国家不同意我们的免减和少减建议，他们认为，我们中国应该为这次多哈回合谈判多做贡献。G20 的牵头人是巴西，是巴西找到我们让我们参加的。我们回应说，如果要我们参加，我们有个四"L"原则，巴西也同意支持我们的四"L"原则，就这样，我们参加了 G20。尽管我们多年来实行的外交政策是不结盟，但是，多边谈判的游戏规则是要尽可能多地寻找同盟军，这和正式结成军事或者政治同盟是完全不同的。多边谈判中的同盟是在谈判中根据不同领域利益的界定随时调整的。例如，美欧国家在农业问题上是相互对立的态度，但在工业问题上则联合到了一起。现在，我们参加的协调机制已经有很多了，除了 G20，我们还参加了 G33 等。只要和我们利益攸关，我们都会参加这样的协调机制。大家慢慢地认识到，WTO 的游戏规则就是这样的。让我们回头看一下，当时参加 G20 的目的是为了获得其他成员对我们四个"L"原则的支持，事实上，我们也获得了很多的支持。例如，我们积极推进美国大幅度削减补贴、削减高关税。正是依靠着集体的力量，我们实现了进攻利益。应该说，在多哈回合谈判中，中国已经逐渐适应了多边游戏规则并正在积极主动地参与其中。

2008 年，我们在 WTO 的结盟活动有了更大的转折。在这一年，中国成为 G7 的成员。一直以来，WTO 成员间总是有一个核心圈的，以前是由美国、欧盟、日本和加拿大组成的 QUAD，很多问题在美欧之间达成一致后就基本上大局已定了。随着经济力量对比的此消彼长，QUAD 逐渐淡出。2008 年，在日内瓦召开的为期十天的部长级磋商中，也就是所谓的"绿屋会议"中，美国、欧盟、中国、印度、巴西、澳大利亚和日本形成了谈判的核心圈。也就是关键问题的谈判在这 7 个成员之间进行，其他成员都在谈判的会议室外面等着听消息。在过去的表现看，中国在 G7 中发挥了相当重要的作用，以至于有外国媒体评论说，中国终于掀开了面纱，坐到了台前。

事实上，WTO 谈判中形成了很多不同的组合。现在，G7 已经很少开会了。比较活跃的是由美国、欧盟、中国、印度和巴西组成的 G5，日本和澳大利亚都被排除在外。因为美国坚持保持这个协调机制，所以，G5 现在仍然存在。在 G5 中，中国和巴西共同坚持这样的一条原则，即 G5 成员之间不进行谈判，只讨论程序性问题。在 G5 中对程序性问题进行讨论是很有意义的，讨论的程序问题主要是下一步该怎么办、讨论什么议题、G5 可以提出哪些建议，等等。目前，在 WTO 中，讨论实质性问题比较多的是 G19，它是一个比较大的组合机制。由于在多边谈判中，每个成员的利益在不同议题上都是不一样的，所以到目前为止，WTO 成员之间并没有一个形成一个固定的组合。关于组合的对象，我并不赞成简单地用发展中国家和发达国家的标准来划线，这在多边谈判中是不科学的。比如，在农业问题上，很多发展中国家是跟随美国的，因为"凯恩斯集团"中有不少发展中国家都是农产品的出口国。也有一些进口农产品比较多的发展中国家，它们和欧盟的态度更加靠近。因此，多边机制的博弈就是根据自身的利益确定同盟关系。当然，在发展问题上，发展中国家存在着共同利益，这时就需要发展中国家结盟。

总的来讲，从 2008 年 7 月召开的小型部长级会议为起点，我们开始摆脱了新成员的适应性角色，日渐成长为一个成熟的、负责任的、有影响力的成员，甚至是决策圈中的一员。中国人在 WTO 说话的份量也越来越重，这一点，我们别无选择。但是，如何在 WTO 中发挥更重要的作用，我们还需要从战略上和策略上形成一套系统的思路。当然，这套策略的制定和我们的对手有很大关系。他们也不太清楚该怎么对付中国，但有一点他们是知道的，那就是站在他们一边的人越多，事情就越好办。所以，以我的观察和理解，中国与 WTO 就是这样一种互动的关系。在这种互动中，怎样界定自己的进攻利益和防守利益、怎样协调与其他成员的关系，这都需要我们慢慢地摸索。总的来说，我们现在还是处在一个新阶段的适应期。

访：您刚才讲了中国加入 WTO 十年间所发生的变化、中国与 WTO 的互动关系以及中国在 WTO 面临的角色问题等，这让我们的眼界开阔了许多，因为您讲的这些是我们在读别的资料时看不到的。谈到 WTO 对中国的影响，您提到没怎么出现大的负面影响。我们想问的一个问题是，您是"入世"谈判的核心成员，你这样说是不是带有个人的感情色彩，因为您参加了谈判，所以你肯定会说"入世"对中国是好的。另外，这种评论是否夸大了"入世"对中国的影响？

张向晨：对包括我在内的大部分中国人来说，如果有半杯水放在面前，肯定会更加关注那个空着的半杯。也就是说，当存在进攻利益和防守利益的时候，通常会先关注防守利益。防守好了，再谈进攻问题。中国加入 WTO 是没有先例可循的，不保护好自己当然不行。而我们自己又没有经验，就只能摸索着前行。江泽民主席当年讲过，在

"入世"谈判过程中，我们可以吃小亏、中亏，最好不要吃大亏。我们在多哈回合谈判初期的慎重态度在很大程度上是由于看重了防守利益，我们提出的少减和免减都是防守利益。我们没有强调进攻利益，也就是要求别人去做什么。

关于"入世"对中国的影响问题，我自己做过一点比较研究。在WTO 成员中，并不是所有成员都像中国一样在加入 WTO 之后受益良多。有的国家在加入 WTO 之后并没怎么受益。例如，蒙古加入 WTO的时间要比我们早，它的进口关税基本上是零，服务业也都全部开放，但是，现在没有几个人会说蒙古的经济因为加入 WTO 发展得比原来更好，因为蒙古没有太大的市场，没有需求，因此也就没有几个国家愿意去那里投资。有人认为，越南和俄罗斯在"入世"条件上谈得比我们好。记得有位俄罗斯专家曾经说过，他们不能像我们中国一样以那样的条件加入 WTO，他认为我们中国为"入世"付出的代价太大。俄罗斯也坚持两条"入世"原则：一是不能像中国一样要求给予发展中国家待遇；二是不接受 WTO plus 条款。这听上去好像是一个挺好策略，既不要 plus（附加）义务，也不要 minus（减免），直接签订两页纸的标准议定书就可能解决"入世"问题了。但实际上不可能这么简单。在谈判时，每个 WTO 成员都有自己的特殊问题抛给你，例如，你的木材怎么处理？你的能源怎么处理？你的哪些服务领域要开放？等等。每个问题都需要提出申请的国家与 WTO 具体去谈。正因为如此，俄罗斯加入 WTO 的进程才会如此艰难，以至于他们所花的谈判时间已经超过了我们中国。在经济全球化的时代，时间也是一种成本。

总之，我的理解是，不能说一个国家只要加入 WTO 就能受益。中国能够从中获益是一种比较特殊的情况。美国有一位研究发展经济学的教授罗德里克说过，中国是其他国家很难模仿的。因为中国自身正在进行融入全球经济一体化的改革，这一改革进程刚好与中国加入WTO的进程合在了一起。中国国内从1978年开始一直在进行经济体制改革，不断地对外开放，中国不是在加入WTO之后才开始实行改革开放政策的。同时，中国有着良好的基础设施，有着广阔的市场，有一个强有力的政府，老百姓又有做生意的热情。不是每个国家都有这样的客观条件的。

访：您能否具体谈谈加入WTO对中国法治的影响吗？

张向晨：加入WTO对中国法治的影响也有进攻和防守两个方面的利益。防守利益是指不能触动中国最基本的体制，那就是公有制，凡是涉及到这些方面的法律法规都不能碰。我们的进攻利益之一就是推进外贸体制改革，进而促进整个市场经济法律体制的完善。在外贸体制改革方面，我们过去搞的模式是"放开—收回—放开"，没有一个基本的法律保障。某项制度改革后，发现乱了，就赶紧往回收；看到死了，就赶紧再放开。我国外贸体制改革的核心是外贸权审批制，这是我们几十年来实行统制贸易的标志。过去，外贸部最有权的一个部门就是外贸权审批处。当我们签署"入世"文件承诺逐步取消外贸经营权审批制度时，有人开玩笑地说，看来，负责外贸权审批的这个处的处长成了末代皇帝。而这个处长本人则骄傲地说，他是外贸审批权的"掘墓人"。过去的外贸审批机构权力是非常大的。有一次，一个地方政府的机电进出口办公室主任告诉我，他得了一种病叫"网球肘"，但他并不打网球。为什么会得这个并呢？因为他每天在批文上签字签的太多了。每天一大早，要求签字的人都在门外排满了。在那时，即便是进口螺丝钉也要审批机关签字审批，因为螺丝钉是标准件，属于机电产品。事实上，我们在"入世"时承诺取消外贸权审批制是件大事，因为它涉及到《对外贸易法》的修改，《对外贸易法》取消外贸经营权审批制度意味着中国将实行自由和开放的贸易制度。

此外，在加入 WTO 前后，中央政府的三千多件法律文件需要进行清理。我们一条一条的审查，提出哪些规定需要保留、哪些规定需要修改、哪些规定需要废除的建议。这是一项浩大的工程。按照中央的要求，地方政府也要进行法规的清理工作。这项工作让外国人感到非常意外，没有想到中国竟然有这么大的决心。的确，我们下了很大的力气修改法律法规包括修改几项有关外商投资的法律，尤其是我们在《对外贸易法》的修改上比承诺的时间提前了六个月。我个人认为，法律法律的修改对于完善中国的市场经济法律体制是非常重要的。

除了对外贸领域的影响之外，"入世"对国家层面的影响主要是透明度义务和司法审议制度。WTO 中的司法审议制度对中国司法体制的影响是很大的，它涉及到法律的统一实施问题。透明度义务是关贸总协定第十条的要求。过去，我们主要是靠红头文件进行各种事务的管理。例如，如果要禁止某种产品的进口，主管部门就会下达红头文件，直接让海关挡住该类货物的进口。我们早在 1992 年与美国签署《中美市场准入备忘录》时，就承诺将履行透明度义务，即所有的对外贸易管理文件都将公开。什么文件都要公布，不公布就不能执行，这对中国来说是一个很大的变化。在"入世"之前，我们曾经发生过一件事情，当时，美国大量向中国出口鸡爪，冲击了国内市场。山东省有些农民因为自己生产的鸡爪卖不掉而自杀，引起了我们高层的极大关注。经过一番调研后，一份内部传真文件发到海关，下令海关禁止鸡爪进口到中国。这份传真不知道什么原因竟然落到了美国人手里，他们找到我们说：你们马上就要加入 WTO 了还做这种事情？在情急之下，我们采取先压住他的策略，指责他们无权拿着我们的内部文件与我们进行谈判，这个美国人也只好收回了他的责难。客观而言，这种做法是有问题的，最后，有关部门下令取消了这个进口限制。事后，我们也受到了外界批评，说我们不懂得 WTO 规则，即使懂了也可能不知道怎么用。

访：您在前面谈到，中国在一开始进行"复关"谈判时主要是出于外交方面的考虑和政治需要，后来才过渡到经济利益的考虑。这个转折点大约是在什么时候？

张向晨：我记得是在 20 世纪 90 年代初期。因为那时正在进行经济体制改革方向的争论，并最终在 1992 年召开的党的"十四大"上确立了建立社会主义市场经济体制的目标。需要提一句，虽然我们在 80 年代提出"复关"请求的主要目的是出于外交考虑，但是也有一个客观背景，就是我们当时已经开始实行对外开放政策了，我们需要扩大对外贸易，需要考虑国际规则，因此，那时提出"复关"也有部分的经济目的。

在我们确立了实行社会主义市场经济体制的目标之后，必须要考虑回到以市场经济体制为基础的关贸总协定中对中国意味着什么？对中国会带来什么影响？这是一个不能回避的问题。在中国提出"复关"请求之初，有一个在美国的中国学者写了一封信给国家领导人，反对中国提出"复关"申请，认为"复关"对我们没有什么好处，关贸总协定这个"俱乐部"是由美国控制的，它的各种规则是不平衡的。那么，中国要不要继续"复关"之路，发展中国家是否需要按照国际规则办事？"复关"对中国是弊大于利，还是利大于弊？这些都是我们在当时必须思考的问题。早在 1993 年 10 月 27 日，《人民日报》发表了一篇整版文章《在对外经贸关系中按国际规则办事》，署名是"葛齐思"，实际上是当时外经贸部的"国际司"的谐音，当然也有集思广益的意思。文章的第一执笔人实际上是时任国际司司长的龙永图同志，李岚清、吴仪等领导人都参与了修改。在当时，除了发表这篇文章，我们还做了很多工作，宣传"复关"的意义。比如，我们出了一个小册子，回答了 100 个问题。此外，我们还举办了很多讲座，出版了很多书来宣传这个事情。现在看来，如果没有这个宣传过程，"入世"就不会获得全民的支持。

访：是否可以这样说，90 年代初我们对于"复关"目的的转变实际上是与我们的市场经济体制改革步伐是一致的。"复关"作为我们市场经济改革中的一环，对于推动我国的市场经济体制改革是大有裨益的，所以，我们才"复关"。

张向晨：是的。二者是相互促进的。如果国内不进行经济体制改革，不采取切实的实际行动，"入世"谈判就不可能取得进展，我们也没有办法加入 WTO。例如，如果我们不取消价格双轨制，人家也不会同意你加入 WTO 的。

访：在"复关"初期，我们面临着来自国内某些产业或部门的阻力，现在，这种阻力为什么仍然还存在呢？

张向晨：这也是我没有想到的。既然从理论上和实践上都证明了"入世"这条路是对的，那么，十年后，当我们需要进一步推进对外开放政策时，为什么还是这么艰难？现在，阻力和困难的表现形式与以往有所不同。过去，存在阻力是可以理解的，因为谁也不知道开放后的结果会是什么样。汽车进口关税税率从 100% 降到 25%，谁也没有办法能够预见会出现什么样的结果，因为以前没有发生过。过去的阻力还来自于利益格局的调整，因掌握审批权而得了"网球肘"的人自然会对消减其权力感觉不舒服。现在，造成阻力的原因更加复杂。有人认为，中国为加入 WTO 做出的开放承诺已经到了我们所能承受的极限，这个 Red Line（红线）是不能跨越的。我们的当务之急是消化这些承诺，而不是在"入世"承诺的基础上再扩大承诺的范围和水平。此外，进一步开放将涉及到比较敏感的行业，这些行业都是"深水区"。有些人甚至认为，进一步开放可能"威胁国家经济安全"，我们的"大脑将被别人控制"，等等。从现实情况看，阻力的大小主要取决于相关产业是否受损以及利益格局能否得到调整。

访：您刚才谈到了中国在 WTO 谈判中的定位问题。也就是中国在国际交往层面应该以一个什么样的姿态出现，或者应该站在一个什么样的地位上。您认为，在未来的 WTO 谈判中，我们应该把自己放在一个什么位置才是最为恰当的呢？

张向晨：我认为，我们应该在 WTO 谈判中提出"相互适应"的建议。中国在国际上的崛起是一个不争的事实，所以，外国要适应我们，适应我们已经崛起的现实。当然，我们也要有一个适应的过程，即要适应新的环境和地位，不仅考虑我们的利益，也要考虑对方的利益，只有这样才能形成一个相互了解、相互认知和相互塑造的氛围。现在的情况是，我们和其他国家相互之间还不够适应。我们希望将来的情形是，人家对我们的强大无需感到焦虑，我们自己也适应了自己快速成长后所要承担的责任。总之，在过去的十年里，加入 WTO 对于中国经济的发展确实起到了很大的作用。但是，WTO 毕竟是一个利益交换的场所，我们不应该将 WTO 理想化。因为根据我的工作经历，我看到了 WTO 存在问题的一面。最后，我想说的是，中国可以在WTO 的发展历程中起到更大的作用。如何评价 WTO 对中国的影响，取决于我们如何参与 WTO 的活动、如何影响 WTO 的运作和决策。

"美国首席谈判代表"——Charlene Barshefsky

Charlene Barshefsky 简历

Charlene Barshefsky，
Wilmer Cutler Pickering Hale
and Dorr LLP 律师事务所高
级合伙人。

1972 年毕业于美国威
斯康星大学麦迪逊分校，主
修英国文学和政治学，获得
B.A 学位。1975 年毕业于美
国天主教大学哥伦布法学院，
获得 J.D. 学位。

1993 年至 1996 年，担
任美国贸易副代表。1997 年至 2001 年担任美国贸易代表。作为贸易
代表和总统内阁的成员，她曾经负责与世界上的几乎每一个主要国家
进行上百个复杂的市场准入和投资协定谈判。其中，最为国际社会关
注的是她在中美两国举行的中国"入世"谈判以及全球金融服务、电

信、知识产权、高科技产品等协定的谈判中担任了主要谈判者。她被视为国际商事和国际经济与贸易问题的举足轻重的人物。她在法律领域工作25年，处理的业务涉及国际诉讼、商业谈判、投资和法律咨询、争端解决等。她出众的谈判技巧被哈佛商学院引为教学案例，哈佛法学院还授予她"伟大的谈判专家"称号。她还获得了许多荣誉学位和行业奖项。例如，鉴于她在2001年到2009年的杰出表现，《国家法律杂志》(National Law Journal) 将她评为"过去十年最有影响的律师"之一。此外，她还是"美国 - 中国协会"的理事以及许多专业机构的成员。

❧ Charlene Barshefsky **访谈手记** ❧

  Barshefsky 大使是中国进行"入世"谈判时的美方首席谈判代表，她不仅熟悉中国"入世"历程的每一个阶段，而且也非常了解"入世"谈判中的每一位中国对手。尽管她已经不再担任美国贸易代表的职务，但她仍然继续从事着与中国事务有关的工作。现在，她时常往返于美国和中国，我们也就趁着她来北京出差的短暂时机在她所在律师事务所北京办事处进行了访谈。由于北京的访谈意犹未尽，我们又在她位于美国华盛顿的办公室进行了后续访谈。由此可见，这样一位重量级的人物对于我们的此次访谈是多么的重要！

  在两次访谈中，Barshefsky 大使非常坦诚地发表了她对各种问题的看法。对于 WTO 谈判和中国的做法，Barshefsky 大使有着自己独到的观察。她认为：WTO 的每一个成员都必须就一系列规则达成共识，都必须承担起各自的责任和义务。因此，WTO 不可能出现各成员国内部的那种由某些政治力量左右其运转的情况。对于中国"入世"的动机，她说，她第一次接触中国官员时有这样的感觉，这些官员是在政治挂帅的指导思想下从事着"入世"谈判工作，他们并没有认识到"入世"对于中国将会有多大的作用。她觉得在"入世"谈判之初，中国并没有完全明白 WTO 的每项义务意味着什么。事实上，WTO 义务意味着你必须履行你的承诺，相关的法律必须改变。但是，她也确信，当时的中国国家领导人已经感觉到加入 WTO 对于中国的经济改革是一次不容错过的机会，如果一直观望，中国就会走向一个完全不同的方向，就有可能被带回到改革的原点。对美国而言，让中国加入 WTO 既有地缘政治因素，也有国家安全因素和经济发展的需要。

在访谈中，她对 WTO 的作用给予了高度的评价。她指出：进行贸易往来的国家往往是相互关注对方的国家稳定问题。和谁进行贸易，你就得对谁多加关注。你不会去搅乱他们的稳定，他们也不想搅乱你的稳定。刚刚发生的金融危机验证了 WTO 体制的作用。如果没有 WTO，世界贸易格局不知道会发生什么变化，但可以肯定的是，贸易壁垒将会非常严重。对于 WTO 争端解决机制的作用，她指出，虽然 WTO 专家组成员明确表示不会受任何其他专家组先例的约束，但事实上，他们都会去参考这些先例。关于多哈回合谈判，她认为，各成员并没有做好开始新一轮谈判的准备，发展中国家仍然在消化乌拉圭回合时期做出的承诺，因此，多哈回合从一开始就在拖延。

目前，Barshefsky 大使在美国的一家著名律师事务所工作，依然从事着与中国有关的工作，而且经常来中国。可以说，她现在是个中国通。在她工作的过程中，她一直在观察中国，在思考发生在中国身上的问题。她认为，就法律的数量和内容的复杂性而言，中国已经有了很明显的进步。但是，在坚持法治原则方面，中国做的还不够，中国的某些决策机制仍然与相关法律是相背离的。随着中国经济的发展，在未来的国际交往中，中国应该给自己确定一个适当的角色，应该做出是否担当领袖角色的决策。她认为，中国应该在发展中国家和发达国家之间起桥梁作用，如果不这么做，发展中国家和发达国家之间的裂痕将会越来越深。中国应当站在更高的视角，超出国内层面去考虑在国际舞台上所扮演的角色。

　　相比其他访谈嘉宾，我们对 Barshefsky 大使的访谈时间还是比较长的。但是，聆听完她对中国"入世"谈判的回忆、对 WTO 的认识以及对中国的期待之后，我们发现，作为前任美国贸易代表和中国"入世"谈判的老对手，她太了解中国了，我们有着太多的问题需要想向她请教，希望我们以后还能有这样的机会。

❋ Barshefsky **访谈录** ❋

（北京部分）

访谈对象：Barshefsky 大使

访谈时间：2010 年 9 月 13 日下午

访谈地点：北京市朝阳区嘉里中心北楼 Wilmer Cutler Pickering Hale and Dorr LLP 律师事务所会议室

访谈人：黄东黎、韩立余、史晓丽

访问时长：1 小时 30 分钟

访：非常感谢您利用来北京出差的短暂时间接受我们的访谈。我们知道，您在 1993 年至 1996 年担任了美国贸易副代表，1997 年至 2001 年更是担任了美国贸易代表，也就是美国首席贸易谈判代表。您与中国的渊源也是很深的，您亲历了中国的"入世"过程，因为在您任职期间曾经负责与中国进行中国"入世"的双边谈判。我们想知道的是，您是从什么时候开始接触中国事务或者对中国产生了兴趣？

Barshefsky：什么时候开始对中国有兴趣我记不清了。但我记得，在很小的时候，我自己发明了一个游戏叫"挖个洞到中国"。我把邻居们都叫上，让他们看着我拿着妈妈做饭用的大汤匙在院子里挖坑，以为一路挖下去就可以到达中国。我也不知道那时候为什么会对中国感兴趣，也许跟我父亲周游世界的经历有关。我父亲对有关中国的事情非常有兴趣，但从来没有去过中国。我与中国事务的接触始于我担任美国贸易副代表的时候。那个时候，我们有两个副代表，我负责的工作范围是亚洲地区与拉美地区，另一个副代表则负责世界其他地区的事务。我记得当我在1993年被提名担任副代表时，有人曾经问我对克林顿政府的执政目标怎么看。当时，我的回答是：最重要的目标之一就是争取让中国加入关贸总协定。

访：为什么当时您提出这样的看法呢？

Barshefsky：那个时候，我之所以关注中国，是因为中国已经重新开始它的国际化和经济全球化的步伐，这是中国国内进行经济体制改革的结果。中国的人口占到世界人口的五分之一，它在国际舞台上是有份量的。因此，我认为应该争取让中国加入当时的关贸总协定。我记得当我于1993年以贸易副代表的身份第一次与中国贸易代表会晤时，商谈了很多重要议题，[①] 其中的议题之一就是知识产权保护议题。虽然中国在"复关"问题上花了很多时间，但在1994年WTO即将成立时，我觉得中国政府也并没有真正明白加入GATT/WTO对中国意味着什么。

访：为什么您会有这种感觉呢？

---

①   此处的中国贸易代表，应指中国"复关"/"入世"首席谈判代表。1986年，中国政府正式向关贸总协定提出恢复中国在关贸总协定中缔约国地位的申请。时任外经贸部（即对外经济贸易部，1993年更名为对外贸易经济合作部）副部长的沈觉人被中国政府任命为第一任"复关"首席谈判代表。1991年，时任香港华润集团总经理的佟志广调任外经贸部副部长，担任中国"复关"的第二任首席谈判代表。1993年，时任外经贸部副部长的谷永江接替佟志广，担任中国"复关"的第三任首席谈判代表。1995年1月1日，世界贸易组织正式成立，同年，时任外经贸部党组成员、部长助理的龙永图成为中国"复关"/"入世"谈判的第四任首席谈判代表。

Barshefsky：我觉得，直到 1994 年，中国人的想法与俄罗斯人今天的想法是差不多的，并没有意识到"复关"或者"入世"以后会对中国带来多大的影响，而是以为加入 GATT/WTO 只是一个政治事件，国内不需要做出什么特别重大的安排。所以，在 1994 年到 1995 年初，我不断地向中国政府解释："入世"不可能像是一个政治安排那样去操作。GATT/WTO 的每一个成员都必须就一系列规则达成共识，每一个成员都必须承担各自的责任和义务，不可能出现某些政治性力量左右这儿、左右那儿的运作。1995 年，我还起草了一个文件递交给了中国政府。因为我的确觉得中国政府并没有真正认识到"入世"的涵义，中国当时全心指望的是一个政治性的加入。我在这份有 8、9 页长的文件中列举了 WTO 协议所覆盖的每一个贸易领域，我讲了什么是关税和关税作用、如何削减关税，其他国家如何通过关税减让表整体降低关税，而不是这降一点儿那降一点儿。我把 WTO 涵盖的所有领域都写进去了，每个领域用一小段文字去描述，同时我还强调，这些都是必须谈判的部分，重要的领域必须纳入谈判范围。我并没有讲中国应该怎么办，因为那时候我还没有谈判文件。我只是介绍其他国家通常是怎么做的。我想让中国明白，加入 WTO 对中国意味着要终止某些做法，在透明度和某些制度等方面要进行改革，等等。我觉得中国政府是花了很长时间看我写的这个东西的，这也可能是中国领导人第一次看到这样的东西。所以，中国真正进行"入世"谈判应该从 1995 年下半年开始到 1999 年。在 1995 年之前，我的感觉是，各种形式的谈判或者沟通都没有什么效果。

访：在 1997 年，您的身份从贸易副代表变成了贸易代表，这对您处理中国事务有什么影响吗？

Barshefsky：在与中国进行"复关"和"入世"谈判的过程中，

我做了 3 年贸易副代表和 5 年贸易代表。虽然从 1997 年开始我成为了贸易代表，但因为此前我一直都在负责亚洲地区的事务，所以，对于中国"入世"这个问题我是非常熟悉的。

访：您谈到，在您于 1993 年担任贸易副代表时，第一次与中国政府的代表进行了接触。此后，在哪些领域您与中国政府的代表进行了对话？

Barshefsky：主要是在知识产权方面与中国对话比较多。我们与中国代表谈成了两个知识产权方面的协定，内容我记不清了。① 此外，还在纺织品、农业等领域达成了一些安排。

访：这些协议有助于中国"复关"吗？

Barshefsky：也许有一定的促进作用。因为知识产权问题在 WTO 中的地位是很重要的。上述双边协定的签署至少可以确保中国的相关法律与国际接轨。这是非常重要的。作为贸易代表，有时候处理大问题，有时候会处理非常具体的问题。两个方面的工作都得面对。

访：也就是说，看摆在您面前的问题是什么。

Barshefsky：就是这个意思，不管我的面前摆着什么问题，我都要解决。例如，政治层面上的问题我也要解决，因为摆在我面前的问题有的对产业发展有好处，有的则对国会有好处，还有一些和 WTO 有关。不过，不管我处理什么问题，都得和 WTO 有关，也就是要与贸易自由化有关。

访：您刚才提到，中国政府最初并不明白"入世"的真正涵义是什么，您就向中国政府提交了一份文件，向中国政府作出某些解释。

---

① 1995 年 5 月 26 日，中美达成了知识产权保护协议，中国承诺在全国范围内打击盗版，采取长效机制确保知识产权的有效执行，保证美国权利人的市场准入。1996 年 6 月 17 日，中美又达成了一个知识产权协议，详细说明了 1995 年协议的执行情况。

为什么您会这么做呢?

Barshefsky：这么说吧，中国是关贸总协定的创始缔约方之一。在 1947 年时，一共有 23 个国家签署了关贸总协定，中国就是其中的一员。虽然由于各种原因中国没有参加关贸总协定的活动，但在中国提出"复关"请求之后，我想，总得有个人坐下来和中国说："你知道吗，关贸总协定的协议文件都在这儿! 这些就是协议的内容!"我之所以有这样的想法，是因为我发现从 1986 年提出"复关"申请谈到 1994 年，中国还在一直问一些最基本的问题，这是不应该的，对吧? 我对此有点想不通，为什么就没有一个人向中国提供点具体的解释呢? 没有道理不让中国知道这些协定到底是些什么东西，中国面对的到底是些什么文件。你不可能期望中国生而知之! 我想，之所以从 1986 年中国提出复关请求到 1993 年的这段时间，中国没有真正明白"复关"的意义，问题是出在美国这里。因为在谈判中，美国一直居于上风，而且一直这样问中国政府的代表（Barshefsky 大使这时指着自己手中的可口可乐罐）："请说说这种金属这部分的情况?""请告诉我这种金属那部分的情况?""请再告诉我这个易拉罐那个部分的情况?"等等。美国根本就不知道，其实中国代表干脆就没有明白他们谈的是关于这个易拉罐的情况，更别提美国还想知道中国是怎么把铁皮做成易拉罐的了。我觉得，之发生这种情况，就是因为没有一个实质内容的谈判，就这么简单。所以，我感觉，谈判者应当从贸易体制的描述开始谈起，例如，你可以这样问中国："能给我描述一下你的贸易体制状况吗?"回答这样的问题，几篇小文章就可以解决问题了，没有必要写一本书回答。所以，我当时在想，应当先问这样问题，并且让中国知道为什么要问这些问题? 这个问题与什么有关? 这个问题的重点在哪里?

访：假设中国政府那时并不理解谈判的流程，但是，美国代表是知道的。为什么当时美国代表没有向中国政府提及这些实质性的具体内容呢？

Barshefsky：我想，美国代表根本就没把这些当成重点。试想，中国在 1986 年是与关贸总协定当时的 50 个缔约方分别进行 50 场不同的谈判。美国或许意识到，是时候与中国这样一个庞然大物对话了。但当时，美国对中国的认识可能是：中国真的很穷，刚刚才开始有点儿发展，或者是刚刚有点儿试图"复关"的意思。所以，压根儿就没有打算把中国纳入这个体系。事实上是，中国必须加入进来，这根本就不是简单的加入意向或者愿望的问题，这是一个不容商量的问题。中国当时是世界上的第五强国，我们必须让中国成为这个体系中的一员。但是，从我第一次接触中国官员就有这样的感觉：这些官员一直是在政治性"入世"的思想认识下处理这件事情的，他们根本就不相信"入世"有什么作用。他们对"入世"的真实意义的理解有点儿……怎么说呢，我只能想起"零零星星"这个词。你知道，就是这儿一点哪儿一点的认识，这些认识相互之间毫无关联，好像也没什么具体涵义。

访：从 1997 到 2001 年，您担任了贸易代表。在担任贸易代表的这 4 年时间里，在中国"入世"问题上，您的工作量是不是与以往有所不同？

Barshefsky：在 1993 年至 1996 年担任贸易副代表的时候，我的工作量比较固定。但从 1996 年至 1998 年这段时间，关于中国"入世"的问题，工作量确实是大大增加了。而且，作为美国的贸易代表，我还要处理美国对世界其他国家的交往问题。在与中国官员打交道时，我经常有这样一种感觉：中国官员并不习惯于大家一块儿工作，所以，很多时候，为了避免他们之间不会产生误解，我得分别与各类中国官员进行交谈，这样一来就非常地耗时。

访：在您看来，中国政府是什么时候才开始真正理解"入世"的意义？

Barshefsky：我觉得应该是在1996年，也有可能我的感觉是错误的。我感觉，中国政府那时已经明白了，而且还做了这么一个决定，就是一定沿着这条路走下去。也许在那个时候，中国政府做的决定还不是一定要加入WTO，但这个决定确实与以前相比有所改变。这个感觉很难用言语说得清楚。在我的印象当中，中国参与到每一个议题中的力度从那个时候起变得非常直接，你知道，有上千个议题需要谈判的。

访：您可以详细介绍一下您在1996年到2001年担任贸易代表期间处理的与中国"入世"有关的具体工作吗？

Barshefsky：好的。大家都知道，美国贸易代表只有一个老板，那就是美国总统。所以，我要不停地向总统汇报，同时，也要不断地让我的下属团队知道事情的进展情况。我们的每个谈判小组被称作是"内联局"（intra-agencies），因为这些小组由来自不同部门的各类人组成。我们是一个巨无霸经济办公室，即使是像美国国务院这样的部门，在理论上也并不是一个经济部门。在这个办公室，我的工作就是负责把不可能的事情变成可能的事情。这就是美国贸易代表的工作，不管是什么样的谈判或者与什么国家进行谈判，都在我们的职责范围之内。

访：在您担任贸易代表期间，您认为中国在哪些方面进行了与法治有关的改革？

Barshefsky：我想，中国在最初的时候并没有真正意识到，相关的法律体制必须要随着承担的相应义务予以改变。事实上,"入世"之后,有些情况下要修改法律,有些情况下则要修改法规或其他规定。我感觉,直到1996年,中国政府已经有些明白要"入世"就必须要修改相关法律。但是,我并不认为,中国已经完全明白每项义务都有可能牵扯到中国的国内法是否违反WTO义务的问题。实际上,"入世"不仅仅是你要作出承诺,而是要使与承诺相关的法律作出改变以便符合WTO的规定。这些法律可能涉及从关税到贸易权、分销权、银行、保险、电信、西兰花、桃子等问题,所有的与WTO义务不相符的法律都必须要作出改变。当然,中国不可能在"入世"后立刻就把所有的东西都改掉了,因为每一件事情的解决都需要时间,这是可以理解的。所以,适应的过程就非常的长。

至于中国的法治改革,我不能确定是否是从1996年开始的。我知道,中国在数年之前就已经在进行改革。如果WTO的有些要求与国内改革的方向是一致的,那么,对外开放的进程就会变得更加自然,同时也会促进法治建设。中国在向着对外开放的方向进行改革的同时,法律也会进行相应的改革。事实上,我们曾经花了很多时间去研究中国的法律制度和中国的对外开放历史,我们在想,能不能找到一个模式,把我们的要求契合进去,其他国家也可以照此行事。如果能够找到这么一个模式并提出我们的要求,中国就会立刻明白:"哦,这就是我们将来要面对的。"但是,我们并没有找到这样的模式。我们想向中国解释其中的实质性概念,并且说明为什么WTO这种做法是有好处的,为什么这对中国经济是有好处的。然后,再来看看,法律必须得是什么样子的,或者我们应该怎样去修改现行法律。当时,我们是想把中国的国内改革当做一个出发点或者基本点。中国在当时已经进行了很多改革,虽然还有很长的路要走,但是,中国确实已经做了很多，我们很想把握住这个机会。

访：您能举例说明美国是如何把握中国改革的机会的吗？

Barshefsky：呃……现在可能不行，因为目前有太多的议题要谈判……

访：那么以您来看，促使中国成功"入世"的内在推动力是什么呢？

Barshefsky：我一直认为，中国当时的领导人例如江泽民，特别是朱镕基、吴仪，还有一大批高瞻远瞩的其他领导人，是他们推动了中国的成功"入世"。我当时的感觉是，朱总理的认识是非常明确的，中国要想全面发展，就必须对外开放和更多地融入全球社会。我确信，他当时的确感觉到这是中国的一次机会，这个时候"入世"对于中国未来的经济发展至关重要。如果一直观望，中国就会走向另一个完全不同的方向，就会被带回出发点，然后再重新起步。朱总理等这些领导人真是有远见啊！我一直对此惊异不已。世界上像朱总理这样的国家领导人实在是不多见！

访：您还记得中国在 1996 年到 2001 年期间为"入世"所做的具体决定或者行动吗？

Barshefsky：中国在当时已经开始降低关税和缩减配额，并且开始考虑如何减少各种各样的审批。我记得在谈判中，经常会有这样的问题："中国下一步会怎么做？"其实，中国已经在考虑下一步的行动了。

访：对在中国"入世"中美国所起的作用，您有什么看法？

Barshefsky：美国推动中国"入世"的力量来自很多层面。我想，所有人都已经认识到，中国正在世界上崭露头角。而中国处于弱小状态并不符合美国的利益，因为中国处于弱小状态的话，其稳定性就比较差，如果中国强大的话，稳定性就会提高。过去，美国在亚洲并没有处理好一些问题，例如，50年来，美国卷入和发起了三场战争，即二战、朝鲜战争和越南战争。美国认识到，必须维护亚洲地区的稳定，但是，亚洲的稳定不大可能建立在亚洲主要国家弱小的基础上。同时，美国也认识到，在一些重要方面，中国已经是世界上的一个重要力量。例如，中国已经是联合国安理会的成员，中国拥有人数众多的武装部队。这样一个国家，如果不在多边贸易体系中，这是很荒谬的。而且，从更加宏观的意义上讲，1947年签署GATT的目的也是意在在各国之间创建一种具有兼容性、市场开放性的共同繁荣格局，以巩固1947年时还很脆弱的和平局面。和平与繁荣是实现GATT目标的保证，中国必须参加到这个组织中来，才能保证两者的实现。对于美国来说，中国加入WTO既有地缘政治因素，也有国家安全因素和经济发展的需要。

访：您认为，如何通过WTO维持中国的稳定发展？

Barshefsky：首先，"入世"可以促使中国的经济更加开放。有证据表明，一个国家的经济越开放，其经济发展状况就更好。"二战"时期，罗斯福总统指出，进行贸易往来的国家往往相互关注对方国家的稳定状况，和谁进行贸易，你就越是不想搅乱它，同时，对方也不想搅乱你。不同的人们最先走到一起的领域是经济领域，而不是意识形态，也不是政治。WTO作为一个经济组织，它可以促使各个国家在经济领域进行更进一步的合作。就中国而言，中国越开放，就越依赖于其他国家，其他国家也就更加依赖于中国。所有的这一切，都需要中国的稳定作为支撑。

访：您觉得，美国是否担心中国的强大会威胁到国际社会的和平？

Barshefsky：美国不会有这个担心。美国首先担心的是，如果中国一直穷下去，中国国内就会遭遇内乱。一个大国，不管什么时候发生内乱，它周边的所有国家都会非常紧张，就会害怕。就在想："如果这个国家瓦解了该怎么办？""瓦解后会发生什么事情？""如果朝鲜瓦解了该怎么办？""届时会不会有大批难民涌入韩国？""涌入中国？""他们开始武装自己了没有？""天知道他们会干点什么。"等等。如果是中国发生这样的事情，中国的人口又如此众多，天知道会发生什么事！所以，作为邻国，它最在意的首先是这个国家的国内稳定。这在某种程度上也就是邻国对这个国家不稳定状态的一种关注。间接而言，美国关注中国是因为美国有盟国在亚洲。所以，美国就想着让这些国家成长，让这些国家发展，让这些国家繁荣。在拉丁美洲和非洲，有很多相反的例子。例如，有些国家经常发生内战，有时他们也会对邻国吹毛求疵，邻国也只好对他们以牙还牙。

访：所以，您认为，一个国家越是繁荣，这个国家就会越加稳定。

Barshefsky：我个人是这么看的。

访：让我们再回到中国"入世"的话题。您认为，美国在当时就中国"入世"的谈判底线是什么？

Barshefsky：在中美谈判中，有几个领域是最艰难的。第一个领域服务贸易领域。那时，中国实际上还没有服务业经济，有的全是制造业。当时，我们担心中国领导人会有这样一种认识：如果中国开放所有的经济领域，这些领域就会被跨国公司掌控，本土经济就再也没有发展机会了。基于这种担心，我们就得向中国提供很多证据，证明事实并不会如此。例如，如果对外国开放银行业，外国服务提供者将给中国带来先进的国际标准和管理经验，从而也使中国的本土行业跟着发展起来了。保险业和其他服务领域也是如此。有的服务行业通过合资方式被引进来，有的则是通过其他方式被引进来。我觉得，只有这样，中国才能更快地发展起来。这要比中国自己去摸索和创造来的更快。所以，在服务贸易谈判中，我们的一个重要工作就是向中国进行解释，我们与其他国家也都是这么操作的。我们在服务贸易谈判中作出了过渡期的安排。不是说，你今年就非得做这个不可，而是要等到 3 年或者 5 年甚至 6 年以后。也就是要一步一步地来。我觉得，最后的谈判结果是很不错的。事实上，中国在有些服务贸易领域已经提前开放了。正是中国的提前开放，使得中国占到了先机。你看现在，中国的银行业、私募基金和保险公司等都发展的非常棒。所有这些发展都是在 10 年间发生的，让人不得不惊叹，太快了！可是在谈判初期的时候，中国就是不能理解，总是本能地想："我不能让所有人都进来"。中美谈判中的另外一个敏感和艰难的领域是信息技术。到最后，中国也作出了承诺。

此外，只针对中国实施的特别保障措施也是谈判中的一个难题。对美国而言，如果不对中国实施特别保障措施，就无法获得美国国会给予中国的 PNTR（永久正常贸易关系）。中国之所以同意接受特别保障措施，我想部分原因是因为中国觉得这些措施不会对中国特别不利。在特别保障措施这个问题上，在中美进行双边谈判时它从来就没有被成功使用过！① 所以，我当时对中国代表讲，从一个律师的角度来看，美国根本就不会想去利用它。因为如果你是申诉产业，你得要总统做出决定，这对美国来说这可不是一件容易的事情。我记得在布什总统时期，产业界曾提出了 6 个申请，但全部都被他拒绝了。

访：但是，在这次金融危机的极端时期，美国还是采用了特别保

———————————

① 2009 年 9 月 26 日，美国对来自中国的轮胎采取了特别保障措施。

障措施。

Barshefsky：是的。但是，这是一个例外情况。十年过去了，这项措施被提起过 7 次，只有 1 次获得成功。[①] 如果是一次都没有被使用过的话，我会感觉更好。作为一个律师，这是一个最不该给你的客户提供的建议，因为特别保障措施这项制度实在是不够理性。

访：您觉得，其他 WTO 成员比如说欧盟，对中国的"入世"是否也起到过促进作用？

Barshefsky：对于任何一个想要加入 WTO 的国家而言，愿意与其进行双边谈判的国家都会对这个国家加入 WTO 产生影响。有的时候，有的国家并不会在意一个国家是否能够加入 WTO。这有可能是因为这个国家本身就是一个比较小的国家，也可能是因为这个国家并不想与想加入 WTO 的国家发展贸易关系。我记得在中国入世的时候，大约有 30 个国家想把多边谈判打散成为双边协商，欧盟就是其中之一。我觉得欧盟习惯性地跟随美国的做法，但是，他们也有自己的特殊情况。还有一些国家在美国与想"入世"的国家谈判结束之后还想提出自己的特殊要求。但大部分情况下，当美国与加入 WTO 的国家谈判结束后，绝大多数国家就会跟随美国，整个双边谈判也就很快就结束了。在美国结束与中国的"入世"谈判后，欧盟提出了一些特别要求。还有一两个国家特别是有一个国家也对中国提出了特别要求，使得中

---

① 从美国贸易法"421 条款"生效至 2011 年 5 月，美国针对中国产品发起的特保措施案件已有 7 起。前 6 起特保调查案都发生在布什任职总统期间，美国国际贸易委员会（ITC）均裁定中国对美相关产业构成市场扰乱，但均被布什总统否决，中国企业没有受到任何损害和损失。第 7 起发生在奥巴马任职期间。2010 年 4 月，ITC 应美国钢铁工人联合会申请对中国输美轮胎发起特保调查，并于 6 月以中国输美轮胎损害美国市场为由，提出对中国输美轮胎实施加征关税的所谓特殊保障措施。奥巴马于 2010 年 6 月 11 日决定，向中国输美轮胎征收 3 年的惩罚性关税。

国"入世"的双边谈判非常困难。这个国家是谁我不会说的，但我的确对这个国家的做法很是不满。我担心他们永远都谈不完，所以，我就给这个国家施加了很大的压力，要求他们尽快结束谈判。

访：作为美国的首席谈判官，您认为中国加入 WTO 的动因是什么？

Barshefsky：我认为是中国对发展国内经济的渴望。市场开放和市场改革对于一个国家的经济发展至关重要，我觉得中国政府已经意识到，无论是从获取正当地位的角度还是从不成为其中的一员就对规则没有发言权这个角度，它不能再做 WTO 这个多边机构的旁观者。我认为，这种认识是非常重要的。如果中国不以这样一种方式进行改革，中国重新与世界经济接轨将会大打折扣。

访：我们知道，WTO 争端解决机构裁决了许多案件，您是如何评价 WTO 争端解决机构裁决的这些案件的先例作用的？

Barshefsky：争端解决机制是 WTO 系统中的一个独特部分。有意思的是，专家组成员都明确表示，他们不会受任何其他专家组先例的约束。但是事实上，他们都会去看以往案件的裁决，而且在判案的时候，他们经常遵循这些先例。我觉得，WTO 案件正在发展出某些像法理一样的东西，这是谈判时任何人也没有预见到的。但是，时间一长，你觉得这样做也有道理。假如你是一个专家组成员，你一定想知道其他人是怎么解决这个问题的。如果你发现其他人处理得挺合理，你自然也会那么处理。先例作用就这么发展起来了。事实上，我觉得这样的发展是很重要的。试想，如果你想了解商业领域是如何运作的，多一些规则总比少一些规则好得多，前提是大家都明白这些规则。虽然有人可能破坏规则，但是，大多数人还是会去遵守这些规则的。在 WTO 争端解决程序中，如果一个专家组这么说，而另一个专家组对同类案件却那么说，WTO 的宗旨也就大打折扣了。所以，先例的作用实际上促进了 WTO 体系的一致性。

访：您觉得可以将这些法律实践中的先例看作是 WTO 的法律渊源吗？

Barshefsky：这个问题非常好。我当然希望能够如此。我在想，如果身处 WTO 谈判的前沿，谈判各方会不会也去看看以前专家组对眼前的条文是怎么作出决定的呢？

访：您说的是在谈判过程中的先例作用。在 WTO 争端解决程序中，我们能不能将判例作为解释 WTO 规则的法律渊源呢？

Barshefsky：我认为在理论上是可以的。你可以想象，当你面对一个贸易规则的条文时，发现它的含义非常含糊。如果专家组采取遵循先例的原则，专家组就会说，这个条文的涵义是 X。但是，争端当事方的想法可能是，"早知道这个条文的涵义是 X，我们就不提它了"。我并不认为我们对 WTO 只是在意文本本身的含意，你必须要考虑条文在实际运用中的情况。如果说，专家组只是在特定案件的特定事实背景下作出某种解释，而这种解释并不适用于其他任何案件，这不是实事求是的说法。如果很多人都说"蓝色就是蓝色"，你也就很难再说我只是针对眼前的案子作出的认定。所以，我的理解是，对于那些"我不想听别人告诉我应该同意什么、我自己知道我应该同意什么、我认为条文规定并不明确"的成员来说，保留一点儿想象是很重要的。想象是不存在先例的。但是，对于分销商和制造商这样的措辞而言，遵从先例恰如其分，其他人谁也没有办法改变。另一方面，专家组经常不约而同地互相遵循着先例。所以我想，大家或许都是这个疯狂共同体的一员吧。

访：WTO 的法律体系就是这样的独特。通常认为，WTO 属于国际法的一个组成部分，您认为 WTO 法律的存在是否意味着国际法的发展？

Barshefsky：我从来没想过这个问题。

访：因为我们有些研究 WTO 的人只想着它是 WTO 法。

Barshefsky：我不知道 WTO 可不可以算作是国际公法，但它是国际条约。我的确从来没有想过这个问题，但有可能你们是对的。

访：WTO 有着独特的执行机制，它的条约解释规则也与其他国际公法有所不同。现在，WTO 已经受理了差不多 400 多个案件，之后也许会超过 1000 个。到那个时候，WTO 裁决的那些案件或许就有它自己的法理了，这些法理有可能会对国际公法的一些理念造成冲击。您觉得中国的司法机构是否可以借鉴 WTO 的条约解释模式来保证国内法律的可预见性和稳定性？

Barshefsky：这个问题很有意思！在美国政府审视那些其他 WTO 成员提交给 WTO 的案件的时候，如果这个案件的裁决有可能有利于申请人，那么，美国考虑的一个问题就是：这个案件的判决结果会不会对我们的贸易法和我们对贸易法的解释产生不利影响。简而言之，美国政府在处理这些案件时，必须确保 WTO 的先例不会削弱美国的法律。最近，我在跟美国政府中的人讨论某些问题的时候说到一个议题。他说："这个议案对我们不太有利"。我问他为什么不利？他说："因为国会想要修改我们所支持的一部法律。"我觉得，WTO 法与国内法之间的联系是很直接的，因为 WTO 成员经常会考虑是否提起某个案件或者是否提出抗辩，这就对国内法产生了影响。

谈到争端解决，我想谈谈 NAFTA（北美自由贸易协议）的实践。NAFTA 第 11 章是关于投资以及投资争端解决机制的规定。该章关于投资争端解决机制的争议非常的大，原因之一是，发生争端的问题有时在美国法院没有得到完全解决。美国法院对这个问题众说纷纭，一个说这样，一个说那样。也许有一天，美国最高法院可以最终解决这个问题。总之，在很多方面，美国法律的规定并不明确，所以才造成这个问题。大家对 NAFTA 第 11 章产生争议的原因主要是，根据第十一章设立的投资争端解决小组可以赋予赢得案件的美国争端方获得美国法律所没有授予它的权利。所以，大家认为："这是不可以接受的。它不可以获得根据美国法律所不能得到的权利。"在美国人看来，美国法是美国国会的产物，美国法律不会赋予你通过诉讼反对外国政府某些做法的权利，但是，通过美国对外签署的协议，你就可以这样做。这样一来，你就比这个国家的其他任何人拥有更多的权利，这怎么能行？所以，NAFTA 第 11 章就变得争议很大。当 NAFTA 专家组做出一项决定，给美国施加了一项连美国法律都没有规定的义务，这怎么能行呢？正因为如此，NAFTA 第 11 章这种做法引起了美国极大的反感和不满。

访：您的评论太好了！您能谈谈多哈回合为什么这么艰难吗？

Barshefsky：我觉得，事实上，多哈回合是一个没有人想要进行的东西，也就是大家当初并不想启动多哈回合。多哈回合是在"9·11事件"结束之后启动的，各国当时启动它的目的是要展示大家的团结，而不是其他目的。我觉得，各成员方并没有准备好要开始新一轮的全球谈判，尤其是发展中国家还需要继续消化乌拉圭回合中的内容。这也就是为什么从一开始多哈回合就在拖延。

访：多哈回合的拖延对于 WTO 是否会产生负面影响？

Barshefsky：我并不这样认为。事实上，各国在金融危机后的做法验证了 WTO 的作用。虽然很多国家在金融危机发生之后采取了保护性措施，但这些措施的作用是很微弱的，只影响了不到 1% 的贸易

额。而且，这些措施到后来也被取消了。试想，如果不是因为 WTO
对这些国家的限制贸易做法给予制约的话，真不知道会发生什么。不
过，有一点可以肯定，那就是情况一定是很糟糕的。加入 WTO 之后，
各成员方必须将 WTO 的规则纳入国内法律制度当中，这对 WTO 来
说意味着一定程度的稳定性。同时，通过这次金融危机，各国也已
经意识到，从 WTO 分裂出去之后将要付出很大的代价。如果您要退
出 WTO 的话，比你穷的那个国家也会退出，如果大家都这样做，那
么，也许你很快就倒退到 20 世纪 30 年代了。① 这是很糟糕的。所以
我想，金融危机的发生已经验证了 WTO 所具有的适应性和强大的力
量。坦率地讲，我本人非常希望看到多哈回合能够尽快圆满结束。那
么，如果多哈回合失败，这就意味着 WTO 将会分崩离析吗？不是的。
如果多哈回合圆满结束，会意味着世界上的所有国家都会加入 WTO
吗？也不会的。我觉得，多哈回合至今没有结束也不完全是坏事，它
至少可以告诉你，政治力量在 WTO 中是不能起到更多的作用的。尽
管在多哈回合中，发达国家不愿意在农业问题上作出让步，发展中国
家不愿意在市场准入问题上作出让步。但是，各方至少可以再靠近一
点儿，有了这一点妥协，多哈回合就有可能圆满结束。

访：对与 WTO 的未来，你是如何看待的？

Barshefsky：我认为，WTO 应该继续按照它创建的初衷发展下去。
之所以创建 WTO，就是为了给各个国家提供一个继续谈判的场所。但
是，即便如此，也没有任何理由非得让 153 个成员在一个"回合"里
头无休无止地谈来谈去。让我们来看看乌拉圭回合谈判，20 世纪 90

---

① 1930 年代指大萧条是指 1929 年至 1933 年间发生的全球性经济大衰退。美国经济全面
陷入毁灭性的灾难之中，可怕的连锁反应很快发生：疯狂挤兑、银行倒闭、工厂关门、工人失
业、贫困来临、有组织的抵抗、内战边缘。

年代的时候，我们签订了金融服务协定、基础电信协定、信息技术产品协定。这些协定都是分开来进行谈判并达成一致的。所以，多哈回合可以就某个问题进行单独的谈判，签署单独的协议。要想谈成这些协定，就要抓住世界上的主要国家例如 20 个国家，而不是 150 多个成员。在有些领域，有可能只需要抓住 15 个或者 10 个国家进行谈判就足够了。气候变化问题的谈判就是采用这个方式，气候变化问题对绝大多数国家来说没什么相干，也许只有 8 到 10 个或者 12 个国家与气候变化问题密切相关。如果你能够让这些国家达成一致，就可以解决绝大部分的问题。贸易谈判也是同样的道理。就拿 ITA 来说吧，首先是 APEC 的 8 个国家谈成了一个对技术产品消除关税的协定。之后，几乎所有 APEC 成员都加入了这个协定。现在，这个协定涵盖了全球一半以上的信息技术产品的贸易。如果你不加入，这些不加入国家的这类贸易也只占世界信息技术产品贸易的 9%，对大局不会产生什么不利影响。后来，WTO 成员也签署了信息技术产品协定，它也就成为其他国家加入 WTO 谈判的一个组成部分。

那么，WTO 是不是应该继续细化其规则？是否还有必要就贸易自由化或者其他问题进一步展开谈判？例如制定新的规则等？我觉得是可以这样做的，但必须要与重点国家进行谈判，不必与所有国家都谈。同时，还要针对最贫穷国家制定特殊的例外规则，只有这样，才能保证 WTO 体制的运转并促使贸易自由化更加深入。上面我所讲的信息技术产品的谈判就是一个很好的例子。也就是从少数国家开始谈判，等加入国家多了，再拿到 WTO 去谈判。WTO 从 1995 年开始进行信息技术产品的谈判，1997 年签署协定，从谈判到签署只用了两年的时间，就是因为事先已经铺垫好了。到现在，这个协定生效已经超过 10 年了。再看多哈回合，它在 2001 年启动，现在已经是 2010 年了，还没有结果。如果当时我们将信息技术产品的谈判放在 WTO 新回合谈判中进行的话，就得从 1996 年等到多哈回合于 2001 年启动，你看，到现在多哈回合还没有任何结果，ITA 怎么达成？现在，世界上的事情变化很快，如果 WTO 的行动落后 20 年，到那时，谁还需要 WTO？所以，我的意思是说，不能一切都等新回合谈判开始后再进行或者非要绑在一起谈判。WTO 应当在某个产业创建初期就制定规则，互联网问题就是一个很好的例子。我们针对互联网责任问题达成了一个协定。实际上，有很多国家不知道互联网责任是什么，但是，由于美国、欧盟和日本说 OK，他们也就说 OK 了。就这样，这个协定达成了。所以，如果说，WTO 新回合拖延不决会产生什么风险的话，那其中的一个风险可能就是等到多哈回合谈判达成协议时已经落后于时代了。而基于商业上的急迫需要，业界将会形成自己的规则。这些规则将会是什么样子以及谁将控制这些规则的实施，我们都无法预料。所以，WTO 应该按照商业运行的需要及时制定规则。

访：那么，即使 WTO 维持现状，它是否仍然有其价值？

Barshefsky：是的。因为 WTO 制定的基准是非常恰当的。即便 WTO 没有涵盖投资和竞争政策问题，你也可以通过其他途径处理好这些问题。

访：让我们看看中国"入世"十年的情况，您觉得"入世"对中国的法治建设带来哪些影响呢？

Barshefsky：我认为，中国在法治建设方面做的还不够，法律在中国社会所起到的强制性作用与欧洲、美国、日本等国家还没法比。当然，就法律的数量和内容的复杂程度而言，中国已经有了很明显的进步。但是，中国的决策机制有些时候仍然与那些法律是相背离的。

❈ Barshefsky **访谈录** ❈

（华盛顿部分）

访谈对象：Barshefsky 大使

访谈时间：2010 年 10 月 21 日上午

访谈地点：美国华盛顿特区宾夕法尼亚大街 1875 号 Wilmer Cutler Pickering Hale and Dorr LLP 律师事务所会议室

访谈人：黄东黎

访问时长：1 小时 30 分钟

访：大使，您好！一个月前，我们在北京与您进行了访谈，由于您公务繁忙，未能完成全部访谈内容。所以，趁着这次我们来美国出差的机会，我们再次光临您的办公室继续我们的话题。您知道，中国在加入 WTO 之后有了很大发展，您认为中国在 WTO 将来要起一个什么样的作用呢？

Barshefsky：我认为，中国应该对自己将来在 WTO 中扮演的角色有一个明确的定位。我感觉，在某种层度上，中国似乎一直是躲在其他发展中国家的后面，同时又试图引领着这些发展中国家。当然，这也是参与 WTO 的一种方式。但是，中国现在已经是全球贸易体系的一个重要组成部分，并不仅仅只是发展中国家的一部分。所以，在某些情况下，中国应该作出决定是否担当更为重要的领袖角色，从而将各方团结在一起。这样，大家就不需要去划分发达国家与发展中国家，而是更加关注共同利益。

访：您的意思是说就像环境问题那样去处理？

Barshefsky：是的，哥本哈根会议就是一个很好的例子，多哈回合也是一个很好的例子。在这些场合，中国开始站在所有国家的利益的角度发表意见，同时也代表了发展中国家的立场。西方世界普遍认为，就人均水平而言，中国的确应该归类于发展中国家。但是，从国家的总体实力上而言，中国却是一个非常非常强大的经济实体。这就使得中国在每一个谈判阵营里都会留下足迹，不仅仅是在发展中国家阵营。所以，我认为，中国必须作出决定，是否去做沟通两个阵营的桥梁，并且在这两个角色上都发挥建设性的作用。如果中国不这么做，发展中国家和发达国家之间的裂痕将会越来越深、越来越宽。这是很危险的。现在，大家都从全球化中获益巨大，尤其是中国。在目前的全球贸易体系中，根据经济富裕的程度，各个国家已经形成了不同的利益集团。如何将这些集团团结在一起，以保持全球贸易体系的整体性，这是值得中国去思考的问题。每一个 WTO 成员都希望它的人民从中受益，它的国家从中受益，并不希望发展中国家一直受到不公平的待遇。

在全球体系中，我们都要采取更加有效的行动，尤其是对于一些世界性的问题，例如，核威胁、气候变化、国家骚乱、国家破产等。这些问题都需要有一个全球性的解决方案。就像恐怖主义活动一样，需要各国的合作，因为任何一个国家都没有办法单独解决这个问题。依我看来，中国目前正处于一个极好的桥梁位置。但是，这个决定需要中国政府自己做出。如果中国能够踏上这个桥梁，并且跨过这个桥梁，从而成为这个桥梁，也就是有意识地担当起一些解决重大难题的责任，那么，美国、欧盟、日本等就会明白他们需要与中国协同行动。这也就使得美国、欧盟、日本等不能全盘操控这些问题。总之，各方必须意识到，经济发展水平的转变必然带来全球治理的权重在某种程度上进行适当的调整。中国在加入 IMF 以后就有意识地用投票权去支持其他的投票，但是，却没有意识到在 WTO 中这些全球性问题的决策将会影响到所有国家。过去，中国投入了很大的精力发展国内经济，并且建立了一个有利和良好的发展环境，这是非常好的，也是非常重要的。目前，虽然中国的国内经济发展已经相当稳定了，并且也步入了正轨。但是也不容乐观，因为还存在着很多挑战。现在，中国或许应当站在更高的视角，超出国内层面，去考虑在国际舞台上所扮演的角色。

访：您觉得一个国家的意识形态对于全球合作有什么影响？

Barshefsky：各个国家在意识形态上的确有一些不同，尤其是中国和巴西。有观点认为，尊重国家主权是非常重要的，干涉别国内政是很不可取的。但对于美国和欧洲国家来说，其观点却恰恰相反。他们认为，受到威胁的国家应该得到援助。对别国侵犯人权、种族灭绝等行为的干预应该是合法的。你看，这就是截然不同的两种观点。客观而言，意识形态上的差异对于全球合作是有一定影响的，但是，在某些问题特别是气候变化问题上，这主要是一个经济问题，各国的意见应该是一致的，都是为了一个共同目的。

访：一些中国学者认为，美国总是拿意识形态问题作为借口来攻击中国。您怎么看这个问题？

Barshefsky：这的确是一个问题。我希望，中美两国领导人可以开诚布公地解决这个问题。我觉得，有些人认为，西方国家一直试图压制中国尤其是压制中国的经济发展，我想这不是真的。首先，美国不可能这样做。其次，我并不认为美国或者欧洲国家有这种意图或者想法去阻止中国的发展。我认为，尽管有些意识形态问题中国无法跨越的，有些也许是中国不会跨越的。但西方国家想做的是，希望看到中国能够融入到全球体系当中，使中国变得越来越强大。我曾经读过一本书，名字好像是"一场与中国不可避免的战争"，讲述西方国家与中国之间的战争问题。当我看到这个命题时，我很惊讶。而且作者提到，在中国，很多孩子被教导说中国与西方之间的战争是不可避免的。我觉得这种说法是不对的，这有可能只是一种猜测而已。我完全理解中国对外政策的敏感性，而且在这些问题上保持敏感性是正确的，但现在不应该具有这个敏感性。虽然中国处于一种立场，西方国家处于另一种不同立场，但各国的共同愿望是共同繁荣与世界和平。因此，我希望两国高层可以探讨这样的问题，例如："我不知道你如何理解全面建设问题"，"有几个方面我不认同，甚至是完全反对。不过没关系，这很好。我们可以各自保留自己的意见，我们继续谈别的吧"。

访：请您进一步谈谈中国的法治化进程状况或者"入世"之间的关系？

Barshefsky：我认为，中国的改进是非常显著的。例如，颁布的法律的数量大大增加。尽管我没有具体研究过，但这些法律的确提供了更加完善的规则氛围。另外，发布的法律在质量上也有所提高，内容比以前更加详细、更加具体。这些变化大大减少了不透明的决策概率，提高了决策的可信度。同时，这些法律还涉及到了国际经济、竞争政策、知识产权、电信、金融服务这样一些问题。我想，中国已经意识到，这些领域必须与国际接轨，并且应该进一步规范内部决策机制。我并不认为，法律在中国的分量已经足以与西方国家相比拟，但是，中国的法治正在朝着一个十年前不可想象的方向前进。我想，这正是西方和其他国家所鼓励和愿意看到的做法。

访：具体来说，与中国在 2001 年刚加入 WTO 时相比，中国的法治建设在十年后发生了有哪些进步？

Barshefsky：进步非常多，也非常大。中国加入 WTO 不仅要修改对外贸易制度，还要修改国内政策。比如，要修改贸易权和分销权制度。那时，中国的外贸市场还是非常封闭的。为了让中国在这些领域的法律符合 WTO 规则，就必须赋予中国民众更多的贸易权利。否则，给外国人的待遇就会比给本国人的待遇还高，这会引发争议的。所以，中国对贸易权制度进行了修改，改变了国家垄断行业具有分销权的状况。此外，中国在其他一些领域也进行了改革，例如，对影响外国人和中国人的竞争政策进行了完善。所以，我觉得，加入 WTO 使得中国有机会构建新的法律制度，这对本国人民是很有好处的，对外国人很是非常有利的。可以说，中国应经创造或者正在创造一个更加规范和更加稳定的环境，这是很好的现象。

访：中国政府为了加入 WTO 做出了很多努力。以您的体会，中国政府究竟在哪些方面为"入世"做出了努力？

Barshefsky：中国的确做出了很多努力。中国早就进行国内的一系列经济改革活动。如果把这些国内改革和 WTO 规则结合在一起是最好的了。如果没有这些改革的话，所有的一切都是不可能的。如果能够将改革与 WTO 规则结合起来，领导人对改革的进行也会感到放心。事实上，你正在进行某个领域的改革，如果你再多做上两件或三件事或者你能够按照某种方式进行改革，那可能就是 WTO 的标准了。

当然，这需要一定的时间予以过渡和适用。我觉得，中国就是采取了这样一种做法，就是将加入 WTO 与中国正在进行的国内改革很好地融为一体，并借此将国内改革进一步延伸和深化。在中国改革的进程中，有很多领域的改革难度是非常大的，例如，银行业、电信业等等。有些领域的改革难度相对小些，例如，降低进口关税。关于过渡期问题，根据不同问题给予不同时长的过渡期是必要的。因为如果一项改革过快的话，可能对其经济发展产生很大的负面影响，甚至是造成损害。政府有可能丧失公众信任，公众再也不愿意看到任何新的变化。因此，对于比较棘手的问题例如汽车业和电信业，都需要两年或者三年、五年的时间予以适应。也就是慢慢地进行改革，一步一步地进行改革，只有这样才能取得好的效果。我觉得，中国在过去所做的改革效果的确令人难以置信，中国在改革目标中展示出了更加长远的发展前景。

访：您认为，中国是否有义务实行市场经济？实行市场经济体制是中国应承担的 WTO 义务吗？

Barshefsky：我认为，中国的义务是执行 WTO 规则，这些规则主要是以市场经济原则为基础制定的。我想这样一套体制对我们是非常有利的，因为你是中立的，并且完全是全球体系的大方向。我觉得，中国在市场经济规则的氛围中是很有竞争力的。中国是一个有效率的生产者，并且产品的质量越来越好，这完全是适合市场经济需要的。可以预见，中国在国际竞争中赢的机会将会持续增长。因为这种国际需求与中国的长处很好地结合在了一起。数据已经表明，中国已经成为世界上的第二大经济体，[①] 中国制造也遍布全球，中国产品进入

---

① 据日本共同社 2011 年 2 月 14 日消息，日本内阁府于 14 日发布的数据显示，2010 年，日本名义 GDP 为 54742 亿美元，比中国少 4044 亿美元，排名全球第三。中国一跃成为全球第二大经济体。

国外市场的能力基本无虞。虽然一些国家针对中国的产品采取了贸易救济措施，但是，中国同样也是频繁地使用贸易救济措施。所以，就贸易救济措施而言，大家是处于平衡状态。当然，针对他国的贸易救济措施，每个成员都可以到 WTO 去解决争端。也许被诉国家对此不是很高兴，但是，由站在中立立场的人处理这些分歧是非常明智的选择，我想，这对中国也是一个很好的途径，对美国和其他国家也是一个不错的选择。巴西和南非的做法就是一个很好的例子。所以，我认为，中国应该继续实施市场经济政策，继续改进自身的法律体制以保证市场经济体制的稳定和良好运行，这是中国在未来取得成功的关键因素。

访：有学者认为，中国在"入世"议定书和工作组报告中已经做出承诺，通过实行市场经济体制履行中国的国际义务。您是否赞同这样的说法？

Barshefsky：我的看法是，这是中国的国际义务，也是美国和其他所有 WTO 成员必须履行的义务。实际上，加入 WTO 之后，WTO 成员之间建立起了一种契约关系。在这个契约关系中，我承诺做这个，你承诺做那个，在这个基础上我们彼此之间进行贸易往来。如果我认为你骗人，我就去 WTO 告您。或者如果你认为我骗人，你就去WTO 告我。WTO 还建立了审查机制，审查各成员履行义务的情况，告诉你哪些方面做得不够，哪些方面做得不错。从这个意义上说，做出的承诺都是国际义务。

访：如果法治是市场经济体系的保障，那么，中国承诺实施市场经济体制之后，就无法再回头。您认为这样的结果对中国有什么影响？

Barshefsky：我认为这样的结果对中国是很有利的。假设世界的权力重心正在发生转移，中国越来越成为世界经济的主宰，美国可能要出局，欧洲更加脆弱，日本也很脆弱，如果中国要想维持其全球经济重心的地位，就需要有一个有效运行的 WTO 和完善的规则体系，否则，中国就会成为那些势力日渐薄弱的国家的靶子。这也是我为什么认为中国应该对自己是否只作为发展中国家的代表做出决定。如果中国只作为发展中国家的代表出现，这将不足以维护中国自身的利益。中国应该与多边贸易体系中的其他主要成员例如美国和欧洲国家进行合作，以确保 WTO 的良好运转，否则，中国将会是最先遭受不利影响的国家，中国不应当让这类事情发生。

访：您的意思是把法治当做中国应承担的一项国际义务对中国是一件好事。

Barshefsky：是的，不仅对中国，对每一个国家都是好事。当每个国家都了解并同意执行法律规则的时候，国家之间就很难相互开战。因为在 WTO 中有一个独立的裁判机制，它可以对你说，你是错的或者你是对的。这对稳定不同国家之间的经济贸易关系太重要了！在 WTO 争端解决机制中，所有的国家都在同一个起点上。WTO 是一个以协商一致为决策基础的国际组织，任何人或者任何实体都不能成为 WTO 的主宰。在 WTO，每个国家都可以说他们想说的话。

访：您觉得中国承担的哪些 WTO 义务将会促使中国进行进一步的经济体制改革？

Barshefsky：WTO 的各种程序是非常具体的，尤其是对于承担的义务及其修改，它制定了一套严格的规则。比如，假设茶杯的关税是 10%，中国同意在第一年降到 8%，第二年降到 6%，第三年是 4%，第四年是 2%，第五年降到零。可见，这些义务是非常具体的。此外，WTO 成员还有更加广泛的其他义务。例如，在制定法律和法规时更加透明，允许老百姓进行评论。法律在通过后向社会公众公布。在义务的修改方面，假设你在 WTO 作出的承诺是茶杯关税降到 2%，那么，WTO 不会说："你现在就应该把茶杯的进口关税降到零"。因为按照 WTO 的程序规定，这是需要重新进行谈判的。其他 WTO 成员可能会说："你可以把进口关税降到零吗？如果你可以降到零，我会在其他方面补偿你。"所以，当你在 WTO 作出承诺之后，如果你按时完成了承诺的义务，就只需呆在原地不动，不需要再做其他的超出承诺的事情。也就是说，在作出承诺之后，你不能走回头路。但是，你也可以一直往前走，只要你愿意。现实中，很多国家就主动开放了自己的经济和贸易，因为他们认为这样做是有利于其经济发展的。例如，东盟国家之间就主动实行了经济自由化政策，他们在 WTO 之下并没有这样的进一步自由化的义务，但他们想这么做。

访：现在，中国各级和各部门的政府决策都必须遵循一定的程序，不能仅凭内部文件就发号施令，这些都是中国近年来改革的成果。实际上，加入 WTO 促使中国政府的行政作风发生了不少改变。

Barshefsky：我想，这些改变都非常正面和积极的。它有助于避免贸易伙伴对中国的误解，因为通过这些程序，他们可以看得见你在想什么，而且还可以参与到评论中来。他们也许会对有些做法提出反对意见，也许不会，但毕竟允许他们发出声音。

访：在中国，有一段时间有这样的呼声，中国的一些私营企业认为他们未能获得与国营企业同样的待遇，如果外国人要求中国政府给予非歧视性待遇，政府也应该给予私营企业与国营企业同样的待遇。

Barshefsky：在贸易权和分销权方面的确如此。在谈判时，我们曾经对中国的谈判代表讲过，大多数国家在进出口贸易权方面都是采取放开的模式，而在中国则不是如此，有些中国企业有外贸权，有些则没有，所以，首先，中国必须在外贸权方面实行非歧视待遇，让所有中国人都拥有这个权利。其次，外国人也应当拥有这个权利。我觉得，中国政府应该税收等方面改变歧视性做法，似乎中国现在正在收回只给外国人税收优惠的政策，我认为这很好。

访：非歧视实际上也是法治一个重要体现。

Barshefsky：我完全同意，它对法治建设至关重要。

访：您认为 WTO 的透明原则对中国的法治建设会有促进作用吗？

Barshefsky：当然有促进作用。

访：您觉得 WTO 的透明度原则是否能够唤起人们对法治的愿望呢？

Barshefsky：这个问题很有意思。我想答案应该是肯定的。试想，一旦政府告诉人民，它是如何制定法律的、如何思考法律问题的、如何决策的，这显然是个巨大的进步，而且对经济的发展至关重要。

访：政府决策有了透明度之后，大家突然间看到了自己和政府之间的契约关系，他们也许会想，我们可以和政府直接对话了，这绝对是一个大的飞跃。

Barshefsky：是的。在四十或者五十年前，中国的做法可能更加接近俄罗斯。但现在国家开始制定法律，区分个人经济权利和国家经济权利，这是非常重要的，这意味着中国从集体化和农业化的时代中走了出来，中国人民非凡的力量得到了释放，中国人开始去创造、去发明、去工作、去改善他们自己的生活。事实上，我相信，经济改革要比政治改革容易得多。

在俄罗斯，国家拥有一切，国家做所有的事情，你做什么都没什么关系，因为国家已经决定了你的报酬。老百姓就会想，我为什么要干活？反正国家会给我钱的。所以，如果我的工作效率不高，也没有问题！但是，当这一切都变成你的义务之后，情况就很不一样了。很多人都说，中国与俄罗斯是不同的，他们的不同之处在于，中国有很长时间的商业发展历史，即使国家处于封建王朝统治时期也是如此，中国人一向具有创新意识、创造才能和创业精神的。而俄罗斯则完全没有这样的历史传统。现在，中国已经做好经济起飞的准备了，而俄罗斯却被抛在了一边。我觉得，所有这些机制，包括法治、非歧视、契约等制度都是促使中国能够在短期内成为世界第二大经济体的因素，这种发展速度在历史上是绝无仅有的，令人震惊！它体现了中国人民强大的生产力。

访：中国在"入世"议定书中承诺实行统一的贸易政策，您认为这一承诺是否会对中国的法治建设产生积极的影响？

Barshefsky：实行统一的贸易政策非常重要。在作出这个承诺之前，中国的各地方政府独立行事，造成很多不一致的地方，以至于一些省份要比其他省份更受外国人的青睐。所以，实行统一的贸易政策对中国非常有好处。

访：实行统一的贸易政策在哪些具体方面有益于中国的法治进程呢？

Barshefsky：我觉得它在对外贸易领域建立起了一个标准的操作方式，一个所有省份都必须采用的操作方式，这就是规则。它有利于一个国家内部的团结。统一的法治环境就是这样创造出来的。这也是一个良性循环，中国政府承诺在对贸易领域实行统一政策后，就可以对各个省份说："这就是要执行的规则，不能执行你们自己的规则。"各省实施全国统一的规则可以全面提高法治观念，同时，它也让各省份感受到他们是这个国家的组成部分。当贸易伙伴看到这个国家实施统一的法律时，也可以增强这些省份的竞争实力，消除外国人在中国投资的顾虑。如果你感觉到一个外国人都能了解这些规则，那么，无论你是初来乍到，还是刚从其他地方来到中国，都没有什么关系。因为你不用考虑太多的不同规定，自然你就会认为这是一个做生意的好地方。

访：能否请您总结一下，"入世"对中国法治建设到底有什么影响？

Barshefsky：我认为，作为全球化中的一员，如果中国采取与其他国家完全不同的运作体制，这是很难想象的！如果真是这样的话，在中国投资的外国人不会对中国的经济环境感到放心的！值得庆幸的是，中国没有这样做。多年来，中国一直顺应商业发展的需要进行经济体制改革，中国的法治建设也取得了有益的发展。尤其是通过实行统一的外贸政策，通过运用规则治理国家，使得中国获得国际社会的尊重和理解。我想，所有这些改革都是非常值得肯定的。如果继续坚持改革，中国甚至包括农村地区将越来越现代化。所以，我认为，所有的这些改革都对中国的法治建设起到了重要作用。

访：您认为中国的 WTO 成员身份将会促使中国的法治进程取得大的发展吗？

Barshefsky：是的。但是，中国必须要考虑是否要做发展中国家与发达国家之间沟通的桥梁。我认为，中国的经济可以从这个桥梁作用中获得更大的利益，因为单凭市场规模，中国将是最大的受益者，当然，其他成员也会从中受益。要做到这一点，中国必须展示更多的领导力量以推动 WTO 的发展，同时还要继续在现有基础上推进国内的法治进程。

访：非常感谢您再次接受我们的访谈，希望有机会再次聆听您的真知灼见。

"从贸发到 WTO 的国际官员"——唐小兵

唐小兵简历

唐小兵，WTO 市场准入司参赞。

1978 年 12 月至 1986 年 3 月，在原对外贸易经济合作部工作，曾经参加中国政府加入《多种纤维协定》的谈判，并参与了中国加入 WTO 的早期筹备工作。1986 年 4 月至 1987 年 10 月，在联合国

贸易与发展会议（UNCTAD）制成品司作为国际纺织品贸易专家，从事贸易政策和多边贸易谈判有关的工作，后成为国际纺织品与服装局（ITCB）的经济事务官员。

1987 年 11 月至 2002 年 7 月，在联合国贸易与发展会议国际货物与服务贸易司任职，从事贸易政策、贸易法与多边贸易谈判工作。

2002 年 8 月至今，在 WTO 市场准入司工作，从事涉及非农产品市场准入、贸易便利化、信息技术产品以及其他货物贸易的市场准入方面的工作。

❋ 唐小兵参赞访谈手记 ❋

　　我们对唐小兵先生的访谈是在他下榻的酒店进行的。在一个多小时的访谈中，唐先生快人快语，从行云流水般的访谈稿就可见一斑。他的经历非常丰富，尤其是与国际组织有着不解之缘。他早期在中国的外经贸部（现在的商务部）工作过，之后又在联合国贸易与发展会议任职，现在又在WTO秘书处工作了九年！从国内到国际，从发展中国家到西方国家，他实在是看得太多，以至于他总是有着太多的独到见解！

　　在短短的访谈中，他给我们讲述了关贸总协定产生的大的国际背景，让我们看到了冷战时期的各国关系，看到了西方国家的主导地位。他给我们指点了WTO成立背后的缘由，并认为"整个谈判过程基本上是西方国家之间的妥协"。同时，他也指出，在中国申请"复关"时，我们正处于经济发展的十字路口，正是"复关"这一举措促进了中国的经济体制改革和对外开放。从他本人来讲，他之所以在联合国贸易与发展会议工作多年后有转到WTO工作，"就是想更加深入地了解WTO这个国际组织和WTO秘书处、了解这个多边贸易体制的运作模式。"他还告诉我们，在WTO多年的工作经历使他体会到，"所谓的WTO谈判并不是各个国家在谈判，也不是各国官员或者秘书处在谈判，而是背后的 stakeholders 在较量，是大的财团和企业包括 NGO 在较量。"他还告诫我们，"了解一个制度的历史沿革是十分必要的，我们不能仅仅关注事物的表面现象，而要认识事物背后的各种力量较量情况"。在唐先生的眼中，虽然 WTO 文本存在着很多漏洞，但是，WTO 是一个实实在在的存在，它既有优点，也有缺点，就像是现实中的一个人。在短短的访谈中，他向我们传递了太多的信息、太多的看法，以至于我们不断感叹时间过得太快。希望他的观点能够为我们提供一个看待 WTO 的不同视角。

唐小兵访谈录

访谈对象：唐小兵

访谈时间：2010 年 8 月 25 日下午

访谈地点：东城区长安街 1 号东方广场东方君悦酒店

访谈人：杨国华、韩立余、吕晓杰、黄东黎、史晓丽

访谈时长：1 小时 30 分钟

访：唐参赞，您好。因为您常年在日内瓦工作，不知道什么时候会来北京，我们就原定是对您进行书面采访。没想到，您这么快就来了，所以，今天能够当面访谈您令我们非常惊喜！我们几位访谈您的目的是考虑到明年就是中国"入世"十周年了，想听听您对中国入世的各种看法，尤其是入世对中国法治的影响这一问题。您参与过中国"复关"，也是中国"入世"谈判的幕后顾问，现在您又在 WTO 市场准入司担任很重要的工作，所以，您的见解一定是很独到的。

唐小兵：我以为是某一个人来做这个访谈的，原来是一个团队，而且是来自国内不同院校的学者，我觉得这种做法特别好，更加有利于知识的积累与传播。

访：谢谢您的鼓励。您在 WTO 总部工作，日内瓦有这么多国际

组织，您对 WTO 这个国际组织是怎么看的？您觉得中国在"入世"这九年发生了哪些变化？比如说，在贸易量、法治环境、国际地位、GDP、贸易摩擦等方面是否发生了显著变化？

唐小兵：WTO 这个国际组织有什么特点？这个问题提的非常好，很多人包括公众和政府界在内对 WTO 的认识都比较模糊。在第二次世界大战之后，国际上成立了三大经济支柱，即国际货币基金组织、世界银行和关贸总协定。事实上，在第一次世界大战之后，国际社会就开始酝酿建立国际组织——国联，也就是国际联盟（League of Nations）。但是，国联的成立也未能阻止第二次世界大战的爆发。第二次世界大战之后，国际社会计划成立几个国际组织。在政治领域主要是要成立联合国；在经济领域，主要是成立世界银行救穷，成立 IMF 救急。同时，还计划建立多边贸易体制，以降低国际大萧条带来的高关税，通过多边贸易体制缓解世界上各种矛盾，维护世界和平。这是当时国际社会的主要想法。为了成立规范多边贸易的国际组织，各国首先进行关税谈判。当时的关税谈判是在联合国贸易和就业大会的框架下进行。联合国贸易和就业大会设立了一个机构——国际贸易组织临时委员会（Intermit Commission for the International Trade Organization，ICITO），负责谈判以及各项工作。经过 1947 年 11 月至 1948 年 3 月的艰苦谈判，联合国贸易和就业大会在古巴首都哈瓦那通过了哈瓦那宪章的草案。该草案包含了国际贸易各个领域的基本问题，例如商业政策（现在叫贸易政策）、投资问题、商品问题（资源性产品）、技术转让问题、限制性商业惯例（对跨国公司商业行为的规制）。同时，哈瓦那宪章规定，它在各缔约国立法机关批准后才能生效。由于美国的商业财团、资本集团以及政客对哈瓦那宪章很不满意，哈瓦那宪章最终没有在美国国会获得通过，由于批准哈瓦那宪章的国家没有达到法定的生效数量，所以，成立国际贸易组织的愿望流产了。但是，西方国家对这一结果并不甘心，想把哈瓦那宪章中关于商业政策的部分（即关贸总协定）独立出来，使之临时生效。就这样，关贸总协定产生了。但是，与哈瓦那宪章相比，关贸总协定取消了很多章节的规定。

实际上，从哈瓦那宪章流产到 1995 年 1 月 1 日 WTO 成立，商业政策领域（即国际贸易政策）的法律框架并不健全，甚至比较混乱。我这里讲的"混乱"有两重意思，一是大国操纵，二是发展中国家的参与程度不足。在这期间，主要贸易大国总是出于自己的利益制定各种条款。比如，东京回合达成的 9 个协议的参加方主要就是贸易大国。在最初进行哈瓦那宪章商业政策一章（即关贸总协定）的谈判时，谈判各方是想把所有商品包括农产品的贸易问题全部涵盖进去。但是，到了 1955 年，美国认为，关贸总协定涵盖农产品贸易对其是不利的，因此，要求关贸总协定对美国的农产品贸易给予例外待遇。这就产生问题了，由于美国把农业贸易问题从关贸总协定中拿出来了，关贸总协定的商业政策也就不完整了。此外，欧洲为了在战后恢复经济，并使其产业具有一定的规模，就需要进行一定程度的政策调整，增强其产业的竞争力。因此，除了在煤钢产业进行联营之外，还实行了共同农业政策（common agriculture policy）。美欧国家的上述这种做法实质上是把整个农业贸易问题从关贸总协定中分离出来。尽管从现在来看，农产品贸易在国际贸易中的比例不到 10%，但在当时，农产品贸易所占的比例还是很大的。而且，农产品在一个社会或者在一国的经济中的地位是十分重要的，尤其是在当时，工业制成品贸易所占的比例还比较小的情况下，农产品问题尤为重要。由于美欧这两个世界上重要的经济体都在破坏关贸总协定的规则，未能履行当初作出的承诺，所以，关贸总协定后来很是让人失望。当初的哈瓦那宪章目标未能实现，后来又把相关议题拿出来进行谈判，新瓶装旧酒，这都是主要发达国家完全出于自身利益造成的。

谈到这里，我想说的是，对于关贸总协定的历史，大家可以多看一些文章进行深入的了解。国内的大学可以联合召开一个纪念哈瓦那宪章的研讨会，当然，不是为了纪念宪章本身而开，而是为了反思当时设定的目标是否已经实现。研讨可以从法学、经济学等角度进行。现在，很多人并不知道这一段历史，对关贸总协定的知识也是断断续续的。

总的来说，当时的多边贸易体制是十分扭曲（distorted）的。因此，在关贸总协定 1982 年召开的部长级会议上，一些国家提出了改革方案。时任关贸协定总干事的邓克尔组织撰写了一份《七贤人报告》，这个报告邀请专家就贸易体制的发展趋势、是否需要过度到稳定的格局进行论证。在当时，发展中国家也希望加入这个贸易体制，改变关贸总协定以往的"富人俱乐部"形象。此外，拉美国家在五、六十年代采取国有化措施之后也面临着很多问题，虽然他们在世界银行的支持下进行了结构调整，但也希望加入关贸总协定。当时，加入关贸总协定的程序很简单，主要是进行关税减让谈判，根本就不涉及非关税措施，更没有涵盖现在所涉及的国内贸易政策。为了规范更多的内容，关贸总协定各缔约方在 1985 年就开始新一轮谈判进行商讨。1986 年，乌拉圭回合谈判正式启动。这次回合涉及了非常多的内容，从关税减让到非关税壁垒。WTO 之所以在今天这么 powerful，就是因为它把它的鼻子伸到了各成员的国内政策领域来了，例如，深入到了补贴、国内税、产业政策等等。此外，在 WTO 成立之前，关贸总协定的争端解决是没有成效的。因为即便已经做出裁决，如果争端一方不同意，这个裁决也没有办法执行。而且，当时的争端解决机制也没有规定交叉报复程序。为此，西方人动了很多脑筋解决这些问题。在当时，他们已经意识到，必须对关贸总协定进行改革，尤其是进行体制方面的改革，以改变混乱的局面。乌拉圭回合的另一个新议题是知识产权保护议题，当时，"亚洲四小龙"都存在很多冒牌货。劳工权利（worker's right）问题，也就是现在所说的社会条款，也是当时的一个谈判内容。为了改革，1982 年召开的部长级会议列出了一个很长的问题清单，前后形成了很多草案，最终形成的版本是多方妥协的结果。我想提醒大家的是，做 WTO 研究不仅要看最终文本，还要看各个文本是如何变化的。关贸总协定最早的文本是英文和法文文版，到了 20 世纪 60 年代末，又加入了西班牙文，以适应拉美国家加入关贸总协定的需要。

我国最初与关贸总协定发生实质联系是从 1982 年中国准备加入《国际多种纤维协定》开始的。虽然中国当时尚未恢复关贸总协定的缔约方席位，但是，可以参加《国际多种纤维协定》。因此，我们就把加入《国际多种纤维协定》作为一个练兵。在加入这个协定的同时，中国改革开放的第一桶金也是从纺织品开始的。正是由于当时大量的纺织品和服装出口，才使得中国今天的改革开放攫取第一笔资本。为了获得更多的纺织品和服装配额，我们一方面向国务院提交恢复关贸总协定席位的报告；另一方面则是说服当时外贸部的贸管局接受多边贸易体制。因为如果加入多边体制，我们就能够争取到更多的配额出口到欧州、美国、加拿大和北欧国家，这对我们是十分有利的。

当时，不仅西方有个关贸总协定，东方也有个社会主义国家组成的经济互助委员会（简称"经互会"）。以美国为首的西方国家为了证明资本主义阵营也能够在亚洲国家赢得胜利，就利用当时的"冷战"

扶植"亚洲四小龙"的发展。我想特别谈一下那个时期的印度。中苏关系在 20 世纪 60 年代破裂后，东欧和苏联还有很大的市场，于是，印度人就钻了这个空子，利用这个契机与东欧和苏联发展贸易往来。当时，印度与中国没有贸易关系（因 1962 年中印边境曾经发生冲突），印度与西方国家也没有多少贸易往来。邓小平同志提出的改革开放政策打破了世界经济格局。邓小平同志提出中国要改革开放，中国人要走出去，占领世界市场。这对于西方人来说，是非常震惊的。当时，印度对邓小平的改革开放政策还持怀疑和观望的态度，而西方的很多战略研究所则已经预见到将会有很多事情发生。但是，对于中国怎么发展、发展的能量会有多少，没有人能够确定。在当时，我们自己内部的分歧也是比较大的。

　　再来看看加入关贸总协定的问题。当时，关贸总协定中的非市场的计划经济国家并不多，最初只有捷克斯洛伐克，后来，匈牙利、波兰、罗马尼亚等国家又加入。这些计划经济国家的加入实际上是西方国家挖经互会的墙角，想削弱东方集团的势力。你可以从东西方贸易的发展去了解一下这一贸易格局的演变。WTO 能有今天的体制，与中国的改革开放是分不开的。当时，西方人已经意识到，中国的改革开放是一个具有历史意义的事件，具有挑战性（今天叫威胁），于是，他们决定对关贸总协定进行改革。因为那个时候，很多发展中国家对关贸总协定不感兴趣，农业和纺织品从关贸总协定中分离出来了，对于发展中国家很重要的贸易领域都没有在关贸总协定中，发展中国家当然对加入关贸总协定没有兴趣。纺织品不仅对发展中国家非常重要，对发达国家也非常重要。以至于当时的英国大力发展纺织品行业，战后的日本也拼命利用纺织业发展自己的经济。日本加入关贸总协定并不是很顺利。日本在 1955 年提出要加入关贸总协定，美国支持日本的入关请求，但提出要将纺织品贸易排除在外，日本则提出来自己会进行自我限制。这也就是自愿出口限制制度的由来。尽管有 17 个欧洲国家及相关殖民地的反对，日本还是加入了关贸总协定，以至于这些反对其加入的国家与日本互不适用关贸总协定。在日本加入关贸总协定之后，围绕纺织品问题的分歧并没有结束。当时，纺织品行业对亚洲四小龙也是很重要的。于是，关贸总协定搞了一个棉纺织品的短期安排，同意特定产业（指纺织品行业）背离关贸总协定的原则。后来，关贸总协定又提出一个棉纺织品的长期安排，再后来就签署了多种纤维协定。由于纺织品被排除在关贸总协定之外，农产品随即也被排除在外，所以，发展中国家觉得加入关贸总协定并没有得到多少好处。

关贸总协定中的规则对于产业和工业发展的影响是很大的。当限制棉制品贸易时，大家就做人造纤维出口。如果再限制人造纤维，就转做多种纤维产品出口。所以，我们应该感谢这些贸易政策带给我们很多新的产品。商人在规避贸易政策的同时，也促进了技术进步和新产品的研发，这就是贸易政策与产业和技术进步之间的互动关系。所以，尽管关贸总协定在当时不尽人意，但在这方面还是有一定贡献的。

在关贸总协定的东京回合中，发达国家签订了九个协议，包括肉类协议、贸易壁垒协议（TBT）、民用航空器协议等。但是，发展中国家还是不愿意加入关贸总协定，因为它们关注的方面和能出口的东西还是被排除在关贸总协定的约束范围之外。比如，对于 footwear（鞋类产品），尽管并没有签署特定的协议，但是，有些国家之间却执行自愿出口限制、有序市场安排等措施，鞋类出口受到了很大的限制，于是，各国就都进行 Forum Shopping（场所选择），发展中国家对这种做法很是不满。此外，虽然东京回合签署了 TBT 协议等，但发展中国家不愿意加入，因为它们并没有从中获得优惠。由于上述种种问题，关贸总协定东京回合谈判达成的协议在实际效果上就受到了很大的冲击。关贸总协定之所以要在乌拉圭回合谈判中建立新的体制，上述情况是其中的主要原因。此外也有中国正在实行改革开放政策方面的原因。

那么，既然要制定新的贸易体制，就必须明确这个体制应该涵盖哪些内容、应该具有什么样的法律框架？当时的情况是，西方国家的货物贸易越来越没有优势，但服务业尤其是美国的服务业越来越具有优势，所以，在乌拉圭回合谈判时，美国的商人和产业届都给美国政府施加压力，要求将服务贸易问题纳入多边贸易体制。美国国内当时有一个服务业联合商会，这个商会给美国政府和美国贸易代表（USTR）以及商务部等部门施加了很大压力，认为服务贸易、冒牌货（counterfeit）问题必须纳入乌拉圭回合谈判议程。当时，冒牌货（Counterfeit）问题在发达国家和"亚洲四小龙"非常突出，如何通过贸易协定使知识产权规则得以有效实施成为各国关注的焦点之一。知识产权的国际保护在当时是由世界知识产权组织（WIPO）负责管理的，但它管理的很多知识产权公约都得不到有效的实施。因此，西方人想将贸易问题与知识产权保护问题联系起来，如果某个国家不能有效地保护知识产权，其他国家就可以在不同产业和部门进行交叉报复。所以，事实上，乌拉圭回合中的知识产权谈判是从冒牌货问题开始的，一开始的知识产权产权谈判议题并没有像现在达成的 TIRPS 这么广泛。此外，在乌拉圭回合时，由于西方人控制着资本和技术的流动，因此，他们要求将投资问题也要纳入谈判的范围。

从总体上来讲，WTO 这个体制对西方人是有利的。WTO 规则实际上是个协调法（Harmonization of Laws），是北美与西欧国家之间妥协一致的产物，并不是创造了一个全新的东西，它是将谈判各方的国内法进行协调并转化成国际条约。多边贸易体制的谈判过程基本上就是西方国家之间的妥协过程。这说明，西方人一方面对现实表示不满；另一方面又意识到发展中国家在对外开放后将要给它们带来挑战。为此，西方国家认为要调整东京回合达成的货物贸易协议。比如，调整反补贴规则。经过调整后，乌拉圭回合文本与东京回合文本有很大的差别，新协定将补贴分为禁止性补贴、可诉补贴和非可诉补贴三种。而原协定则没有这么详细。从总体上而言，乌拉圭回合达成的救济措施协定基本上都是按照美国和欧洲的惯常做法制定的，即按照OECD的做法制定的，也就是先在国内法层面进行协调，再经过一致化后转化为多边化规则。西方人做事的特点是尽可能地减少西方国家之间的矛盾和争议，能一锅烩就一锅烩，如果解决不了，就开小灶解决，民用航空器方面的安排就是典型的例子。这有点像自助餐与点菜的区别。

回到中国的"复关"问题，当时，中国的改革开放做法使得西方国家在对待中国"复关"这个问题上踟蹰很久。关贸总协定的缔约方们一直在考虑，是让中国在乌拉圭回合谈判结束之前进来还是在乌拉圭回合谈判结束之后进来？踟蹰的原因主要有两个方面：一是中国自身的情况；二是新的多边贸易体制尚未正式确立，中国在这个时候加入具有太大的不确定性。现有的体制是否能够承受得了中国的加入是个很大的问题。

在乌拉圭回合谈判中，由于达成了争端解决和贸易政策审议方面的协议，使得新形成的多边贸易框架在国际贸易政策方面更具有可预测性和透明性。当时，还有人提议让 WTO 在各成员方设立代表处，以监督各成员方的贸易政策。虽然这一提议没有得到采纳，但是，

WTO 秘书处会定期组织审议小组审议各成员方的贸易政策。总体来讲，尽管乌拉圭回合谈判的结果还存在着很多弊端，但它毕竟是一大进步。从过去没有多边贸易体制到现在的 WTO 这个国际组织，从没有这样的法律规则到有了这样的法律规则，期间的变化和跨越都是很大的。

我觉得，对历史沿革的了解是十分关键的，我们不能仅仅关注表面现象，而是要认识背后的力量较量，这对于我们今后进行国际谈判也是十分必要的。我之所以从联合国转到 WTO 这个国际组织工作，为了就是了解一下 WTO 的如何运作的。我发现，WTO 的工作模式是厨房工作模式。也就是，大量的工作在厨房做的，做好了再端上来。但是，如何采购、配料、配菜，先上哪道菜，却不是一个固定的，而是动态的。所以，我们了解 WTO 应该是多角度的、多方位的，应该是立体的而不是平面的。这是我自己在 WTO 工作九年来的亲身体会。尤其是 WTO 的文本中有很多的漏洞，我们应该认真研究，不能只看表面。

访：谢谢您这么细致的评论。您认为加入 WTO 对中国产生了哪些方面的影响？

唐小兵：整个多边贸易体制对于中国加入 WTO 都是非常谨慎的。因为中国经济发展的能量太大，产生的影响和震动也就更大。

访：具体来讲，WTO 对中国产生了哪些影响呢？

唐小兵：事实上，中国在决定要"复关"的时候，国内的情况是一片混乱，我们正处在经济体制改革的十字路口。那时，地方政府出现了各种做法，有的要搞经济特区，有的提出要建立单独关税区，总是，当时的国内市场十分的散乱。在这种情况下，关贸总协定的规则至少可以作为我们进行经济体制改革的一种参考。我个人觉得，中国加入 WTO 维护了中国国内市场的统一性，国内市场从此有了得以依附的统一基础。虽然 WTO 的建立与世界经济格局包括中国的变化有关，但中国的改革开放也从 WTO 获得了有益的借鉴。在当时的混乱情况下，只有复关才能管住中国的各个企业、地方和利益集团，没有什么办法能够威慑它。所以，WTO 与中国是互相影响的，这是很自然的。中国传统上是一个非常崇商的国家，我们的很多海外华侨在国外都是很成功的商人。中国大陆只是由于战乱和后来的政治运动丧失了很好的发展机会。而入世很可能就是我们发展的一个机会。

从表面上看，多边国际贸易体制的原则是很好的，目标也是很好的。关贸总协定或者哈瓦那宪章的前言都是很漂亮的词句，但是，现实却不是这样的情况。WTO 今天的样子是由于国际格局以及中国形势的变化而形成的，中国也借着 WTO 发展起来了。如果出现战乱，中国还能有这种机会吗？没有！所以，所有的国际机制都有平衡的需要，都是平衡的结果。因此，它不一定是最好的或者最理想的。现在的 WTO 也是平衡的结果，如果 WTO 再往前走，没有外界的变化和推动是很难的。从关贸总协定到现在的 WTO，这是一个很大的跳跃，如果再要跨跃，就需要有一些外部条件。所以，我们要注重对国际关系的研究，因为国际法是国际关系的一个结果，是个折中的东西，并不是最理想的，并不一定是人们最初想要的东西。

访：您刚才谈到，在"复关"之初，中国正处于经济发展的十字路口，恢复关贸总协定的地位可以促进中国的改革开放。这是我们从未听到过的评论，也是对我们最有启发的一点。

唐小兵：的确是这样的。以纺织品谈判为例，在 1977 年或者 1978 年期间，欧洲对中国出口的纺织品实行普惠制（GSP），中国从普惠制获得了很大的好处。这种制度具有一定的施舍性，是一种救穷的制度。但是，欧洲国家在当时怎么也不会想到中国在今天能有这样的进步，会形成这样一个庞大的纺织产业。如果早知道会是这样的结果，他们是不会给予中国普遍优惠制待遇的。多边体制有助于双边谈判，它让双边体制有了很大的灵活性，因为多边体制包含了很多国家的既有经验，进口配额可以针对不同商品和不同年份作出灵活调整。当时，我曾经和外贸部贸管局的人说，加入多边体制可以作为"复关"的演练。加入纺织品多边协定的要求并不严格，即便你不是关贸总协定的缔约方，也可以利用纺织品多边协定中的灵活性条款，也可以借由多边框架解决双边问题。例如，墨西哥在加入纺织品多边安排时，并不是关贸总协定的缔约方。墨西哥曾经两次就加入关贸总协定进行谈判。

访：以您在国际组织工作的多年经历而言，在全球化的背景下，发达国家和发展中国家之间的利益冲突和对立是否还是很明显呢？

唐小兵：这个冲突和对立已经慢慢淡化了。各个利益集团的组成成员也在不断地发生变化。尤其是加入世界贸易组织之后，必须不断调整，彼此妥协，适应现状。从中国而言，大量外资进入中国，跨国公司对中国的有些做法并不满意，但又离不开中国。中国在改革开放之后，利益集团在不断地变化、不断地重新组合，但没有形成固定的利益集团。中国人在国际舞台应该更加务实，更加灵活。在多边商务外交领域，我觉得我们做得还很不够，企业和利益群体的参与不够充分。在改革开放初期，由于企业没有规模、没有条件，政府代替企业做了一些事情。但现在，企业已经发展起来，完全可以由企业自己直接参与一些事情。政府应该认真地思考如何结合企业的自身需求代表企业的利益发出呼声？事实上，谁可以代表企业，尤其是民营企业、外资企业、国有企业？因为各种企业的利益冲突太多，难于形成统一，所以，这是一个不好解决的问题。前边我已经讲过，各个利益集团在WTO谈判中不可忽视。WTO谈判实质上并不是各个国家在谈判，或者各国的官员、WTO秘书处在谈判，而是背后的 shareholders（利益体）在进行较量，是大的财团和企业包括 NGO 在较量。

访：在中国刚加入 WTO 的时候，很多人说"狼来了"。这种悲观的预期很多，认为中国还没有准备好。事实正相反，"入世"却成了我们经济发展的一个动力。您觉得当初的预期和现实之间为什么会发生如此大的偏差？

唐小兵：我想，主要是"入世"后，中国的经济规模大幅度提升，经济发展太快才给人这种感觉。我有一个在哈佛大学作客座教授的朋友曾经跟我说：有些美国人认为，当初不应该让中美关系实现正常化。事实上，从 1999 年 4 月份朱镕基总理访美，到 2000 年 9 月中美达成关于中国"入世"的双边协议，全球化已经成为中国经济发展的巨大推动力。历史的发展是没有人能够准确预测到的。尤其是 Internet 带来的信息变革让人们可以更快地获取资讯，发展中国家也从中受益颇多。这为发展中国家带来了不可预测的潜能和机会，就以文字处理为例，过去要靠电传和传真获取世界市场讯息，现在可以直接在网上获得。

访：WTO 的条约解释做法在国际法条约解释体系中创造了新的解释方法。因为从前的解释是在条约解释原则的框架下针对每个具体个案给予具体解释的。您怎么看待这个问题？

唐小兵：确实是这样，WTO 是个独特的机制，WTO 的条约解释之所以别具特色，就是因为西方国家为了自己的经济利益要控制这个体系。对于《维也纳条约法公约》，当他们认为不利时就不去使用它。

访：您在原外经贸部工作时参与了中国复关的过程，能否给我们讲讲当时的细节？

唐小兵：20 世纪 80 年代初，当时的 IMF 和 WB 都在与中国进行谈判，讨论恢复中国在这个两国国家组织的席位问题。但是，对于规范贸易问题的关贸总协定，我们还在门前徘徊。当时，有一个中国人名字叫"时仲策"，英文名字是 Constant Chung-tse Shih，1979 年退休，1997 年病逝。"二战"后期，时仲策先生在英国留学，曾经在国民党政府驻英国的大使馆打工，帮助篆刻、手抄各种文件。那时，谈判哈瓦那宪章的时候，时仲策帮忙将它翻译成中文。后来，他在关贸总协定秘书处和联合国贸发会议工作多年，最后还在贸发会议国担任高级官员，它是国际贸易组织临时委员会（ICITO）秘书处七个原始工作人员之一。他做过很多的事情，例如，利用他在联合国贸发会议工作的便利帮助拉美国家加入关贸总协定，在东京回合时帮助发展中国家与发达国家进行谈判。

我本人从 1980 年开始在外贸部办公厅工作，见证了中国改革开放的决策过程。后来又去了国际司，参与关贸总协定的工作，非常幸运地亲历了中国"复关"的所有过程，此后所有工作都是围绕着这一件事。在中国"入世"后，我是第一个进入 WTO 工作的中国人。当时，我放弃了在联合国贸发会议工作的长期合同，于 2002 年 8 月选择了去 WTO 总部，通过报名参加考试进入 WTO 秘书处工作。前面我也讲过，之所以到 WTO 工作，就是想更加地深入了解 WTO 和 WTO 秘书处，了解这个多边贸易体制的运作模式。

访：以您的经历，外国是如何看待中国恢复关贸总协定席位这件事的？

唐小兵：我想，中国只不过是想利用这个机会接受关贸总协定的规则，即便中国"复关"成功也不可能擅自修改规则。谈到"复关"历史，我在外贸部工作的时候曾经去过中国第二历史档案馆查看史料，想了解一下新中国成立后我们是否与关贸总协定对过话，外交部是否发过相关声明。在签署关贸总协定后，国民党政府于 1949 年去了台湾，之后就不能履行关贸总协定下的义务了，但其作出的承诺都是依据中国大陆的进出口情况做出的，所以，退到台湾的国民党政府就要求退出关贸总协定。在当时，共产党阵营中唯一作为关贸总协定缔约方的国家只有捷克斯洛伐克。捷克斯洛伐克代表提出：关于中华民国代表退出一事，我们有不同的看法。台湾的国民党政府已经不能再作为中国的代表，我们应该等待北京方面中央人民政府的消息。但是，后来，这件事情就这样搁置了。到了20世纪60年代，台湾方面想发展经济，扩大外贸出口，于是又想恢复关贸总协定中的缔约方席位。但是，这一请求遭到关贸总协定其他缔约方的质疑，认为其代表身份不清。之后，台湾方面就想作为观察员参加到关贸总协定的活动中来。这个时候，北京方面就需要寻找历史史料作为依据，对此提出自己的主张。我们后来找到了当时的一个唯一依据，就是中国人民政治协商会议上的一个发言，该发言指出：对于国民党政府曾经签订的国际条约，中华人民共和国中央人民政府将分别审查决定是否予以继承。那个时候，我们还编写了一个小册子作为统一口径，即中国政府由于战乱未能与国际组织包括关贸总协定秘书处及时取得联系，但是，我们的立场不变。作为代表中国的唯一合法政府，中国坚持我们在关贸总协定的缔约国地位。值得一提的是，联合国在1971年通过了恢复中华人民共和国联合国席位的第2758号决议，这对关贸总协定产生了一定的影响。尽管关贸总协定不是联合国的专门机构，但它却是与联合国有关的机构，所以，在中国"复关"这个问题上，应该尊重联合国的决议。

那个时候，美国政府对于中国恢复关贸总协定的席位是有异议的。尽管当时美国对中国实行贸易禁运，但是，商人们通过香港的转口到两方的贸易一直都没有间断过。美国那时对来自中国的进口实行高关税政策，美国人担心，如果让中国"复关"，商人们反过来找美国要求退税，这对美国来说无论在经济上还是法律上都是很大的压力和问题。因此，美国政府并不支持中国"复关"。

为了"复关"，我们到很多国家进行了调研，我们去了匈牙利、波兰、罗马尼亚等国。在这些国家中，有的国家在加入关贸总协定时做出了进口承诺，承诺自己非市场经济国家的地位，承诺每年完成一定数量的进口，即使国内不需要也要进口。同时，这一进口数额还要按照一定的比例递增。我们认为，以进口承诺的方式复关对中国是不可行的，这是歧视性的做法。我们得四个部委包括外贸部、外交部、海关总署和财政部经过仔细研究，决定以关税减让的方式恢复我们在关贸总协定中的席位，并且以发展中国家的地位要求进行关税减让。我们当时定的妥协原则是：恢复仅是指法律地位上的恢复，在事实上，则是一切从头开始。这个原则作为谈判的既定方针一直没有改变过。我们当时想恢复关贸总协定的席位也有面子上原因。因为我们在 IMF 和 WB 的席位都已经恢复了，为什么就不能恢复在关贸总协定中的席位呢？而且，中华人民共和国中央人民政府在 1949 年以后就已经开始作为中国唯一的合法代表存在，这早已得到国际社会的承认。

访：您刚谈到 Commercial Diplomacy（商业外交），也就是在协定谈判的时候往往在背后都有 stakeholders（利益相关方）的支持。美国在这方面做得很到位，一些发展中国家比如巴西和印度的行业协会力量也很强大，行业协会可以出钱让律师去打官司。但是，中国目前的行业协会在方面发挥的作用还不尽如人意，它们还没有完全从原来的政府体制中转变过来。您在这方面是否有什么具体建议？

唐小兵：你们的提问问题正是我这两年一直想做的。我一直想在国内做这样一件事，就联合所有企业推动政府职能的完善，增强政府的企业意识。西方社会的各种声音一直是各种利益集团在操纵。我们中国在对外谈判时也必须紧密结合企业的实际需求，为未来十年或者五年的国际贸易格局发展做好充分准备和指导，我们必须大力促进行业协会的发展。贸易谈判是为了指导今后五年到十年的国际贸易格局。如果没有企业的参与，只是政府官员提出建议，这是不完整的。商业谈判是立体的，需要使用多种策略。"狼来了"，只是给它肉吃，它是不会走的，即便走了，也还会再来。西方人在谈判时是什么计策都使用的。

访："入世"WTO对正处于经济改革关口的中国产生了深远影响。对于中国的政治体制改革，您认为WTO是否能够发挥作用呢？如果能够发挥作用，这些作用将会体现在哪些方面呢？

唐小兵：我想，这个作用主要表现在环保NGO上。目前，中国政府也越来越意识到单靠政府的作用是远远不够的，环保问题需要民间的力量。我觉得，WTO是可以推动政治改革的，比如，它可以促进行业协会或者商会的建立，可以提出一个民间蓝图，可以建立民间智库，等等。这些机构不是政府资助的，因此，他们进行的研究和调查统计是自己独立的意见。根据中国目前的情况，NGO是很难从事筹款活动的。我认为，政治改革不只是法治问题，法治只是其中的一个组成部分。

总之，WTO是一个非常特殊的国际组织。在WTO成立之前，关贸总协定是联合国的一部分。但是，在WTO成立之后，它脱离了联合国，WTO不喜欢联合国的政治。WTO从本质上是发达国家控制的的一个国际组织。所以，我们研究WTO要更加务实一点，研究工作不能脱离现实。

访：谢谢您的精彩评论。

"多边体制的虔信者"——
Timothy · P · Stratford

Timothy · P · Stratford 简历

Stratford（中文名"夏尊恩"）律师是 Covington & Burling LLP 律师事务所北京代表处的合伙人。

获得美国杨百翰大学哲学和中文学士学位，1981 年获得美国哈佛大学法学院 J.D. 学位。

2005 年至 2010 年在美国贸易代表办公室工作，任美国助理贸易代表，负责制定和实施美国对中国大陆、中国台湾地区、中国香港地区、中国澳门地区和蒙古的贸易政策。在进入美国贸易代表办公室工作之前，Stratford 在中国工作了 25 年以上。他曾经担任美国驻中国大使馆商务处公使衔参赞、美国通用汽车公司中国公司的总法律顾问、中国美国商会主席。

Stratford 是目前美国在华企业中最高级别的前美国官员。他精通中国普通话和广东话。

❦ Timothy・P・Stratford 律师访谈手记 ❦

　　我们的访谈是在夏尊恩律师（Timothy・P・Stratford）的北京办公室进行的。经过两个小时的交谈，当我们离开的他的办公室时，心中仍然盘旋着这样一个问题：在 WTO"打官司"有利于中美经贸关系的健康发展吗？是的，这就是他的观点！他旁征博引，从理论到实践，给我们论证了他的这一判断。

　　在我们看来，他是个严肃认真而又不失幽默的人。他在中国有二十多年的工作经历，先后在美国驻华大使馆、通用汽车中国公司、中国美国商会等部门工作，对中国十分熟悉。同时，他又在美国政府工作过，特别是在 2005 年至 2010 年间担任了负责中国事务的美国助理贸易代表。这段时间正是中国加入 WTO 之后中美经贸关系非常特殊的一段时期。在这一时期，中国履行"入世"承诺的过渡期已经结束，美国开始将中国视为"成熟"的 WTO 成员，要求中国严格遵守 WTO 规则，并在 WTO 对中国提起了若干争端解决案件。夏尊恩先生的那个位置在很大程度上属于"决策层"，对于如何处理中美经贸关系，他的意见举足轻重！

　　在访谈中，他阐述了自己的看法：要让中国熟悉 WTO 争端解决机制，要让中国认识到这一机制的好处！对于他这样一个中国通，能够讲出这样的观点，不得不引起我们的深思和重视。中国究竟应该怎样利用 WTO 争端解决机制？这是不是我们处理中美贸易关系的最佳选择？当然，他的谈话并不局限于在 WTO"打官司"，他还谈了自己对 WTO 的评价、中美双方给 WTO 带来的挑战、应对挑战的建议等等。他的观点，尤其是对于如何处理好中美经贸关系的观点，为我们提供了另一个不同的思考角度。

"打官司是件好事"这个观点有些"新颖"，他建议的访谈形式也很独特：我们用中文提问，他用英文回答。其实，他的中文已经讲的非常流利了。

❖❖ Timothy · P · Stratford **访谈录** ❖❖

访谈对象：Timothy P.Stratford（夏尊恩）

访谈时间：2010 年 10 月 22 日下午

访谈地点：Covington & Burling LLP 律师事务所北京代表处办公室

访谈人：杨国华、吕晓杰、史晓丽

访问时长：1 小时 30 分钟

访：非常感谢您在百忙中接受我们的访谈。您刚刚卸任美国助理贸易代表一职，对于中美贸易关系有着深刻的认识。在中国加入 WTO 五年之后，中国在 WTO 的案件日益增多，尤其是中美之间的案件更多。中国与美国之间你告我、我告你，双方互诉案件最多的时候大概就是您担任美国助理贸易代表负责中国事务的那段时间。对于中美之间在 WTO"打官司"这件事情，您是怎么看的呢？

Stratford：这是一个非常好的问题。对于这个问题，早先我也有一些思考。我想讲一个自己的亲身经历。那是在 2005 年 10 月，我刚刚进入美国贸易办公室（USTR）工作。11 月，我就作为助理贸易代表第一次访问中国。在北京，我见到了中国商务部的官员。我对他们说："在我刚刚上任的时候，我从前任留给我的文件中看到，美国政府曾经对于中国是否已经充分履行在 WTO 中的义务提出了异议。在我看来，中国政府到现在还没有能够很认真地回应美国政府提出的这些问题。坦白地说，如果我们不能改变这种局面，美国恐怕会在 WTO 针对中国提出一些案件。"中国官员立即回应道："不不不，你不明白。如果你们在 WTO 起诉我们的话，我们的领导会很不高兴的。"这就是我第一次以一个贸易官员的身份来中国所遇到的情况。那个时候，中国政府对于在 WTO 当"被告"就是那样一个认识。我在中国生活了很多年，我很了解中国人是不愿意打官司的。但是，这并不意味着在中国大家就没有纠纷和争执。我的中国朋友和我讲过，在很早的时候，中国人在遇到麻烦问题时，通常是找一位在当地有名望和受人尊敬的乡绅或长者当中间人，帮忙解决问题。我想，WTO 在争端解决过程中所起到的角色与此是很相似的。当时我就想，如果在我任期结束时中国能够改变对于 WTO 争端解决机制的态度，能够像其他 WTO 成员一样将争端解决案件视为 WTO 成员面对的正常情况，而非冒犯或者敌对的行为，我会非常欣慰的。事实上，我不仅希望中国政府能够习惯于 WTO 争端解决机制，更希望中国政府能够认识到争端解决机制是 WTO 制度中的一个非常正面和具有建设性的组成部分。

在那次会谈中，我向中国官员解释了 WTO 争端解决机制的如下意义：第一，在 WTO 解决争端并不是一种敌对行为，而是解决贸易争端的一种建设性方法。第二，争端解决对于涉案双方政府都是大有裨益的。对于申请方来说，提起"诉讼"可以使本国国民看到政府在保护本国国民利益方面所付出的努力。事实上，如果政府官员能够擅长于此，对它自己的发展是很有好处的。对于被申请方来说，这也是一个让本国国民看到政府竭尽全力保护其利益的机会。坦白地说，在大多数 WTO 案子中，当一国政府被起诉时，该国政府官员通常是知道本国政策是否与 WTO 规则相符的。当然，他们从来不会主动在 WTO 说本国的政策与 WTO 不符，更不会向国内说"我们的政策违反了 WTO 规则。"事实上，在大多数情况下，国内的被诉政策都是由贸易部门之外的其他政府部门制定的，贸易官员也深知，这些政策在 WTO 框架下可能是有问题的，但是，他们又不能阻止这些制定政策的部门制定这样一项政策。因此，当他的国家在 WTO 被起诉时，贸易官员们即使知道本国有可能败诉，也会尽自己的最大努力为本国申辩，并在本国败诉后告诉制定被诉政策的部门或者国内民众："我们很抱歉，我们已经尽了自己最大的努力。正如你们所见，WTO 的那些愚蠢官员裁定我们败诉——看来我们别无他法，必须改变之前的政策。"你看，WTO 的确给诉讼双方的政府带来了帮助。事实上，WTO 本身有着一个非常好的政治目标。例如，在中国诉美国"禽肉案"中，身为美国贸易代表办公室的官员，我们都知道，我们的禽肉政策是有问题的。但是，我们又有职责和义务为美国政府辩护。于是，我们就告诉国会，让他们通过一份新的法律，让中国在 WTO 争端解决程序中难以指控美国。

访：您说的对，中国的贸易官员也可以将自己为保护本国禽肉业所做出的努力告诉中国的产业协会和公众。当然，在这个案子中，中国显然是胜诉了。不管结果如何，双方政府都可以将自己作出的各种努力告诉本国民众，这样做的本身就是非常值得肯定的。

Stratford：是的，WTO 争端解决机制的一大优点在于，它可以顺利地解决一项在两国政府之间极具争议性的问题，实现去政治化的效果。通过 WTO 解决争端，不仅在两国政府之间达到了去政治化的目的，也能够安抚两国的民众。相反，如果没有 WTO 或者不利用 WTO

争端解决机制的话，一方针对另一方某项政策的不满就有可能通过报复方式解决，这样一来，双方在报复和反报复中恶性循环，最终导致双方贸易战的爆发。但是，有了WTO，我们就可以避免这种情况的发生，我们可以很轻松地将分歧提交WTO争端解决机制，然后就可以悉听裁判了。

访：在此之前，我们从没有听到过任何一个人对WTO争端解决机制的作用像您这样解读，像您这样讲得这么清楚、这么透彻、这么理性。您以前也说过，把案子交到WTO去解决还可以转移或者卸下双方贸易官员身上的重担。因为有些问题就是谈不出来，永远也谈不出结果来。如果将这个问题交给一个第三方去裁决，双方就可以把精力放到其他应该注意的事务和能够解决的问题上去，因为人力资源是有限的。

Stratford：是的。比如，在两国进行谈判时，首先是我在我的工作层面上提出争议的议题，然后才是由我的上司也就是美国贸易副代表出面。当美国贸易代表办公室将争议的议题提交给中国商务部时，我们双方就要花费时间讨论这个争议。如果这个争议提交到WTO争端解决机构，我们就再也不需要讨论它了，只需要等待WTO裁决就好了。因此，WTO争端解决机制可以使我们将注意力集中在其他更为重要的议题上面，这也将使得我们的谈判气氛更为友好。

我再举两个例子。此前，美国政府针对中国的知识产权保护问题向WTO提起了两项"诉讼"，我记得中国方面对此非常不高兴。当时，我们对中方作出如下解释："在美国国会，有很多针对中国知识产权保护问题的批评。由于未能很好地解决中国的知识产权保护问题，美国政府和贸易代表办公室饱受批评。但是，一旦WTO对该争端予以立案，美国国会就会立刻停止对该问题的争论和指责。因为国会认为，这个事情已经由贸易代表办公室和我来处理了。"所以我说,在 WTO 立案可以减少复杂的双边会谈,减少了美国国会和美国社会对于中国的批评,因为美国人知道,贸易代表办公室已经在 WTO 处理中国问题了。因此,当中国官员因为我们将案件提交 WTO 而向我们发泄不满时,我们就会向他们解释说:我们这么做的初衷也是为了维护中美关系,我们认为,这么做确实是很好的选择。事实上,我们的所言都已成真,因为美国国内的反华氛围在案件提交 WTO 之后的确已经消减,而这正是由于我们采用了正确的处理方式。

刚才你们也提到,在我担任美国助理贸易代表这段时间,我们在 WTO 对中国提起了好几起诉讼。在这期间,我们曾经尝试与中国共同建立一种如何处理 WTO 问题的相互谅解。因此,我们设计出一套机制,这套机制的目的就是想解决这样一个问题,即如果我们对某项议题产生争议,如何与中国政府进行沟通?对此,我的态度就是不能含糊,美国贸易代表办公室的同事们也支持我的这种做法。也就是说,如果美国贸易代表办公室认为中国的某项做法违反了 WTO 规则,而中国政府对于我们的异议不以为然的话,我们就一定会将这个问题诉诸 WTO 争端解决机制。因此,当我和中国官员会谈的时候,他们会问我:"你们 USTR 真的以为我们这么做就违反 WTO 规则了吗?"如果我当时告诉他们:"是的,我们对此事很关注,我们的态度也是很认真的。"这个时候,他们就会知道,我真的是很认真,已经做好了到 WTO 起诉的准备。如果对某个问题我们并没有做好到 WTO 起诉的准备时,我就会告诉他们:"我们仍然对这个问题进行研究。"但是,我绝不会贸然说:"我们准备到 WTO 起诉"这类的话。我对中国官员说话之所以这么谨慎,原因在于,我认为我工作职责的一部分就是帮助中国熟悉 WTO 争端解决机制,并且使中国认识到 WTO 的建设性作用。

在我任职期间，对于相互间的贸易摩擦，我们已经形成了一套相对成熟的做法。首先是我提起某项议题，USTR 办公室再给中国商务部副部长发官方函件。之后就是 USTR 与中国商务部之间的通信联络。这种信函方式成为中美双方早期解决贸易争端的主要方式。这种解决贸易摩擦的方式可以清晰地表达美方的意图：这些意见来自于美国政府的高层，美国对此事是很认真的。如果双方仍然无法协商解决，美国就会起诉到 WTO。事实上，在贸易摩擦发生之后，双方政府一直都在努力寻求解决问题的适当方式。虽然中美双方在有些问题上不能很好地理解对方，但总体来说，我们在一些问题上还是取得了不错的结果。

我清楚地记得中国第一次单独在 WTO 对美国提起诉讼的情景，[①]我觉得那是一个具有重大意义的事件。因为它表明，中国已经认识到了 WTO 对自己的重要性，认识到了 WTO 可以成为自己的一个重要工具。而在过去，中国可能会认为 WTO 是美国和其他国家针对中国采用的一个工具。中国能够在 WTO 起诉，说明中国已经认识到，在起诉与应诉两方面，WTO 争端解决机制具有平衡的作用。当你对某些案件非常恼火的时候，你就可以向 WTO 起诉。对于中国在 WTO 第一个起诉美国的案件，也就是铜版纸案，我觉得中国的起诉时间还是稍微有点早了，因为在中国起诉时，美国商务部对那个案子还没有做出最终裁决。尽管如此，我还是认为中国已经认识到了在 WTO 起

---

① 2007 年 9 月 14 日，中国就美国对华铜版纸反倾销和反补贴初裁案向美国提起磋商请求（United States — Preliminary Anti-Dumping and Countervailing Duty Determinations on Coated Free Sheet Paper from China，DS368），因美国国际贸易委员会最终裁决不存在实质损害，美国未能征收反倾销税和反补贴税。故未请求设立专家组。

诉的重要性了，对于这个进步，我感到非常高兴，我认为那是一项了不起的成就。再后来，中国又对美国的轮胎案、禽肉案等裁决表示不满，并起诉到 WTO。我认为，中国将这些案件提交 WTO 是颇具积极意义的，因为这表明中国政府已经开始采取行动了。目前，中国已经在 WTO 主动提起了 7 个诉讼案件，我认为，这对外界释放了非常积极的信号。当然，我们也并不希望两国之间发生那么多的案子，毕竟我们都没有太多的精力解决那么多的纠纷。因此，这就要求双方政府必须对各自能够承受多少案件做出决定。我想，这个数量一定不是特别大。

我认为，两国政府和 WTO 是有能力解决两国目前所面临的各种问题的。在近期，中美之间发生的一个最重要的事件就是 USTR 受理的有关绿色科技的"301 条款"申诉一事。在以前，USTR 是不愿意受理"301 条款"申请的，因为"301 条款"严格的程序性要求对 USTR 处理贸易争端的能力作出了很大的限制。USTR 愿意保留更大程度的灵活性，而不愿受束缚。你们可以看看美国钢铁工人协会的申请，一共有 5800 页，相当复杂。很难想象，两国政府能够在 90 天内通过磋商解决如此棘手的问题。这一问题不仅涉及很多措施，其政策本身也是错综复杂的。中美在绿色科技方面已经开展了很多项合作，大家都希望各自的国家能够开发并利用更多的绿色科技。因此，中国所做的事情也正是欧美所鼓励的。但是，如果从贸易的角度来看，中国鼓励绿色科技的某些方式却是具有歧视性的。这也是为什么美国的产业界提出"301 调查"的原因。美国钢铁工人协会提出的"301 条款"调查申请涉及中国政府为鼓励绿色科技所采取的五项措施，其中的一项措施就属于禁止性补贴。我相信，中美两国在禁止采取此类补贴的问题上是存在着共识的。因此，虽然我们还不能确定"301 条款"调查申请中的情况是否属实，但是，如果申请中主张的事实是存在的，中国政府就应该放弃这种做法。至于可诉性补贴，中美两国可以进行有效的政策性商讨，例如申明中国采取了多少补贴，美国采取了多少补贴等。

我们律师事务所的另一位合伙人 John Veroneau 律师曾经担任过 USTR 的总法律顾问和 USTR 副代表。我们曾经讨论过美国钢铁工人协会提出的"301 条款"调查申请。John Veroneau 律师指出，早在 20 世纪 90 年代初期，美国和欧盟在处理大飞机补贴问题上也存在着类似的情况。当时的状况比较糟糕，如果欧盟提供补贴，美国就会提供更多的补贴。之后，欧盟就会增加补贴额，美国就肯定提供得更多。两国政府之间的这种补贴大战实际上是很不健康的。最后，美欧之间达成了一项协议，即双方以合理方式为本国的大飞机工业提供补贴。也许，中美两国或者其他各国应该以这种非禁止性补贴的方式发展绿色科技，并就绿色科技的补贴问题展开双边谈判。因此，对于这项"301 条款"调查申请中的一些事项，中国也许会承认："是啊，或许我们本不该采取这些措施"。而对于其他事项，解决问题的最好办法就是进行协商，对于协商解决不了的复杂事项，可以交由 WTO 来解决。当然，我现在已经离开美国贸易代表办公室了，所以不清楚美国政府最终将如何处理此事。坦白地说，我相信他们自己也不知道该如何处理这个问题。唯一可以肯定的是，他们要在 10 月 24 日之前做出是否受理这个申请的决定，而当他们做出最终裁定的时候，本期国会的选举已经结束了。总之，无论如何，这项"301 条款"的调查申请为我们提供了一次深入研究中国两国应该如何处理贸易争端的素材。

访：你刚才从过去的案件，讲到了大家现在讨论最多的清洁能源、清洁技术和清洁能源补贴的问题以及双方如何理性地解决这个问题，内容非常的丰富，以至于我们原来想问您的问题已经回答了。您在前面谈到，美国在2007年4月10日向WTO提交了两个针对中国的案子：一个是知识产权案，一个是市场准入案。① 中方对此反应很强烈，并把当时的中美知识产权工作组会议给停了下来，不开了。中方觉得，既然你美国已经将争端提交到了WTO，那我们也就没有谈的必要了，我们之间至少是停开了两次会议。你当时作为负责中国事务的助理贸易代表，是否会想到中方对此反应这么强烈，以至于中止中美知识产权工作组会议？

Stratford：我们已经猜到中方对此可能会有所反应，因为在之前，中国政府对美国将争端提交到WTO都是非常不高兴的，觉得自己被冒犯和被侮辱了。当时我们就想，让中国政府认识到在WTO起诉这种做法并非是恶意挑衅，这可能还要花一阵子时间。尽管如此，美国政府还是执意将案件提交WTO，因为我们认为，这么做对中美关系是有好处的。说实话，尽管我们有所预见，但我们并没有意料到中国政府的反应竟然这么强烈！我们就在想，中国的反应有点过度了，这不像一个有经验的WTO成员方的所为。

访：您好像提过，在美国于WTO起诉中国这两个案件之后，你来中国想和中国商务部的某个部门会谈知识产权保护问题，中方不见，因为这个案子已经提交WTO了。

Straford：是的，就当时的情况来说，我们感觉到，中国的反应就像是自己遭到了别人有意的冒犯，但我们是无意冒犯中国的。我能理

---

① 2007年4月10日，美国针对中国向WTO争端解决机制提起两起诉讼：一是中国知识产权案（DS362），主要涉及中国针对盗版行为所涉及的刑事程序和处罚门槛、海关罚没侵权货物的处置措施以及依法禁止出版或传播的作品的著作权保护的问题。另一起是中国出版物和音像制品文化产品案（DS363），美国主张中国对出版物、电影和影像制品在贸易权以及分销服务上所采取的限制违反了中国入世承诺及相关WTO义务。

解中方在那一时刻的不高兴，但当时的实际情况是，这两个案子并非完全是知识产权方面的，它们只是涉及到了某些技术性的细节。即便如此，我们仍然认为，对于涉及WTO义务的问题，应当在WTO框架下解决，而不是另起炉灶进行双边谈判。而对于双方都有利的、在更广范围内可以进行合作的议题，同样也不能因为有了WTO方面的争端，就中断合作。因此，我觉得中方当时的有些反应是有些过度了。

访：现在，距离这两个案件已经过去4年了。您觉得中国现在对美国在WTO起诉中国的心态是否与当年应诉第一个案子时的心态相比发生了什么变化？

Stratford：这个变化太大了，而且是很大的进步！我认为，这是中国两国在WTO争端解决机制上取得的一项重大成就。以最近发生的金融服务领域案件——信用卡案为例，中国对这个案件的反应显示出其更加成熟和老道的心态。在美国将这个争端提交WTO之后，中国表示：这可能存在误解，中国并没有违反WTO。如果美国对此有疑问，我们可以在WTO框架内解决这一问题。从这一表态可以看出，中国的做法显示出了一个富有经验的应对方式，中国已经积累了很多的经验了。有些时候，一些人问我有关中美贸易关系的问题，我总是回答说：当两国之间有了WTO争端之后，中国是能够采取负责任的态度在WTO框架内解决问题的。即便中国输了案子，也都能够认真地履行WTO裁决。而且，中国也已经学会通过WTO起诉其他国家。所以，对于中国有了越来越多的WTO案件，我是非常高兴的。虽然在最近，中国的某些做法和反应有些消极，但我认为，从长远来看，这种情况只是一段小插曲而已，中国一定能够调整自己以适应WTO的要求。我本人非常赞赏中国为适应WTO的要求所作出的所有努力。

访：2007年4月10日，美国在WTO对中国同时提起两个案子。

今年 9 月 15 号，美国又对中国同时提起两个案子，① 这之间只相差三年半。您有没有想过，在这三年半的时间里，中国的对待争端解决的心态竟然会发生如此大的变化？

Stratford：在这三年半的时间里，中国对争端解决的态度的确作出了实质性改进，中国已经在这个方面做得很好了。

访：你觉得 USTR 在处理与中国的 WTO 案件和处理与欧盟的有关的 WTO 案件时有什么区别么？也就是说，USTR 在与中国就 WTO 争端问题打交道的时，是不是进行相应的调整和适应？还是说美国在与所有国家包括日本、欧盟打交道时策略都是一样的？

Stratford：坦白地说，在处理有关中国的案件时，我们会更加谨慎一些。因为我们知道，中国对于 WTO 规则还是相对生疏一些。我们也认为，我们应该帮助中国对 WTO 多一些了解。当然，我刚才也提到了，在处理 WTO 案件时，我们是绝不含糊的，如果讲明起诉，就一定会起诉的。同时，我们也会尽力帮助中国理解美国在 WTO 案件上的观点和态度。我相信，如果中国官员谈起我时，一定会说，我是一个说话靠谱的人。也就是说，一旦我告诉他们美国会这么做，那么通常来说，美国就一定会这么做的。其实，在我任职期间，我一直

---

① 2010 年 9 月 15 日，美国向 WTO 争端解决机构（DSB）对中国同时提起了两起诉讼：一是 China — Electronic Payment Services(China-Certain Measures Affecting Electronic Payment Services-Complainant: United States of America, DS413)。2010 年 9 月 15 日，美国就中国人民银行指定中国银联垄断处理中国消费者的银行卡交易而排除其他潜在供应商的限制措施提起磋商请求。2011 年 3 月 25 日，DSB 同意设立专家组审理该案。二是 China — GOES 案 (China-Countervailing and Anti-Dumping Duties on Grain Oriented Flat-rolled Electrical Steel from the United States-Complainant: United States of America, DS414)。2010 年 9 月 15 日，美国政府就中国针对来源于美国的取向电工钢所采取反倾销和反补贴措施提起磋商请求。美国认为，中国通过发起国内反倾销调查和反补贴调查的方式针对美国出口的钢材施加了不平等的限制，中国的做法违背了中国加入 WTO 的承诺，以及《1994 年关贸总协定》、《反补贴协定》、《反倾销协定》的相关规定。2011 年 3 月 25 日，DSB 同意设立专家组审理该案。

试图在中美两国政府之间建立互信机制，以保证我们能够在面对问题时共同解决它。

如果我们与欧盟对话，我们可能就会采用另外一种方式了。因为欧盟更熟悉 WTO 规则，这样，谈判者之间就会保持比较亲近的个人关系。但是，我的个性并非如此。在中美关系这段特殊的时间里，我要采取正确的方式处理每一个问题，所以，我一直努力做到言出必行。我想，即使有的中国官员可能不太喜欢我的直言，但是，他们一定能够感受到我一直在试图帮助中国。

访：当年您主张用 WTO 争端解决机制解决中美贸易中的棘手问题，因为这种处理方式有很多好处，而且也非常理性。从现在的结果看，您认为您当初的想法是对的吗？当时，有很多中国人不喜欢您，不理解您。今天，当您再次进入私营部门从事律师工作，在和当年的这些人打交道时，您是否感觉到了这些人由于您当年的做法使得他们现在对您有什么不好的看法？

Stratford：总的来说，我认为我与中国官员们的关系还是很好的。因为在我们打交道时，我们都理解对方：我们都是代表各自的政府，并且不可能自己有权做出所有的决定。我们的工作就是执行自己政府的政策。所以，我们不可能因为对方政府的政策而彼此互相指责，在个人层面上，我们还是始终保持着相互之间的坦诚和尊重。坦诚和尊重是我长期以来所一直坚持的和追求的，我想，大多数中国官员也是这么看的。可能会有一些中国官员永远也不理解我的做法，有些美国官员同样也可能不理解我的做法。但是，你不可能让所有的人都对你的工作满意。毕竟，总会有一些人认为你在工作上有不尽完美之处。但是，总体来说，我的工作还是得到了认可。

访：作为前美国助理贸易代表，你是怎么看待 WTO 这个国际组织的？你觉得这个国际组织和其他的国际组织相比，有什么特别的地方吗？

Stratford：我认为，WTO 是世界多边组织中最为成功的国际组织之一。原因就在于它采用了一种巧妙的手段，使自己在拥有执行力的同时不侵犯成员方的主权，这是很难做到的。当你在 WTO 输了官司，并且不愿意履行裁决时，对方有权对你采取报复措施。可以这么说：WTO 本身不能让你改变本国的法律，但是，它可以授权另一个国家针对你采取报复措施，而无需考虑最惠国待遇问题。所以我们说，WTO 的手段是很高明的，它既能保证自己的执行力，又无损成员方的主权。也正因为如此，WTO 协定的运转也确实非常奏效。相比来说，其他一些国际组织就没有类似的机制，当然也就不如 WTO 如此有效。在这些机制不太有效的国际组织中，国际货币基金组织就饱受诟病。目前，世界各国在汇率和支付平衡方面的分歧很大，这主要应当归责于 IMF，因为它的主要工作就是处理支付问题。但现实情况是，IMF 并没有一个有效的机制来解决此类问题。我想，IMF 的例子可以从反面印证 WTO 的成功。此外，我们还应当关注对 WTO 的一些异议。如果人们对 WTO 裁决结果的公平性产生质疑，那么，WTO 的各项原则在各国获得的政治支持也就荡然无存了。最近，美国国内的一项调查显示，超过 50% 的美国人认为，美国从对外贸易中受到了损害。我个人对于这个结果感觉很失望。我认为，这些观点是片面的、不正确的。如果这些人认真看看美国对外贸易的总体状况，他们就会改变自己的观点。但目前的情况是，在美国国内确实存在着这样的看法。如果人们对合法性问题提出质疑，而 WTO 又没有完全回应这些问题，那么，人们对于 WTO 就会产生疑虑。

坦白地说，我认为，中国也要特别注意在 WTO 的行事方式。例如，在 2009 年，美国对来自中国的轮胎采取特殊保障措施。美国认为它是有权采取这些特殊保障措施的，因为它是按照 WTO 规则行事的。但是，中国威胁说，要对美国实施一系列"回应"。我想，这些"回应"将极大的削弱 WTO 赖以生存的法律基础，所以，我们必须非常谨慎地对待这些回应。因为一旦 WTO 解决争端的能力被削弱了，这些问题就会越来越大，对 WTO 的政治压力也会越来越大，这是一个很严重的问题！另一问题是，WTO 对有些议题并没有明确地涵盖。所以有人认为，中国一定会积极利用 WTO 规则的每一个漏洞。的确，西方国家以及日本等国都这么做，中国也可以这么做。但我的感觉是，中国做的更多一些。中国是一个大国和主要贸易国，如果过于频繁地利用 WTO 规则的漏洞的话，就将极大地削弱 WTO 处理贸易议题的能力。所以，我们必须非常谨慎地处理这些问题。

目前，中国除了比较多地在 WTO 的灰色地带行事外，另一个引起广泛关注的问题就是缺乏政策的透明性问题。如果你想澄清中国是否利用了法律漏洞，就必须找到证据。但是，对于中国的所作所为，外国是很难收集到证据的。我记得我曾经读过一份关于中国政府的政策目标的文件。这份文件提到，到了 2015 年，中国的国产品牌汽车销量将提高 17%。如果中国是一个市场经济国家，怎么实现这个目标呢？比方说，在我的公司，如果我们设定了一个提高市场份额的目标，我们就会去努力工作，会投放广告，会推出新产品，会把自己打造成为一个有实力的厂商，会对中国进行更多的投资，等等。但是，如果提出目标的是一个国家的政府，该怎么实现这个目标？可能就会有人提出质疑说："这根本不像市场经济国家的作为嘛！"当然，如果这个国家的政府只是在政策中提出目标而不采取任何措施的话，当然不能说它违反了 WTO 规则。但是，如果一个国家的政府为了实现设定的目标而采取了一些措施，他们就有可能违反 WTO 规则。但是，我们最终也没有找到能够在 WTO 起诉中国的理由。但是客观而言，如果中国经济是这样运转的话，就会给人们一种感觉：中国可能没有遵守 WTO 规则。如果久而久之，大家都有了这种印象，人们就可能产生疑问："我们对 WTO 还有信心吗？ WTO 的未来将会怎么样？"一旦其他国家相信发生了这种事情，大家就会对 WTO 规则失去耐心，而这些规则本是为了避免出现这种问题制定的。所以，我再次重申这个问题。我在这里并不是在危言耸听，我只是想解释清楚这些事情。如果这种事情不断发生，人们就会留下我刚才所说的那种印象，进而就会削弱人们对 WTO 的信心。中国是世界上的主要出口国，中国对贸易保护主义有着强烈的反对立场，这是对的。但是，如果其他国家认为中国也在采取某些形式的贸易保护主义，他们就不会认真地考虑中国提出的主张和观点了。因此，这些都是我们必须认真思考的问题。

有些时候，这些事情也会在美国发生。在上周，我见到了一位中国朋友，她问我说："你觉得 USTR 会接受产业界关于中国绿色科技做法的"301 条款"调查申请吗？"我回答说，恐怕他们会接受。她说，中国商务部已经算出美国向本国企业提供了超过 2000 种的补贴，美国还会向 WTO 起诉这个案子吗？我很理解中国的感受。我想，如果美国希望其他国家遵守 WTO 规则的话，美国就必须率先遵守这个规则。记得在美国国会通过有关中国禽肉的法案时，我非常恼火，我觉得通过这个法案是很愚蠢的做法。因为我可以说出很多关于美国做过的类似事情。话又说回来，如果你是一个贸易官员，你就会理解和了解规则，并且也理解规则的重要性。但是有的时候，政府的其他部门并不能像你一样理解 WTO 规则，你也无法阻止他们做出的一些错误决定。

访：你觉得中国加入 WTO 之后，WTO 对中国产生了哪些积极影响？

Stratford：从宏观层面上看，中国在"入世"后逐渐发展成为一个贸易大国，这点在出口、进口等各个方面都有所体现。再从具体产业的情况来看，中国于 2001 年刚"入世"时，我还在美国通用汽车北京公司工作。当时，通用公司和其他一些汽车公司认为，中国的汽车市场开放力度将来会是很大的。因为中国在入世时承诺，将会降低汽车进口关税。同时，中国还同意放宽汽车进口配额和市场准入要求。中国将允许外国公司进口汽车、分销汽车，允许外国公司设立汽车金融公司。总之，中国政府在汽车产业做出了很多重要承诺。我记得在当时，很多中国的汽车公司非常害怕外国公司进入，害怕自己在竞争中被外国公司兼并。事实上，我们还是得到了非常好的结果，因为贸易壁垒的确大大减少。同时，中国国内的汽车公司的经营也都非常成功。我想，这正是 WTO 框架下的最理想状态：生产得以促进，贸易壁垒得以削减，消费者福利得以提高。尤其是随着消费者福利的提升，全行业的福利也便随之增加。我记得在 2004 年 5 月，通用公司的董事长作了一个演讲。他在演讲中提到："我们的经济学家预测，到了 2030 年，中国的汽车市场规模将会超过美国。"我之所以跟你们讲这个故事，是因为即便他是一个非常优秀的经济学家，他也没有做出准确预测。事实上，中国的汽车市场规模在今年就已经超越了美国，而按照预测，这本应是在 26 年之后才会发生，而中国只用了 6 年时间。这一成就正是中国努力减少汽车贸易壁垒所取得的。而且，降低汽车的生产成本也促使中国的本土汽车行业快速发展。所以，我觉得，汽车行业在中国的发展是 WTO 促进国民福利的一个典型例证。

当然，中国也是可以保护自己的。我与一些曾经在 USTR 工作过的人交谈过，他们对我说："我们不知道你是如何工作的，因为当我们在 USTR 工作的时候，中国还没有加入 WTO。所以，我们当时对付中国的主要武器就是"301 条款"。由于中国不是 WTO 成员，我们相互之间不能适用 WTO 规则。但是现在，中国已经加入了 WTO，USTR 的手脚应该是被束缚住了，因为你不能像我们当年那样随心所欲了，所以，我们真不知道你现在是如何工作的。"的确如此，尽管中国的产品大量涌入美国市场，但人们发现，美国已经无法对中国采取单边报复措施了。中国的利益也就在 WTO 框架之下得到了很多保护。所以说，中国从入世中获得了极大的利益。无论是在对本国汽车产业的保护方面，还是对于本国经济福利的实质性提高方面，WTO 都对中国起到了一个很好的作用。我实在想不出还有什么样的 WTO 成员能够像中国这样在入世之后取得了这么大的成功。

访：非常感谢您接受我们的访谈。您发表的见解给我们提供了一个看待问题的全新视角，有些问题确实是值得我们深思的。

"WTO 总干事的顾问"——王晓东

王晓东简历

王晓东，WTO 总干事办公室参赞。

1995 年毕业于南京大学英语系，后获得澳大利亚阿德莱德大学经济学硕士学位和南开大学国际经济博士学位。

1995 年至 2004 年，他曾在商务部（原对外贸易经济合作部）国际司、中国常驻日内瓦联合国代表团、中国常驻 WTO 代表团、商务部 WTO 司工作。在此期间，他作为中国加入 WTO 谈判的代表团成员，参与了一系列的谈判活动，并于 2001 年 11 月份在多哈见证了中国"入世"的重要历史时刻。2004 年至 2005 年，担任中国美国商会政府事务总监。2005 年 8 月进入 WTO 秘书处工作，任参赞一职，在 WTO 总干事办公室工作至今。曾在国内外刊物上发表数篇学术文章。

王晓东参赞访谈手记

每一位见到王晓东先生的人恐怕都会有这样的感叹：晓东真是年轻有为！因为他年纪轻轻，就当上了 WTO 参赞。日常工作中，主要分管 WTO 秘书处贸易政策审议司、经济研究与数据分析司以及市场准入司等司局业务，并就多哈回合工业品关税谈判以及涉及亚洲区域国家的事务向总干事提供政策建议。作为总干事的幕僚，平日与总干事在一起工作，对 WTO 的理解自然比别人更深了一层。

趁着他来北京出差的机会，我们对他进行了访谈。在访谈中，他向我们介绍了在国际组织林立的日内瓦，WTO 作为一个"年轻"组织的特点。他还介绍了 WTO 多边谈判的复杂性以及中国在 WTO 扮演越来越重要的角色。特别值得一提的是，他非常强调人才的重要性。他说：我们的贸易量虽然很大，但是我们的人才培养没有跟上。中国还没有把人才储备和团队的梯队建设完全上升到一个国家战略的高度。

作为处于 WTO 核心位置的中国人，他有着十分丰富的国际工作经验，因而清楚地认识到中国与其他国家，尤其是西方国家在参与国际事务方面的差距。同时，他也更加迫切地希望中国人多边谈判的水平能够迅速提高。没有人才，何谈维护自己的利益？听完他的一番讲述，让我们这些从事法学教育的人感到了无比的压力，也引起了我们对中国法学教育更加深入的思考。

❧ 王晓东访谈录 ❧

访谈对象：王晓东

访谈时间：2010 年 9 月 24 日下午

访谈地点：北京市张玉卿律师事务所

访谈人：杨国华、张玉卿、韩立余、史晓丽、吕晓杰

访谈时长：1 小时 30 分钟

访：今天的访谈机会很难得，因为您常年在日内瓦工作。您是 WTO 总干事拉米办公室的参赞，是负责市场准入谈判、贸易政策研究以及亚洲事务的顾问。此前，您曾经在中国商务部国际司和世贸司工作过，对 WTO 非常熟悉，也很有经验。应该说，您是年轻的"老人儿"，所以，您看 WTO 的角度一定是别人无法替代的。明年是中国加入 WTO 十周年，我们想请您谈谈对 WTO 的认识。比如，您在这样一个位置是怎么看待 WTO 这个国际组织的？特别是您身处国际组织云集的日内瓦，WTO 与其他国际组织相比有哪些特点？中国加入 WTO 之后，中国的法治建设有什么进步？

王晓东：根据这些年的工作体会，我想以个人身份谈谈我的一些看法。关于 WTO 的特点，我认为，WTO 是一个相对比较特殊的国

际组织。它的特殊性主要体现在以下几个方面：第一，WTO 不是联合国体系中的一员，它有其自身独特的运作机制，联合国的很多规章制度和程序不适用于 WTO。第二，相对于世界卫生组织、国际劳工组织等其他国际机构，WTO 的成立时间比较短，规模也比较小。目前，在 WTO 总部的正式工作人员有 600 多人，其中，300 多人是专业人员。尽管规模不大，但是，WTO 是获邀参加 G20 峰会的少数国际组织之一，可见它具有较高的国际知名度和影响力。第三，WTO 是唯一一个"有牙齿"的国际组织。WTO 最为特殊之处就在于争端解决机制及其授权报复功能，这一功能强化了执行规则的有效性。

至于"入世"对 WTO 的影响，我想，加入 WTO 对中国经济和社会发展的诸多方面都产生了非常深远的影响。随着加入 WTO，中国变得更加开放，中国企业更加充分地参与到全球化进程之中，并在竞争中发展壮大。中国的市场投资环境和经营环境逐步得到改善，大量的外资流入中国，而外商投资企业也为中国创造了很多的就业机会。更为重要的是，加入 WTO 是中国在市场经济道路上迈出的非常重要的一步，使得中国在全社会逐步建立起了一套以规则为基础的经济行为规范，培养了尊重规则、按规则办事的理念。

关于 WTO 对中国社会和法治建设的影响，我个人感觉还是比较积极的。加入 WTO 有效地推动了中国的法治建设，促进了国内规章制度与国际标准的接轨，使得中国以一种透明和规范的方式执行国内的法律法规。在法律法规的出台和执行过程中，中国的法治状况暴露在外部压力及监督的环境中，从而极大地促进了中国法治建设和改革开放的进程。因此，从这个角度来讲，加入 WTO 对于中国法治建设是有积极意义的。

我想特别指出的是，在谈判制订新的国际规则的过程中，WTO 成员谈判能力的强弱、对规则的熟悉程度包括运用法律的能力，都会影响到谈判的结果及其利益的实现。虽然自"入世"以来，中国的多边贸易谈判能力不断提高，但与主要发达国家相比，仍然存在一定的差距。中国还需要有一个进一步学习的过程，首先，我们应该了解规则和熟悉规则，然后是参与规则的制定。从接受规则到参与规则制定再到影响规则的制定，这是一个渐进的过程。只有在 WTO 中能够影响到规则的制定，才证明你有实力在国际规则的制定中发挥主要作用。

虽然 WTO 给中国带来的巨大利益，但是，我们对于 WTO 还是要有一个辩证的看法，不要把 WTO 神圣化。WTO 只是个多边谈判的场所，是一个利益交换的平台。这个平台对于每个 WTO 成员都是公平的，各个成员可以通过参与 WTO 谈判和争端解决机制去争取和维护自己的国家利益。但是，通过谈判获得多大的利益，争端能否打得赢，这不仅取决于事情本身的是非曲直和其综合国力，而且在很大程度上还取决于各成员的参与水平、谈判能力和处理争端的法律运用能力。

访：在新一轮谈判中，与发达国家以及巴西和印度等发展中国家相比，中国的谈判话语权主要体现在什么地方呢？

王晓东：在乌拉圭回合谈判中，美国、欧盟、日本和加拿大是发挥引领作用的核心成员，发展中国家的参与程度相对较低。但是，随着中国等新兴经济体在世界经济贸易中的比重不断扩大，WTO 中的力量格局也发生了根本性变化。中国在国际贸易中的重要地位首先体现在中国不断扩大的进口规模上。WTO 的一项重要功能就是通过贸易谈判推动市场的不断开放，消除贸易壁垒。我认为，相对于出口能力而言，一个成员的进口能力更能提升它在 WTO 谈判中的地位和影响力。以美国为例，美国是世界上最大的单一进口市场，同时，美国的市场为各国所向往，几乎所有国家都从对美出口中获得利益，因此，美国的任何一项市场开放或限制措施都会对别国的经济利益产生相应的影响，这也就使得美国贸易谈判者拥有非常有利的谈判地位。

中国进口量的不断扩大也将许多其他国家的经济发展利益与中国的市场开放紧紧地联系在一起。例如，中国已经成为韩国、日本和巴西等国最大的出口目的地。因此，中国的贸易政策走向和国内经济的繁荣对这些国家变得越来越重要。从这一角度讲，中国经济规模和贸易地位的提升特别是进口规模的不断扩大，客观上提高了中国在世界上被需要和被重视的程度。在多哈回合谈判中，为了获得中国的市场开放承诺，其他国家不得不考虑中国在想什么、需要什么，这也就促使一些国家在规则制定的过程中充分需要考虑中国的主张。

访：您刚才谈到，中国在多哈回合谈判中的地位很重要。从关于多哈回合的报道看，发达国家和发展中国家在农业补贴和 NAMA 议题上的矛盾很深。有观点认为，在这些矛盾的处理中，中国似乎并没有充分发挥作用。但是，我们的入世承诺尤其是关税减让承诺与巴西和印度相比已经很大了，也就是说我们的市场准入门槛已经非常低了。所以，在这轮回合的矛盾中，您认为中国是不是就不需要付出太多？或者说针对中国的矛盾不会那么突出了？

王晓东：从目前的情况看，多哈谈判的难点主要有两个：一是工业品的市场准入问题，具体来说就是部门的零关税谈判；二是农业的市场准入问题，集中体现在发展中成员如何界定特殊产品的范围和如何使用农业特殊保障机制问题上。虽然中国的农业和工业品关税保护水平比印度和巴西低很多，但是，中国依然处在本轮谈判的核心之中。因为各成员普遍认为，本轮谈判中起决定作用的就是两个国家，一个是美国，另一个是中国。在多哈回合谈判中，美国要求中国在

"瑞士公式"的基础上进一步降低工业品关税特别是降低化工品的关税，要求中国承诺不对美国的棉花、大豆等重点农产品实施农业特殊保障机制。但中国认为，美国的要价过高，超过了中国国内产业的承受能力，同时，美方的要求具有歧视性，因此，中国对美国的要价予以拒绝。上述问题的谈判仍在进行之中。我觉得，中美之间是否能够达成某种共识对于多哈回合谈判的最终成败确实具有决定性作用，希望中美两国能够找到一种妥协的方式。中国在多哈回合谈判中的这样一个地位与中国在全球经济中日益凸显的重要性密切相关。中国在成为世界经济发展主要引擎的同时，也不可避免地成为 WTO 最重要的成员之一，这是一个历史的必然。而如何利用好这种地位、如何真正发挥一个大国的影响力，则是中国政府应该认真思考的问题。

访：您刚才的回答让我们进一步了解到了美国对中国的要求。现在还有一种看法，印度将要成为仅次于中国的第二大市场。那么，美国等发达国家是否有可能在印度这个潜在的大市场中获得更多的份额，从而减轻给予中国开放市场的压力？

王晓东：中国、印度和巴西都是发展中的大国，也经常被外界以"金砖四国"的称呼一并提及。客观而言，在经济贸易领域，中国与印度和巴西之间的差异还是比较大的。中国的经济规模远远高于这两个国家，中国的贸易量超过这两个国家贸易量总和的两倍以上，中国在世界货物贸易中的份额占到将近 10%，而印度和巴西则各占 1% 左右。第二，中国的市场开放水平要高于印度和巴西，以工业品关税为例，中国的平均约束关税为 9%，而印度是 45%，巴西是 35%。中国承诺开放的服务贸易部分也多于这两个国家。第三，中国参与全球产业分工的水平大大高于印度和巴西。因此，在其他国家眼中，由于中国的市场规模大很多，所以，推动中国市场开放的现实重要性也就更大。

在多哈回合谈判中，中国、印度和巴西这三个新兴的发展中大国发挥了重要作用，同时，这三个国家也是美欧等发达成员推动市场进一步开放的主要目标。由于中国、印度和巴西三国的产业结构不同，发达国家对于这三个国家的市场需求也不相同，各有侧重。这三个市场可能存在着主次之分，但并不存在相互替代的关系。发达国家即便获得了更多的印度市场，也不会降低对中国市场开放需求的要求，因为鱼和熊掌最好兼得。所以，在多哈回合谈判中，中国仍然是最大的目标市场。至于美国和欧洲的企业未来能否在印度获得比在中国更大的利益，我觉得还需要很长的时间来印证。但可以肯定的是，在今后的很长一段时间里，印度是很难替代中国市场的。

访：您刚才谈到，中国"入世"十年取得了很大的进步。但是，给我们的感觉是，韩国、日本、印度和巴西的谈判水平和对 WTO 规则的把握相对比较好。那么，依您看来，"入世"十年，中国在 WTO 人才的培养方面投入的力量是不是做到了与贸易增长比例能成正比？这是一个来说并非是一个空洞的问题，这是一个很严肃的问题。今年第二季度，中国的 GDP 首度超过日本，在国内外引起了很大轰动。在 WTO 体制里，其他成员会更加瞄准中国市场。在这种形势下，中国应当有一批人才在 WTO 里有所表现。中国的谈判代表团和政府官员对 WTO 知识和规则包括谈判技巧和谈判历史应当有一个全面的掌握，也就是我们在这方面的人才力量应当与中国的大国地位相称。过去十几年的"入世"谈判是我们学习多边规则的过程，也是我们自己被培训的过程，但是，经历这些谈判的人现在很多都不在其位了，而目前，中国在 WTO 总部工作的人员也只有你们几个。这是不是说明，我们的后备人才太缺乏了。您是怎么看待这个问题的？

王晓东：我非常同意你们的看法。一个国家能够在 WTO 得到尊重，它的外交官在 WTO 谈判中以及日常会议上的表现是非常重要的。在 WTO，有些弱小国家的外交官工作能力非常强，对规则非常熟悉，说话也能切中要害，有理有据，因此，很受人尊重。而有些外交官即使来自大国，由于不擅长发言，甚至几乎不表达自己的观点，久而久之就容易被人忽视和遗忘。其实，一个成员在 WTO 中是否受到尊重和重视，不仅与国家大小相关，更与参与度和参与水平有关。而国家的谈判参与水平则是通过外交官的个人能力体现出来的。

坦率讲，相对于中国的贸易量增长速度，中国的 WTO 人才培养相对比较落后。WTO 涉及的领域非常广泛，它需要一大批专业人才，而不是少数几个人。与其他大国相比，中国在 WTO 人才上的差距还在继续拉大。之所以造成这种局面，有多个方面的原因：第一，语言问题。WTO 的三种工作语言分别是英语、法语和西班牙语。而在联合国，中文是六种官方语言之一。所以，在 WTO，中国人是没有语言优势的。相对而言，那些以上述三种工作语言为母语的国家在谈判、发言以及案文起草等方面占有明显的优势。第二，中国需要进一步加强政府、企业和学术界（研究机构）在 WTO 问题上的协调与合作。目前，中国参与 WTO 活动主要是依靠政府官员，学者一般在外围，没有被真正地吸纳到实质工作中去。因此，学者所作的研究有些无的放矢，有些根本无法获得最新的谈判信息。对于 WTO 谈判可能给我国带来的影响，企业的声音似乎也不是很受关注。实际上，我们在这方面完全可以借鉴西方的做法，加强企业、学术界和政府界之间的联系，充分互动，共同参与到 WTO 的相关活动中去。中国参与 WTO 活动的水平高低不仅体现在政府层面，也体现在中国的研究机构对于 WTO 的学术研究水平以及中国企业对国际贸易规则的熟悉和运用能力上。此外，我国对多边贸易人才的培养和贮备机制还没有建立起来，而相对于物质因素，人才因素的解决是需要更长时间的。所以，我们应该做出长远打算。

访：我们同意您的看法。中国现在就应该想到，早晚有一天会有中国人在 WTO 秘书处担任司长、副总干事甚至总干事。中国负责多边谈判的官员也应当像龙永图副部长那样，英语和 WTO 知识样样过关。我们在想，在今后的五年或者十年之内，我们能不能有这样的人才胜任 WTO 的这些高级职位。依我们看来，中国目前是不具备这种人才的或者也不具备这种人才培养机制。但是，与世界上的任何其他国家包括美国和欧盟相比，我们的 WTO 研究机构是最多的。全世界也没有任何一个国家像中国这样花这么多的钱研究 WTO。但是，真正算起来，深入研究 WTO 并懂得 WTO 规则的也就那么几个人。这一点在中国是一个很大问题。我们中国是否应该人力资源和组织机构给协调起来，并吸纳哪些在外国学习甚至定居的具有中国国籍的人加入到 WTO 工作中来。比如，让这些人先在中国的政府机关里工作一段时间，熟悉中国的情况，然后直接输送到 WTO 总部去做司长。随着中国经济地位和贸易地位的提高，中国必须要有人才战略方面的部署。

王晓东：我同意你们的看法。各个国际组织的高级职位一向是各国激烈竞争的焦点，同时，这些国际组织对于候选人的个人素质要求也是非常高的。由于 WTO 不是联合国的专门机构，因此在雇用职员方面并没有地域平衡方面的要求。WTO 主要是根据职位的要求和候选人的能力确定是否录用。中国是一个大国，应该说是人才济济，但是，在 WTO 这个特殊领域中，中国能够参与高级职务竞争的合适人选并不多。如果我们能够拓宽人才的选拔面，把用人的思路打开，我想，这种局面将会得到比较大的改善。

访：你刚才讲了很多技术层面的问题以及人才储备的重要性，谈了中国目前在国际组织中的发言和参与度比不上欧洲的一些小国。但我们面临的客观现实是，中国的经济实力大大提高，已经具备了参与和制定国际规则的基础，所以，我们是不是应当为参与制定国际规则做好充分的准备？如果没有这样一个长远的目标，中国将永远处于被动地位？

王晓东：是的。在多边贸易谈判中，谈判人员有效参与的前提不仅包括对谈判议题相关背景、法律条款应用等知识的全面掌握，还必须对本国的谈判目标有着明确的理解。在 WTO 谈判中，有些媒体将中国外交官的表现称为低调，认为这是亚洲人独特的内敛和含蓄的谈判方式。这种说法的确反映了外界对中国参与 WTO 谈判方式的一种解读。由于不同国家在文化上有着差异，这种差异也会体现在 WTO 谈判中，但是，我认为这并不是一个国家谈判表现的决定性因素。我们必须承认，与发达国家以及印度和巴西等老牌 WTO 成员相比，中国在谈判参与能力方面还存在着一定的差距。产生这种差距的原因是多方面的，既有人的因素，也有体制上的因素。中国加入 WTO 已近十个年头了，贸易量也已位居世界前列，但在多边谈判中的参与能力等软实力上还需要花大力气才能追赶上国际先进水平。在这方面，我们没有捷径可走，需要的是扎扎实实地向先进国家虚心学习。

访：WTO 规则的学习应当从大学本科就开始。先学习规则本身，然后练习各种文件的起草和写作，只有这样才能锻炼出人才来。从目前来看，受各种原因限制，能够认认真真和很完整地将 WTO 规则教授给学生的学校并不多。如果没有系统化的 WTO 法律课程，是不是很难培养出合格的 WTO 人才？

王晓东：是的。近年来，中国在 WTO 人才培训方面也取得了一些进展，但到目前为止，还是没有建立起一个很系统的贸易谈判人才的培养战略。WTO 多边贸易谈判的技术性很强，入门门槛也比较高，发达国家以及印度和巴西等国的这类谈判人员都有比较好的工作连续性和稳定性，他们通过多年的实践和积累，最终成为某个领域的国际级专家或者谈判专才。所以，我认为，中国的高等院校应该吸取和借鉴其他大国的成功经验，选择一批语言能力强、经济学或者国际法理论功底比较扎实的年轻人进行定向培养，为他们创造去国际组织实习和工作的机会。通过制定长远的规划，我们完全可以培养一批高水平的 WTO 人才，这种人才的培养对于国家是很重要的。

访：您觉得除了人才储备问题之外，中国还面临着哪些其他问题呢？

王晓东：除了人才问题，我认为还有一个宏观战略问题，也就是中国的多边贸易政策的总体战略。作为一个贸易大国，中国应该就如何看待 WTO、如何积极参与 WTO 的谈判和活动并施加影响、如何将中国的国家利益与 WTO 规则相结合等问题给予明确的战略定位。这是任何一个 WTO 大国都应该深入思考的大课题。我们知道，中国的经济发展需要一个稳定的国际贸易环境，需要以一个平等地位去参与多边规则的制订。我个人认为，作为一个各国瞩目的新兴大国，中国应该把目标定得更高一些，不能在加入 WTO 并获得平等发言的权利后就止步不前。作为贸易大国以及 WTO 的重要成员，中国有责任、也有义务对世界贸易体制的未来发展做出深入的思考：WTO 的未来应该向着什么方向发展。中国在维护自身国家利益的同时，也应该与美国和欧盟等其他大国加强沟通和协作，共同维护多边体制的稳定，提高 WTO 的有效性和代表性，为世界的共同繁荣和发展提供中国的智慧，为未来国际贸易规则的制定和国际治理提供中国的思路。中国在这方面应该早做准备，未雨绸缪，这也是中国希望成为负责任大国在行动上的真正体现。

访：您说的太好了！最近，有一篇报导说，虽然中国的出口贸易额居于世界第一，GDP 居于世界第二，但是，我们的出口贸易额和 GDP 是带有泡沫成分的，是虚拟的，完全是个统计数字，并不代表中国在国际贸易上真正成为了世界第一。这篇报导还以苹果公司的一项产品为例。报道说，Ipod 产品的售价 399 美金，苹果公司获得 80 美金的利润，销售公司获得几十美金，日本东芝也拿大头，而中国只占到十美金以下，但是，这 399 美金的销售额却全部计入中国的 GDP 和贸易量中来。所以，中国的贸易量是虚高的。当然，这是专家学者们应该研究的问题，也是政府应该采取措施的问题。如果实行有效的原产地规则，就会避免这种情况的发生。对于不是中国生产的产品，就不能写 made in China（中国制造），就不能给予配额许可证，更不能计入中国的贸易量。

王晓东：的确，随着全球化的发展和跨国公司全球产业链的建立，通过传统的贸易统计方法得出的贸易统计数据与真正的贸易现实之间开始出现差距。贸易总量这一单一指标已经不能准确地反映全球化格局下一个国家的真实贸易实力和工业制造水平。传统的贸易统计方式的重要基础是原产地规则，而目前的原产地规则并没有"与时俱进"，不能体现全球产业分工的发展。对于一个多国合作生产的产品，各参与国在整个产业链上的分工以及利益分配是不能从贸易数据中区分出来的，这样，产品的最终生产国往往被确定为产品原产地的来源。Ipod 就是一个很好的例证。随着众多跨国公司将生产线转移到中国，中国已经成为世界工业制成品的生产和加工或组装基地，大量的工业品在中国组装并出口到世界各地，这些产品被标以"中国制造"的标签，贸易额也都计算在中国名下。实际上，中国是处在"笑脸"①的最低端，在整个产业链中获得的利润是很有限的。中国世界第一工业制成品出口大国的排名并不能说明中国的工业水平很高，也不代表中国从出口中获得了最大份额的利益。鉴于目前的国际贸易统计方法已经不能完全适应世界生产和贸易发展的新变化，WTO 与联合国统计司、经济合作与发展组织等国际机构的相关部门已经开始研究如何通过计算贸易增值比例的方式获得更加准确的贸易统计数据。相信新的统计方法可以更加准确地反映各国的真实贸易实力以及双边贸易盈余的规模。

访：今天，您结合自己的工作体会，谈了法治问题、WTO 对中国的影响、WTO 的特点、中国将来在 WTO 的作用，等等。但是，归根到底，制度的制定和执行靠的是人，如果我们不能从国家战略的高度有意识地培养人才，五十年之后，我们还是没有能力驾驭 WTO 规则，所以，我们非常赞同您的人才战略观，我们应该把人才培养问题提到国家战略的高度加以重视。非常感谢晓东接受我们的访谈！

---

① 此处的"笑脸"是指"微笑曲线"（Smiling Curve）。1992 年，为了再造宏碁，其创办人施振荣先生提出了"微笑曲线"理论，作为公司的发展策略。微笑嘴型的一条曲线，两端朝上。在产业链中，附加值更多体现在两端，即体现在设计和销售环节。生产则处于中间环节，附加值最低。

王晓东访谈录

"WTO 首任大法官" ——James Bacchus

James Bacchus 简历

James Bacchus, Greenberg Traurig LLP 律师事务所合伙人。

1971 年毕业于范德尔比特大学, 获得文学学士学位。1973 年毕业于耶鲁大学, 获得文学硕士学位。1978 年毕业于美国福罗里达州立大学法学院, 获得法学博士学位。

1979 年至 1981 年, 担任卡特总统时期美国贸易代表特别助理一职, 期间参与美国与多个国家进行的贸易谈判。1991 至 1995 年, 代表佛罗里达州出任美国众议院议员。在国会担任议员期间, 他致力于促进国际贸易事务, 支持总统在贸易问题上享有"快轨道"谈判授权, 更率先支持美国签署"北美自由贸易协定"(NAFTA), 同时还坚定地拥护给予中国最惠国待遇。1995 至 2003 年的八年间, 担任 WTO 上诉机构的首批成员, 并连续两届担任上诉机构主席, 审理了多个上诉案件。

⟐ James Bacchus **律师访谈手记** ⟐

Bacchus 先生现在是美国的一位著名律师。他在美国政府的贸易部门工作过，还当过美国国会的议员。之后又当了八年 WTO 上诉机构的首批成员和两届的上诉机构主席。他的大作 "Trade and Freedom"（贸易与自由）内涵极其丰富，让我们感觉到他是一个知识、文化、思想、信仰、使命感和执行力六者兼具的"大家"。

让我们来看看他对 WTO 的理解。他认为，加入 WTO 就像乘车系了安全带！安全带是为了保证乘驾人员的安全，但是，要让所有人都自觉地系上安全带，则需要具备一系列条件，例如，要有安全带装备、系安全带的交通法规包括处罚规则，等等。最为重要的是，大家要有系安全带的意识。他认为，WTO 成员应当认识到多边贸易体制健康发展的重要性，应该自觉遵守规则，只有这样才能符合自己的最大利益。就像系安全带一样，不要因为少许的不适而将生命置于危险之中。这是多么形象的比喻！自觉系上安全带不仅能够保障自身的安全，而且还是文明的标志。他还积极评价了中国"安装安全带"和"要求佩戴安全带"的工作。

他说，WTO 的成功在于大家有一种共识，那就是应当建立和遵守多边贸易规则。而在其他领域例如环境保护领域，国际上就没有能够达成共识，因此，制订国际规则的工作举步维艰。Bacchus 先生最近一段时间写了大量的时评并发表了很多讲话，倡导将 WTO 的成功经验运用到环境保护公约的制订中来。他说，全球气候变暖事关全人类的生存，我们不能夸夸其谈、无所作为，而要想方设法做点事情。我们发现，他的这些言论是在用他的思想来阐述他的阅历。

❖ James Bacchus 访谈录 ❖

访谈对象：James Bacchus

访谈时间：2010 年 9 月 11 日下午

访谈地点：中国人民大学法学院会议室

访谈人：杨国华

访问时长：40 分钟

访：Bacchus 先生，你作为 WTO 上诉机构的首批"法官"和上诉机构主席，对 WTO 的认识一定是非常独到的。所以，我们有太多的问题想向您请教。比如，您是怎样看待 WTO 的？您在中国是否看到或者感受到了法治的进步？

Bacchus：关于怎么看待 WTO 这个问题，我用"安全带"形容它。你看，今天早晨你和我一起坐车过来的时候，我们坐在后排座位上，我系上了安全带。

访：我跟着您学，也系上了安全带。在此之前，我在中国并没有这么做过。因为通常情况下，中国人不这么做。

Bacchus：原来如此。我想大概每个人都会赞同这样一个观点：如果乘车时系上安全带，我们将会更加安全。那么，怎么做才能让所有的人都系上安全带呢？可以采取两种方式：一是你要有安全带这种设备。你必须拥有一种机制，使得人们使用安全带变为现实。二是你可以通过立法，要求人们必须系安全带。但是，这样做是不是就足够了呢？我想，答案是否定的。如果你拥有了安全带，并且通过立法要求人们必须系安全带，并不等于大家事实上系上的安全带。怎么做才能确保大家事实上系上了安全带呢？又有两个方法：第一，对于不系安全带的行为给以强制性处罚。但是，是否会有无数勤勉的警察遍布各个角落，时刻确保每个人都系上了安全带呢？如果没有人系上安全带，是不是就可以把所有不系安全带的人都抓起来呢？事实上，这是不可能的。我们不能完全倚仗法律的强制实施，我们最需要的是一种文化上的认同：系上安全带是很好的做法，我们应该系上安全带。只有具备了这种文化上的认同，他的行为才是发自内心的。

这并不是牵强附会的闲谈。就拿世界贸易体系来说吧，首先，你需要合适的机制促进新的世界贸易规则的成功运作，这也是发展中国家需要技术支持的缘由，也是推动贸易便捷化的缘由。加入WTO之后，WTO规则在各个成员方境内的实施成为可能，但是，这并不足够。它需要有强制执行的措施，这是WTO与其他国际机构的不同点之一。但是，即使你可以行之有效地强制执行WTO规则，这也是不够的。在多边贸易体系中，我在任何一天、在世界的任何一个地方随手拿起一份报纸，就可以看到关于某个成员违反WTO规则的报道。但是，将所有的违背WTO规则的行为诉之于WTO争端解决机制，这并不可行。所以我说，我们首先应该养成遵循规则的良好习惯。

访：您是说大家应该自觉自愿地遵守规则？

Bacchus：是的，自觉遵守规则。我觉得，世界贸易体系的重大成就就在于，WTO成员在大多数情况下都能够最大限度地遵守所有规则。为什么他们会这么做呢？这是因为，他们认为这样做符合自身的国家利益。

访：也就是为了保障自身的安全。

Bacchus：是的。如果我们遭遇了车祸，当时我系了安全带而你有没有，你就会受伤。因此，系上安全带要安全的多。同样的道理，很多WTO成员认为，有了WTO协定给多边贸易体系带来的安全性和可预测性，他们会更好。

国际法的特点在于，即使你面对的是被我们的教授称之为"硬法"的文件，它也有"软"的一面。假设两国之间订立了协议，如果两国不愿意遵守，这个协议就一文不值。无论协议的用词如何雅致、如何地精挑细选，无论实施机制是什么，无论处罚措施是什么，无论采用哪种类型的争端解决条款，除非相关各方认为，遵守协定符合他们自身的利益，他们是不会去实行的。因而，多边贸易体系得以维持的关键在于协定是否符合缔约方的国家利益。怎么认定是否符合自己国家的利益？在我看来，应该着眼于大局，从长计议。当发生小的贸易摩擦时，我们很容易用狭隘的目光去看待问题，并且仅仅关注与之直接相关的诉讼。但是，如果我们着眼于长远，从大局出发，你会发现，遵守这些规则是符合自己的利益的。所以，在决定是否遵守协议之前，应该从大局考虑一下如果不遵循这些规则，是否不符合自己的利益。实际上，WTO的整个体制对我们是有好处的，它至少提供了安全性保障。

那么，为什么与联合国相比较，WTO在很多方面都能够发挥出更好的作用呢？这是因为，WTO是由达成共识、目标一致的一系列国家或地区所建立的。

访：您是说，是大家促进贸易的共识建立了 WTO ？

Bacchus：是的，大家都认为需要一个多边贸易体系。虽然中美之间每天都有可能在某个细节问题上争论不休，但是，参与 WTO 是符合中国利益的，中国也已经从这个体系中获益匪浅。而在大西洋彼岸的美国，国会议员总是抱怨，WTO 是个累赘。那美国为什么没有退出 WTO 呢？你可以看看 WTO 规定，只有提前 6 个月向秘书处发出通知，任何成员都可以退出 WTO。但是到目前为止，没有任何成员这么做。为什么不这样做？因为这么做不符合他们的国家利益。所以，你无论处于何种地位，只要待在这个体系中就符合自己的利益，这是需要我们铭记在心的。当然，我们在关注这个体系的同时，也必须改进这个体系，并继续促使这个体系发挥作用。我们必须超越眼前的顾虑，从这个体系的成功运转中关注大局利益和长远利益。此外，在建立全球性或者国际性的其他国际机构方面，我们也必须在需求的基础上寻找共识。我在气候变化问题上才是持有这种观点。在气候变化方面，我们的问题是，整个世界尚未就对其采取某种行动的需要真正达成共识。

访：您在 WTO 上诉机构工作八年，您觉得 WTO 与其他国际组织有哪些不同？

Bacchus：从根本上而言，WTO 成员对于这个机构及其成功运转有着广泛的共识性需求。同时，它又是一个极其实用的国际组织，它对所处理的事务采取极其实用的做法，因为它所涉及的是比较实用的商务活动，这是 WTO 能够成功的最大秘诀。至于联合国，大家经常提到《联合国人权宣言》，全世界走到一起签署了这个文件，并且我们对它深信不疑。但是，在日常生活中，它又能做什么呢？如果将

WTO 与联合国比较的话，后者会更加令人难以捉摸。而且，在某些方面，实实在在的商务活动相对于那些棘手的国际问题似乎更简单一些。例如，我们正在考虑解决朝鲜问题的途径，但是怎样才能解决问题呢？谈到希望很容易，但解决起来却相当困难。

访：您刚才提到，大家都希望 WTO 能够成功，有这种共识，那么，动力从何而来呢？是否与形成这种共识的方式有关？比如说，这种共识的达成是基于协商一致的决策体制？而联合国的一些文件为什么得不到遵守呢？这与联合国的安理会机制有关吗？因为在联合国，只有几个国家有权决定一些非常重要的事务。对于 WTO 而言，重大决策是协商一致的结果，共识的结果，这是不是大家愿意自觉遵守 WTO 规则的原因之一呢？

Bacchus：我想，这只是一部分原因，还有其他方面的原因，比如利益的认知问题。谈到共识，在过去，关贸总协定有 23 个初始缔约方。现在，WTO 拥有 153 个成员，其中的大多是发展中国家，而且包括各种各样的发展中国家。比如，中国是一个发展中国家，但是，中国这个发展中国家与津巴布韦这个发展中国家却有着很大的差别。因此，随着成员的增多，大家形成共识越来越困难。特别是当有些国家想保留某些利益时，就更加难以达成共识。在哥本哈根会议上，我们看到，当美国、中国和其他国家致力于达成共识时，委内瑞拉和另外两个国家却拒绝形成共识。再看 WTO，多哈发展回合已经谈判了将近十年，至今仍然没有达成共识。多哈发展回合有很多非常重要的议题，但是，世界的发展速度已经远远超越了多哈回合的议题范围。例如，关于气候变化问题与贸易的关系就不在多哈谈判的范围之内。当前，WTO 面临的挑战之一是，我们必须搞清楚我们是否正在触及可以通过共识达成一致的不属于 WTO 管辖范围的事务？实际上，有很多问题是需要我们在全球范围内予以解决的，但目前我们并没有采取任何行动。

访：让我们再回到佩戴安全带以及佩戴安全带的规则上来。的确，安全性是我们的共同利益之所在，对规则的自觉遵守也符合我们的利益。实际上，强制执行同样是一个重要的问题，与其他国际组织相比，这显然是 WTO 的特色制度？

Bacchus：是的，我同意这个观点。强制执行机制也是 WTO 成功的关键之一。除此之外，WTO 在管辖权方面也很有特色。我想强调的是，即使有上述制度保证 WTO 的成功运转，但是，政治利益的介入也是保证 WTO 规则得以适用的关键。也就是说，政治支持是非常重要的。典型的例子就是中美两国是 WTO 机制的主要受益者，它们对 WTO 的看法和发展对于 WTO 的成功运作极为重要。尤其是中国在不断发展，世界也在关注中国，如果中国支持 WTO，WTO 的成功运作就有了保证。

访：是的。如果我们去看一下 WTO 的硬法部分，你会看到政治因素的影子。到底是政治因素起重要作用还是其他因素？还是它们之间相互作用才促使 WTO 成功运转？

Bacchus：我想，它们是相互作用的。

访：让我们再次回到安全带问题上，我今天早晨之所以系上了安全带是因为您先系上了安全带。那么，自从中国"入世"之后，您是否感觉到了中国的法治建设步伐也随着 WTO 规则在中国的适用而有所加快呢？

Bacchus：给我的感觉是，中国正在竭尽所能确保拥有安全带。虽然中国目前在这方面还不是方方面面做的都很好，但是没关系，中国已经采取了大量措施制造安全带、佩戴安全带，并且建立了相应的执行机制，这是承担义务所必须采取的措施。就拿我曾经提及的中国某些地方政府的补贴问题来说，中央政府必须要向这些地方政府解释它们为什么不能提供补贴，中央政府必须保证它们将来不会这么做。当然，从中国历史来看，几千年来，中央政府与地方政府之间的关系都是非常紧张的，所以，中央政府不可能做到立即让所有的地方政府去做中央政府希望他们去做的事情，这就有需要相互尊重。

另外，是否执行承诺的义务也是个利益问题。以知识产权为例，保护知识产权是 TRIPS 协议规定的义务，这也符合中国的利益。因为保护知识产权为人们提供了动力去最大程度地发挥创造力和想象力以制造新产品。在过去，中国创造了许多奇迹，这归功于邓小平的远见卓识。中国的改革使得中国经济有了新的腾飞，建造了许多高楼大厦，修建了许多条道路，建设了许多公共设施，等等。这些进步只有在实行自由经济体制的基础上才能得以实现。

访：一些人认为，WTO 在向所谓的"自足体系"方向发展。我记得 WTO 在 2006 年受理了一个与生物技术产品相关的案件。在这个案中，专家组基于 DSU 不得对"WTO 成员的义务和权力有所增减"的规定，拒绝将生物多样性公约下的国际义务纳入 WTO 争端解决所应适用的条约体系，即便这个案件的当事方加拿大、欧盟、美国和日本都是这个公约的成员。您担任了多年的 WTO 上诉机构主席，您能否给我们解释一下 WTO 争端解决机构是如何运转的？WTO 是如何通过它的争端解决机构做出的裁决提高世界范围内的国际法治环境的？

Bacchus：关于生物技术这个案件，它是由专家组做出的最终裁定，并没有提交到上诉机构，这也就使得大家无从知晓上诉机构成员对这个案件的看法。实际上，上诉机构永远都不会轻易说"不"。但是，由于上诉机构对这个案件没有发表意见的机会，实际上，这个问题并没有最终解决。此外，关于 WTO 对国际法治的影响，我想说的是，WTO 是一个严肃的国际组织，它通过制定规则和监督规则的执行呼吁各 WTO 成员遵守相关协定。

访：谢谢您发表的高见。

"中国复关先行者"——王磊

王磊简历

王磊，北京市高朋律师事务所合伙人。

北京大学法学学士、法学硕士、法学博士，曾在瑞士日内瓦国际关系高等研究院进修国际法。

1986 年至 1996 年在原外经贸部（现商务部）工作，曾任 WTO 处副处长，辅佐历任谈判代表从事"复关"和加入 WTO 的谈判。在外经贸部工作期间，还被派驻中国常驻日内瓦使团工作 6 年，历任随员、三秘、二秘。在使馆，他作为使团大使的主要助手，参与了与美欧国家的贸易谈判，参与起草了中国加入世贸组织议定书和其他法律文件。此外，他还全程参加了乌拉圭回合多边贸易谈判。

1996 年至 2002 年，在比利时首都布鲁塞尔从事律师工作，代理中国企业在欧盟进行反倾销应诉。2002 年回国从事律师工作，代理多家中国企业应诉国外的反倾销和反补贴调查，代理跨国公司在中国的法律事务等。2006 年被英国《全球最佳律所律师大全》(Chamber & Partners) 列为 WTO 和国际贸易法领域中国排名首位的律师。

　　王磊律师还出版了《关贸总协定规则与中国缔约国地位》等著作，并在国际上发表了多篇关于中国贸易法和 WTO 法的学术论文，有些论文还被美国法学院的教科书收录。

王磊律师访谈手记

二十多年前，当绝大多数中国人对"关贸总协定"还闻所未闻的时候，王磊先生就已经开始从事相关工作了。那是源于 1986 年的夏天，从北京大学硕士毕业的王磊被分配到原外经贸部工作。由于当时中国刚向关贸总协定提出恢复中国在关贸总协定中创始缔约方地位的申请，于是，刚参加工作的他就被安排到此项工作之中。因此，他是名副其实的中国最早参加"复关"谈判的人士之一。两年后，他被派到中国驻日内瓦代表团工作，成为在第一线参加"复关"最年轻的工作人员，开始了与关贸总协定最"亲密的接触"。在原外经贸部和日内瓦代表团工作期间，他全程参加了乌拉圭回合多边贸易谈判，辅佐了中国历任谈判代表从事"复关"和"入世"谈判，参与了与美欧国家的双边贸易谈判，以及参与起草了中国加入世贸组织议定书和其他法律文件。可以说，他是一位地地道道的 GATT/WTO 人。

从 1996 年开始，王磊先生离开了外经贸部从事律师工作。他的律师工作仍然没有离开老本行——WTO。现在，他的一项重要工作就是作为国际贸易法律师，代理中国企业处理在国外的反倾销和反补贴应诉问题。这样一位集多种经历于一身的 GATT/WTO 专才，自然是我们非常渴望的采访对象。

在访谈中，他以自己丰富的经历向我们讲述了中国"复关"谈判的背景和从事谈判的那些人与事。他告诉我们，中国的"复关"过程是伴随着中国改革开放的步伐同时进行的。实际上，中国早在1979年就开始考虑是否"复关"的问题了。在"复关"谈判的过程中，由于中国当时实行的"计划经济"、"有计划的商品经济"等做法无法得到关贸总协定缔约方的认同和理解，谈判多次受阻。后来，随着"社会主义市场经济"体制的确立，谈判取得了突破性进展。他还指出，"复关"和"入世"对于习惯于掌握审批权力的部门来说，是一个很痛苦的"割肉"过程。因此，我们复关和入世的国内阻力也是很大的。尽管当初的入世过程很艰难，但是，中国加入WTO之后，进出口经营权和进口配额放开了，企业获得了实实在在的利益，中国的国际贸易量不断增加，在WTO中的贸易排行表上名列前茅。

　　在他一个多小时的讲述中，我们仿佛看到了一幅幅WTO"英雄谱"，那些从事"入世"谈判和推动中国改革开放的人们及其故事给我们留下了深刻的影响。事情是人做的，没有这些人的超前的目光，没有这些人的辛勤努力，今天的中国也许仍然徘徊在WTO的大门之外，中国的对外贸易也许不会有这么大的发展。

王磊访谈录

访谈对象：王磊

访谈时间：2010 年 11 月 13 日晚上

访谈地点：北京市西城区车公庄大街 21 号

访谈人：杨国华、韩立余、黄东黎、吕晓杰、史晓丽

访问时长：1 小时 30 分钟

访：非常感谢王磊律师接受我们的访谈。中国"入世"到明年就十年了，您参与了中国政府"复关"的全程谈判和关贸总协定的乌拉圭回合谈判，现在又从事 WTO 方面的律师业务，对关贸总协定和 WTO 的认识一定有自己的特殊视角。所以，我们想听听您对一些问题的看法，例如，您对 WTO 怎么看？WTO 对中国尤其是中国的法治建设产生了哪些方面的影响？您现在对 WTO 的看法与当时的期待是否有什么不同？

王磊：非常高兴接受能够你们的访谈。今天我来这里的路上还和一位做电子芯片贸易的朋友聊天，说起你们刚提到的上述问题。他说他们公司就从中国"入世"获得了很大的利益。因为中国放开了对外贸易经营权，大家可以自由地从事对外贸易活动，可以自由地从国外

买进芯片卖给国内企业或者将国内产品卖给国外。随着物流业的开放，企业可以利用外国的快递公司办理运输事宜。以前我们不允许敦豪快递（DHL）、美国联合包裹（UPS）进入中国，没有现在这样众多的服务提供者可以选择，因此，物流的价格很贵。现在就完全不同了。所以，从一个不大的外贸公司我们就可以看出，大家确实享受到了开放市场的利益。

谈到"复关"，我们从改革开放之初就开始考虑这个问题。我在1986年刚到外经贸部工作的时候，曾经翻查过这方面的资料。大概是在1978年和1979年，陈慕华任国务院副总理，那个时候中国就开始考虑是不是"复关"、如何"复关"的问题。为此，中国派人去日内瓦考察了关贸总协定这个"富人俱乐部"，并一直跟踪它的动向。最早去考察关贸总协定并当观察员的是刘显明、吴乃文同志。我在查资料时看到，最早就"复关"问题向中央提出的请示报告是在1978年或1979年，这份报告中包括了中国是否应当加入关贸总协定、如何加入关贸总协定、加入关贸总协定有什么利弊得失，等等。接下来做考察工作的是外贸部的王世春同志。那时，他刚参加工作不久。他主要是考察关贸总协定的缔约方匈牙利、罗马尼亚和波兰这三个前社会主义国家加入和参与关贸总协定的情况及其利弊得失。由于这些国家的经济体制并不依赖关税的调节作用，罗马尼亚和波兰是以承诺进口数量的方式加入了关贸总协定。这种方式主要是以法律的方式承诺每年进口多少外国产品，而不是以关税减让的方式消减进口关税。匈牙利则是以关税减让的方式加入的关贸总协定。我们最初也曾经考虑效仿罗马尼亚和波兰，以承诺进口量的方式开放中国市场，也就是考虑每年进口多少大米、天然橡胶，等等。但到了最后，我们还是决定以关税减让的方式加入关贸总协定，因为毕竟前一种方式与我们要实行的有计划的商品经济体制的改革方向不符。

选定方案之后，我们最终确立了"复关"谈判应该坚持的如下三个原则：第一个原则是以关税减让的方式进入。第二个原则是以"恢复"中国在关贸总协定中的原始缔约方地位的名义进入。这一提法最早是由史久镛老先生提出来的。关贸总协定的原始缔约方是蒋介石的国民党政府，国民党政府到了台湾之后又退出了关贸总协定，中国的身份就变成了观察员。当时，我们对于用什么英文词汇表达中国"复关"的意图进行了一番研究。有两种表述方式可供选择：restoration、resumption。这两个词的含义在英文中是不一样的。Restoration 是指以前有过这事，后来 stopped（停止）了，over（结束）了，现在又重新开始了。Resumption 是指以前有过这事，中间 suspended（暂停）了，后来又接上了。考虑到中国的情况，我们最后选择了 Resumption 这个词。第三个原则是以发展中国家的身份进入。王世春同志在去墨西哥考察时发现，墨西哥在 80 年代加入关贸总协定的时候明确主张自己是发展中国家。墨西哥应该是第一个在加入关贸总协定时明确自称是发展中国家的关贸总协定缔约方，其目的可能是想在关贸总协定中获得对发展中国家的好处。在确定了这三项原则之后，我们就于 1986 年 8 月 6 日（也就是我入职外经贸部不久）递交了恢复关贸总协定席位的申请。对于中国的这一举动，国际社会很是震撼。因为国外认为，中国这样一个庞大的计划经济体制国家决定要参加到多边体制中来，这绝对是国际社会的一件大事。

访：我们只知道中国在 1986 年提出"复关"申请。原来我们早就酝酿"复关"问题了？

王磊：是的。所以，你们一问我"复关"的问题，我必须要从 1979 年谈起。可以说，在改革开放刚刚开始的时候，我国政府就考虑

"复关"问题了。所以，我始终认为，我们的"复关"和"入世"与我国的改革开放是同步进行的，而且是完全同步的。

我也听到过这样的说法，在我们于1971年恢复联合国席位[①]的时候，就开始考虑"复关"的问题。到了1980年，我们恢复了在国际货币基金组织中的席位和在世界银行中的席位。这样，在号称世界经济发展三大支柱的三个国际组织中，就只有关贸总协定中的席位还没有恢复。之所以未能更早地考虑"复关"问题，主要是由于我们的经济体制与关贸总协定的要求相差太远。而且，我们当时对关贸总协定还有一种敌视的态度，认为关贸总协定纯粹是"冷战"的产物，是帝国主义阵营形成的东西。因此，除波兰、匈牙利和罗马尼亚之外，包括苏联在内的共产主义阵营国家都没有参加关贸总协定。我记得有人还专门研究过波兰、匈牙利和罗马尼亚这三个共产主义阵营的离心分子为什么会在20世纪60年代加入关贸总协定。而联合国与关贸总协定是两个完全不同的体制，联合国不能说是冷战的产物。

我记得当时有人将中国"复关"与日本20世纪50年代加入关贸总协定的情形相比较。实际上，中国与日本在经济体制上没有什么可比较的，二者的差距是很大的。我曾经为此写过一个调研报告，附在我出版《关贸总协定规则与中国缔约国地位》一书中。日本加入关贸总协定的背景是，在第二次世界大战之后，欧洲国家不同意日本加入关贸总协定，但是，由于美国想把日本作为其在远东的盟友，所以就极力推动日本加入关贸总协定。从关贸总协定对市场准入体制的要求

---

① 中华人民共和国成立后，当时的周恩来外长致电联合国，他指出，中华人民共和国中央人民政府是代表中国人民的唯一合法政府，应取消国民党政府代表中国参加联合国的一切权利，并派张闻天为出席联合国的首席代表。苏联等国也在联合国范围内提出应由新中国的代表代替蒋介石集团的代表在联合国的席位，但由于美国政府的操控，直到1971年10月25日，中国在联合国的席位才得到正式恢复。

来看，日本在提出入关请求时的经济体制与关贸总协定的要求也存在着很大的差距。这些差距主要体现在如下方面：一是盗版现象严重；二是大量使用女工和童工，大量的不正当竞争；三是严格的外汇管制。日本在美国的支持下最初以观察员的身份进入关贸总协定（1951年），后来临时加入关贸总协定（1952年），到最后才是正式加入关贸总协定（1955年）。即便是正式加入，日本也不是完全的成员。因为占日本贸易额60%以上的国家与日本互不适用关贸总协定，其中，主要是欧洲国家。关贸总协定中的互不适用条款就是从那个时候开始使用的。互不适用条款的援用使得日本在关贸总协定中的地位大打折扣，因为对日本互不适用的国家无需对日本承担关贸总协定下的义务。后来，在美国的协调下，欧洲对日本逐步放松了贸易限制，加强了与日本的贸易往来。法国首先放弃了与日本的互不适用规定，然后是英国，到最后，对日本放弃互不适用条款的国家越来越多，从而逐步化解了日本在关贸总协定中的孤立地位。到了1965年，也就是日本加入关贸总协定十年之后，日本才真正成为了 full member（全面适用的成员）。

　　日本加入关贸总协定的历史过程对我们（包括易小准、何宁，他们当时也参与了"复关"工作）产生了启发。我们就在想，中国是否也可以暂时先进去拿一个成员身份，即使有可能有很多互不适用的国家，之后可以再慢慢谈，就像日本入关一样。事实上，在我们于1986年提出"复关"请求之后，有很多问题是没有前车之鉴的。我们只能自己琢磨。当时，研究这一问题的圈子是很小的，主要是我们处和社科院的几位学者，例如浦山等。尽管我们曾经考虑是否可以采用日本的入关模式，但经过仔细研究，最终还是放弃了。我们决定以一个高起点"复关"，进入关贸总协定就要做 full member，而不能做 partial member（部分适用的成员）。我们也曾经认真研究过波兰、匈牙利和罗马尼亚这三个社会主义国家加入关贸总协定的情况，特别是在加入时是否有不公平条款，尤其是特保条款。我们那个时候就已经把特保条款研究透了，我们研究这个特保条款是否会适用于中国。由于上述三个国家的贸易量比较少，其他缔约方对其适用特保措施的可能性不大。但是，能否对中国使用特保条款，如果使用的话可能性有多大，我们并没有把握。

我们在 1986 年向关贸总协定提出"复关"申请后，关贸总协定要审查我们的对外贸易制度，我们必须提供一个备忘录，全面介绍中国的经济体制和贸易政策。在这个过程中，外贸部是边摸索边干。例如，对于"复关"后如何承担义务，我们参考了日本、波兰、匈牙利、罗马尼亚、墨西哥的做法，对于这些国家的做法，我们都进行了很多的研究。

访：在提出"复关"申请前后有没有聘请外籍顾问给出出主意？

王磊：没有。那个时候的外贸部还没有开放到可以聘请外籍顾问的程度。我们当时只请了关贸总协定秘书处的法律顾问 Ake Linden 先生，他曾经担任瑞典外交部的法律顾问。另外还请了一个德国人 Rosseler，是 Ake Linden 在关贸总协定秘书处法律部的的助手。这两个人主要给我们介绍了关贸总协定的法律机制。

从 1986 年到 1988 年，关贸总协定开始审议我们的对外贸易制度，从那时起，关贸总协定对我们的冲击就开始了，因为中国在当时实行的对外贸易制度与关贸总协定的体制是格格不入的。例如，我们当时的政策文件将经济体制表述为"有计划的商品经济"，翻译成英文之后，人家外国人不知道这是什么意思？由于中国在当时没有公司这种经营实体，我们提出了"党委领导下的厂长负责制"，这种表述翻译成英文后外国人也是搞不懂，他们经常会问：如果是"党委领导下的厂长负责制"，那么，这个厂子出了问题，是书记负责还是厂长负责？什么是指导性计划？什么是指令性计划？事实上，这些问题可能是关贸总协定从未遇到的问题。即便是匈牙利和罗马尼亚这样的国家，也不见得会存在这么多的问题，因为他们的计划体制既不庞大，也不像我们这样复杂。所以，当时的外贸部副部长沈觉人同志自嘲说，我们每次来日内瓦就得给他们"上课"，因为他们听不懂，我们只能给他们上课。实际上，很多东西连我们自己也解释不清楚。我记得，有些问题是需要国家计委、国家经委、物价局和统计局的副司长以上的官员来解答的。为了能够更好地向外国人解释这些问题，我们外贸部还事先做了培训，编了2000多个问题并附上答案，做了三次模拟答问活动。由于模拟毕竟不是真实情景，到了真正上场时还是出现了问题。当然，语言也是其中的一个重要因素。好在当时的国际形势比较好，国际社会十分鼓励中国实行对外开放的政策，所以，尽管我们有很多问题没有讲清楚，但是，关贸总协定秘书处和各缔约方对中国还是采取了能过就过的态度。

访：您刚才提到，自提出"复关"请求后，关贸总协定对中国的影响就开始了。您是不是说，为了"复关"，我们必须调整国内政策？甚至要调整价值观？

王磊：两方面的影响都是有的。在申请"复关"之前，刘显明等同志代表中国政府在关贸总协定当观察员，天天开会，应该说在一定程度上会受到关贸总协定的影响。但从整体上而言，国内受到关贸总协定影响的仍然是极少数人。在国内，职能部门的官员是最早受到影响的。这些人不是一般的人，他们都是副司长以上的干部。与我们一同到日内瓦关贸总协定秘书处开会的官员有国务院经济特区办公室的，有原国税局的，有国家计委的，等等。当时，国务院还成立了一个部际协调委员会，国务委员张劲夫同志担任协调委员会的主任。朱镕基同志当时是经委的副主任，也是这个部际协调委员会的成员。协调委员会的成员都是副部长以上的干部。在外贸部内部，我们也有一个协调小组，由副司长以上的官员组成。在今天看来，"复关"对国内的影响没有什么大不了的，甚至微乎其微、熟视无睹。但是，在二十多年前，我们的政府高官对于这些冲击在心理上是受不了的。在我看来，"复关"比加入联合国还困难。加入联合国的时候，大家一举牌子鼓掌就通过了。可是"复关"就不是这样，它就跟考试似的，总是人家在不停地询问，我们不断地在回答，回答了前面的问题又牵扯出新的问题。那个时候。我们将近三十个副司长的队伍浩浩荡荡地到了日内瓦，接受关贸总协定各个缔约方这样或那样的询问，我感觉，我们的官员们在心态上是不平衡的，因为我们的政府高官从来没有这样在国际场合被人询问过，再加之语言上的障碍，讲了半天也没有讲清楚，人家也听不懂。所以，实际上从那个时候开始，我们就开始了与关贸总协定的第一次碰撞，开始有了 confrontation（冲突），有了观念上的撞击，就像当年第一批留学生出国一样，被国外给 shock（冲击）了，以至于发出感叹：怎么会是这样呢？由于当时的国际形势比较好，尽管我们的解释不尽如人意，但我们与关贸总协定各缔约方的双边谈判一直都在紧锣密鼓地进行，尤其是与美国和欧洲国家的谈判非常重要，因为只要把它们搞定了，我们就能进去了。

在中美双边谈判中，最早与中国进行"复关"的美国贸易代表是尤特，后来换成纽科克。由于西方国家急于让中国进入关贸总协定，大约是在 1988 年末 1989 年初，纽科克与沈觉人副部长基本上敲定了一个要价单。这份要价单并没有涉及服务贸易，只是将几个大的商品的关税降下来就可以了。1989年5月，中美双方在厦门非正式地交换了一些文件，基本上敲定了协议文本。费了好大的劲儿，关贸总协定才在1989年底恢复了中国的"复关"工作。但这一次恢复谈判，就不是resumption这样简答了，而是重新与我们谈判，重新向我们要价。当时的主要贸易大国美其名曰要求中国"澄清"对外贸易体制中的问题。我们到日内瓦关贸总协定秘书处开会的人还是以前那些官员。但是，经历了前面的磨难，我们已经习惯了。在各缔约方提出问题之后，我们就把问题抛回国内相关部门，比如，什么叫"市场为主，计划为辅"，什么叫"有计划的商品经济体制"，等等。外国人之所以搞不懂，是因为经济学上没有这个体制或者制度。我记得沈觉人副部长就带着我们去找社科院经济所所长浦山同志。他对于我们究竟是不是"有计划的商品经济体制"也未置可否。在当时，没有人敢把"商品经济"的表述换成"市场经济"这几个字，更不敢换成"社会主义市场经济"的表述，这种大事情不是几个谈判的人就能说了算的。但是，在邓小平南方讲话之后，政府才把"商品经济"换成了"市场经济"的表述。

所以我觉得，多边体制对我国的影响是点点滴滴、切切实实的。那个时候，"复关"对法治的影响还没有提上议事日程上来。后来中外展开了拉锯战，加上乌拉圭回合谈判将服务贸易、电讯等问题都加进了来，一下子使得我们"复关"的门槛大大提高。在沈部长之后，佟志广副部长担任第二任"复关"代表。佟部长是一个非常有韬略的谈判家，他的英文讲得非常流利，可以与外国人谈古论今。他在华润公司当过老板，什么事情都见过。但是，在他担任谈判代表之后，正好是缔约方要价、我们去适应的阶段，既要协调国内各方面的立场、做出让步，又有处理好台湾地区要求加入关贸总协定的问题，复关变得非常复杂。

访：也就是说，佟部长负责谈判的那个阶段与沈部长负责谈判的那个阶段有很大的不同。在沈部长负责的那个阶段，主要是关贸总协定各缔约方提提问题而已。但是，到了佟部长负责的这个时期，就不是简单的回答问题了，而是要进行制度上的改革。

王磊：是的。我记得佟部长在接手这个任务的时候说了一句话："不辱使命"。他负责的谈判属于破冰之旅，再加上台湾地区又掺和进来，这个时候，国内已经意识到，要"复关"就要革命，要"复关"就要"割肉"。事实也证明，我们后来进行了很多方面的改革。例如，进口关税降下来了，汽车配额也放宽了。在过去，国务院机电办的权力太大了，连进口一个洋钉都要他们批准，更不要说进口汽车和飞机这样的东西。还有，进口粮食得国家计委审批。你说你有钱，这是没用的，交关税也不可以进口，必须要某某部门同意了你才能去交进口关税。所以，取消上述做法不是革命吗？如果谈加入关贸总协定对我国经济体制的冲击，我想从那时候就已经开始了。我们从事具体工作的人在那个时候开始意识到，这是一场革命！但是，改革是有阻力的。关贸总协定第 11 条要求各缔约方不能采取进口配额措施，负责进口配额部门的人说，如果是这样，还要我们这个部门干什么吗？很显然，"复关"的结果就是取消人家的这种权力。中央既然决定要"复关"，就必须要满足关贸总协定的基本要求，就必须用关税方法调节进出口，数量限制必须要取消。这就需要改革！在佟部长之后，谷永江副部长担任了第三任贸易谈判代表，他也当过华润公司的老板。第四任贸易谈判代表是龙永图副部长。龙部长一开始做我们国际司的司长，也参与了前任谈判代表负责的谈判工作，做了很多事情。我记得在谷部长任谈判代表时期，大家比喻谷部长是领队，当时的龙永图司长是教练，我们是球员。

总的来说，加入关贸总协定是对我国原有体制的一种变革，它让我们执行多年的做法和一些既得利益者以及权力部门受到了极大地冲击。首先是货物贸易领域的权力部门尤其是掌控进口审批权的部门受到了多边贸易体制的挑战。所以，通过这些历史的回顾，我们更加清楚地看到，加入关贸总协定的过程始终是与我国改革开放同步进行的。

访：割肉也好，影响也好，这些权力部门到最后怎么就同意割了呢？

王磊：首先，关贸总协定第 11 条禁止缔约各方采取数量限制措施。在谈判时，欧美国家的谈判代表就要求我们将需要领取许可证、配额的产品拉出一个单子。在拉出许可证产品的单子之后，你可以说，我们是为了统计目的实行这一制度，而且主要是自动许可。但是，配额措施则活生生的就是那种"我同意，你才能进来"的东西，是非要取消不可的。关贸总协定的配额措施要求对我国外贸体制的冲击是显而易见的。在当时，如果要购买粮食，从哪个粮商那里买？从南美买还是从北美买？诸如此类的事项都是相关主管官员说了算。你想，这些人怎么会同意割肉呢？最后，谈判的结果是，配额要 phase out，即逐步取消。就是同意你别一刀就把我的肉割掉，而是要一点点的剐。正是由于这样一点一点地割肉，才使得我们与人家谈了 15 年！其实，关贸总协定的规则是很清楚的，判例也是很清楚的，谈判的过程实际上是我们国内进行自我调整的过程，是谈判班子让国内的这些人同意慢慢"割肉"的过程。

谈到"割肉"，第一个同意作出"割肉"决定的就是外贸部。当时，谁想做外贸都得先到外贸部申请许可。之所以外贸部首先"割肉"，是因为如果外贸部自己不同意"割肉"，怎么能够让其他部委或者部门的人"割肉"呢？当然，是否"割肉"不是我们外贸部的那个部长就能说了算的，得要国务院去说，要求各部门拿出方案。如果一时半刻不能取消，那么，过个三年五年、五年十年也应该取消了。话又说回来，这些有肉的人在把持权力多年后，可能已经意识到我国加入关贸总协定的决心已定，这个"肉"是一定要割的。

访：你在前面反复强调，中国"复关"的过程与改革开放的进程是同步进行的。那么，你认为"复关"对中国的影响总体上是积极的吗？"复关"是否应该导致哪些改革呢？

王磊：是的。对于我们这些具体从事这项工作的人来说，关贸总协定总共 38 个条款，比国联、国际法院的规则容易研究，大家也有兴趣去了解这些规则。就像我 17 年前在《关贸总协定规则与中国缔约国地位》这本书的前言中写道的，我有兴趣了解这些规则，因为这些规则会影响我们今后的体制。那个时候我们就意识到，中国要搞社会主义市场经济，关贸总协定的这套规则早晚要在中国的体制中发挥作用。事实也证明了这一点。就像当年的反垄断问题一样，大家都意识到将来要规制垄断问题。当然，我们国内现在的反垄断不是纯粹意义上的反垄断，但总会一步步前进的。此外，1980 年刚实行专利制度时也是这样。股票也是这样，外国人一开始看中国股票是看不懂的。总之，有些事情总是先有一个四不像的东西，后来才慢慢的像那么回事。

访：假设中国没有"复关"，我们是不是还会照样改革开放呢？

王磊：是的。关贸总协定倡导的这种市场经济体制与我国的社会主义市场经济是不矛盾的，它们是相互促进的关系。话又说过来，如果没有中国复关这样一个进程，我们的改革可能会更慢一些。关贸总协定对各缔约方来说是国际义务，在进去之后，我们可以获得相互减让关税的好处，同时，关贸总协定的规则可以对我们的改革起到推进作用。试想，如果没有关贸总协定第 11 条取消配额措施的规定，我们要想取消实行了那么多年的配额做法将是很慢的。如果没有 WTO 的服务贸易协议，我们的银行也和快递服务等行业的开放可能更慢一些，因为每一个行业的开放都是"割肉"的过程，不是割你的肉，就是割我的肉，谁愿意被割呢？有些人可能会想，革命了一辈子，怎么革到自己头上了？我们的权力没有了！所以说，从个人来说，他们是不情愿"割肉"的。这还得要说中央政府是明智的，它一直秉承改革开放的基调，所以在加入 WTO 这个问题上从来没有后退过。也可以说，是国家领导人借着加入 WTO 这件事，推动了国内制度改革。当然，涉及国计民生的问题，我们要把住。从关贸总协定和 WTO 这么多年的历史看，还没有哪个国家因为加入它而衰落的。

虽然 WTO 是 rule-based（以规则为基础）的，但是，WTO 也是具有包容性的，它包容了中国这样一种体制的国家，很快俄罗斯也要加入进来。所以说，究竟是 WTO 改变了我们，还是我们改变了 WTO？我想，可能是 WTO 改变我们更多一些。可以说，没有这 15 年的"入世"谈判历程，中国的经济体制改革可能会慢一些。但是，中央有这个决心，只能前进不能后退，步子可以慢一些，但是终究要往前走。因而，改革是一个渐进的过程。当时在国外看来，加入关贸总协定成为了中国改革开放的晴雨表，无论于面子还是于里子，中央都不会撤出。从加入世贸对我们观念的冲撞，到国内作出让步，到让步中做些小小的革命，再到最终谈成了交易，这个过程是艰辛的。现在看来，这个交易也还是合算的。如果不是我们有着坚定的政治决心的话，十年前就不会加入 WTO，入世进程也就会无休止地耗下去。我们进去以后也不是就万事大吉了，这只是所有问题的开始。进去要比在外面强多了，进去之后才有可能参与规则的制定。长期的谈判使得我们有了更长的过渡期。不管是金融业还是农业，非但没有受到履行WTO义务带来的冲击，而且还比预期的好，以至于现在我们做贸易的公司如此之多，以至于我们在世界市场上卖什么东西什么便宜、买什么东西什么贵。

说到做律师，由于我们的贸易势头很大，对国际市场的冲击也就很大。加入世贸释放了国内企业的能量，企业不用再找贸易公司代理进出口，中国产品也就可以大量涌向世界。但是，我国也因此遭受贸易大国的贸易保护措施，产生了很多纠纷，这完全是贸易增长带来的自然结果。

不过，当时谁也没有预料到，由于外贸权的放开或者由于别的国家对我国产品降低进口关税，我们会有这么多的厂家和企业向世界的各个角落出口大量产品。入世前，我们就有一定的贸易量，几大贸易公司①在美国和欧盟也都遭遇了贸易救济调查。加入世贸以后，2004年和2005年我们的出口势头太大，这是砸人家饭碗的事情。例如，在美国对中国家具反倾销案中，美国把工会都给搬了出来，工会成了发起调查的申请人。实际上，工会不是producer（生产商），也不是exporter（出口商）。这还涉及到另外一个问题，就是西方一直想把劳动标准和世贸规则挂钩，只是由于发展中国家的抵制，多哈回合才没有谈成。于是，美国就采取这样的策略，多边谈不了，双边先做起来，在双边范围内解决。在美国对中国家具反倾销案中，工会作为发

---

① 此处的几大贸易公司是指80年代的国有贸易公司。当时，我国的进出口贸易是由"十大贸易公司"来完成的，具体指机械、五矿、化工、技术、粮油食品、纺织、土畜、轻工、工艺、仪器进出口总公司。

起调查的申请人告中国的产品，你说这是负面影响还是正面影响？不好说。我觉得应该是正面影响更多一些，因为这至少证明了我国出口的解放、出口势头的增加。

从整体情况看，遭受贸易救济调查的产品毕竟占的比例还是很少的，约占出口额的 1% 或者 2%，就算是 10%，90% 的出口还是实现了你的价值和目的，因为毕竟卖出去了嘛！所以，不要为几个为数不多的、吵得很凶的贸易救济调查案子把我们搞得灰头灰脸的，甚至怀疑我们加入 WTO 的意义，说我们当初的"入世"不对，说我们"入世"后背上了三座大山，说我们"入世"时承受了不利条款，等等。其实，中国"入世"时承诺的不利条款[①]和我们"入世"后所释放出来的贸易实力相比，显然是不成比例的，是微不足道的。就算是美国对中国发起的轮胎特保案件，实际上也不至于造成那么大的不利影响。整个的贸易总量与受到特保和反倾销的量是不成比例的，百分之九十几与百分之一或者百分之二是不能比的。所以，不能只拿百分之二来说事？还要看整体情况。当然，遭受贸易救济调查的企业对此深恶痛绝，受不了，甚至需要转型。但是，客观上讲，"入世"的不利条款的使用与消极影响还是非常有限的。

---

① 　主要是指中国"入世"时被动接受的包括市场经济地位条款、纺织品特保条款和过渡性保障措施条款等三大不利条款。《中国入世工作组报告书》第 242 段规定，如果一个 WTO 成员认为，《纺织品与服装协定》所涵盖的原产于中国的纺织品和服装产品自《WTO 协定》生效之日起，由于市场扰乱，威胁阻碍这些产品贸易的有序发展，则该成员可请求与中国进行磋商，以期减轻或避免此市场扰乱。《中国入世议定书议定书》第 16 条特定产品过渡性保障机制中规定，在 2013 年以前，如果中国加入 WTO 后出口产品数量的激增以及由此发生的重大贸易转移造成进口国市场扰乱和产业损害，可允许进口成员方在必要的范围对相关产品采取撤销减让和限制进口措施。《中国入世议定书议定书》第 15 条规定，如果一国认定从中国进口的产品来自非市场经济国家，允许在确定倾销或补贴的价格可比性时，采用第三国的替代国价格，并将这一条款适用的年限限定为 15 年。

关于"入世"对中国法律体制改革的影响，主要是司法审议。关贸总协定第 10 条第 3 款允许对行政机关做出的无论是具体的行政行为还是抽象的行政行为，都可以到法院去提起诉讼。也就是允许民告官。当初，我记得很清楚，我们法律是不允许对抽象的法律行为进行司法审查的，只能对具体的工商管理行为比如说城管没收小商小贩的车这样的具体行为才能进行司法审查。我们行政法律的内容本身，即抽象的法律行为，是不允许被司法审查的。而关贸总协定的司法审查规定是不分抽象行为和具体行为的。所以说，关贸总协定对法治的影响主要就是第 10 条所带来的冲击，也就是要建立 judicial review（司法审议或者司法审查）。入世也给其他方面的法治建设也带来了影响，例如，关于知识产权案件立案的门槛，① 法院原来的立案门槛是很高的，现在降低了，这在一定程度上是受到了 WTO 的影响。然而，这样的影响无非是增加了法院的工作负担，对体制的影响倒是不大。

访：您如何看待"入世"后的透明度义务对中国法治的影响？

王磊：透明度问题好象热了一阵子，最近两三年就没有再被提及。从现在来看，关贸总协定第 10 条要求的透明度义务至少对我们的立法有了不大不小的促进。现在，立法要公开，不只是人大制定法律，其他机构制定的法规也要公开，例如，发改委这种行政部门再也不能像以前那样出一个规定，要求颁布之日起施行。现在要求有一个征求意见的过程。

---

① 我国在加入世界贸易组织《工作组报告书》中承诺降低知识产权犯罪刑事制裁的门槛。此后，中国一直在为该承诺而努力。2010 年，最高人民检察院、公安部联合印发《最高人民检察院、公安部关于公安机关管辖的刑事案件立案追诉标准的规定（二）》。其中，对有关知识产权的违法刑事案件的立案标准作了进一步明确，首次明确规定，假冒两项以上他人专利，非法经营数额在 10 万元以上，或者违法所得数额在 5 万元以上的，应予立案追诉。与此前相关规定相比，《立案追诉标准（二）》作了进一步明确与细化，立案标准"门槛"有所降低。

访：比如说，听证会制度就是透明度义务的体现。前天，国务院颁布了一个加强法治建设的意见，^① 说的很清楚，法律不仅要有一个起草过程，还要有一个公开征求意见的过程，要有一个专家审查过程，还要一个听证过程，缺一步都不行。另外，您是关贸总协定谈判历史的亲历者，刚才给我们讲的也很清楚，特别是您讲到 1986 年以前的回顾，讲到当时参与谈判的这些人，感觉就是一个群英谱。

王磊：因为 1992 年之后的事情大家知道的就多了，所以我介绍原来的东西，因为只有一小部分人知道这些。

访：您当时是在哪个处工作？

王磊：原来的外经贸部有一个国际司，专门从事针对联合国的经济机构像联合国贸易与发展会议、联合国工业发展组织等方面的事务。国际司下设若干个处，1986 年申请"复关"时专门成立了一个处，叫二处，二处就是关贸处。当时，二处的人员都是拼凑的，没有谁是元老。老处长吴家煌同志原来是联合国贸发会议的，后来到海关总署工作。还有两个副处长，一个原来是对外经贸大学的老师，另一个是从中联部调过来的。吴处长了解关贸总协定多一些，因为他在联合国工作过。我很幸运，刚刚参加工作就与在联合国工作过的官员打交道。我记得很清楚，老吴当时面试我的时候，拿了一篇《中国日报》上的文章让我读，我给他口头翻译了一下，他觉得还可以，就又拿出一篇 Safeguard（保障措施）的文件。我一看就晕了，太专业了，于是

---

① 指国务院 2010 年 11 月 8 日发布的《国务院关于加强法治政府建设的意见》（国发〔2010〕33 号）。2004 年 3 月，国务院发布《全面推进依法行政实施纲要》，明确提出建设法治政府的奋斗目标。为在新形势下深入贯彻落实依法治国基本方略，全面推进依法行政，进一步加强法治政府建设，该意见在以下方面作出了规定：加强法治政府建设的重要性急迫性和总体要求、提高行政机关工作人员特别是领导干部依法行政能力的意识和能力、加强和改进制度建设、强化行政监督和问责、依法化解社会矛盾纠纷、加强组织能力和督促检查。

就磕磕巴巴和他说,这是"保卫机制"的意思。

访:你们处当时有多少人啊,算是比较大的处吗?

王磊:那个时候,处级干部是一正两副,接下来是易小准、王世春和我,何宁是后来进入这个处的,一共8个人。在外经贸部属于很小的处。另外,中国常驻日内瓦使团里还有一个关贸组,这个组有4个人。

访:那个时候就有日内瓦使团了吗?

王磊:是的。那个时候,中国常驻日内瓦的机构有很多,有财经方面的、劳工方面的、卫生方面的、人权方面的。那个时候,外经贸部管的只有联合国贸发处,后来由于成立了关贸这个处,就又补上了七八个人。

访:您刚才多次强调中央领导的决策很明确。但是,"入世"过程中也经历很多领导呀。是哪位领导那么有决心?

王磊:的确是这样。这期间连关贸总协定的总干事也都换了。但是,真正把这些白热化的问题交到中央去拍板的时候,作出决定的就是江泽民主席和朱镕基总理,这些问题包括银行开放到什么程度、保险开放到什么程度,还有就是"不利条款"问题。他们审时度势,拍板定了一些关键事情。事实上,前几任总理在这个问题上都没有后退过。虽然不同时期可能有点反复,但是并没有后退。我们的货币政策和外汇政策就是很明显的例子。我们原来是双重汇率,后来慢慢变成一重汇率了,到现在又慢慢放开了。所以你说是谁促进谁呢?没有世贸,我们的改革还是会照样进行,有世贸的话,改革可能走得会快一些。

访:您刚才说了很多次"割肉",当时被割肉的部门除了外经贸部之外还有哪个部门呢?

王磊：乌拉圭回合之前的关贸总协定管辖货物贸易，而关税是主要管理措施。海关只负责征税，它是不 care（关心）开放程度的，它只听行政部门的指令。例如，所有与铁有关的东西包括洋钉都要由国务院机电办审批，批完了你才有资格去交关税。不带铁的东西由计委来管。当时最大的冲击就是，除了要把关税降下来之外，还要解决审批问题。还有一个冲击就是外经贸部的外贸权审批问题，以前是必须达到 N 个标准才有外贸经营权。

访："割肉"还会减少腐败？

王磊：对。因为割的是烂肉，所以减少了腐败的机会。最典型的例子就是纺织品配额制度。当时，纺织品贸易由外贸部的纺配处来管。这个处有一位女士，因腐败问题，还没当上处长就被判了无期。所以说，取消配额机制可以减少腐败的机会，尤其是在进出口环节减少了腐败。腐败主要出现在审批配额的环节，还有供应方环节，因为需要哪个国家的产品、需要哪个供应商的产品都得审批，都由审批部门说了算。老外对这个规定知道得很清楚。所以从这方面看，"入世"是有好处的。乌拉圭回合将谈判范围扩大到服务贸易之后，"割肉"的范围扩大到了银行、金融、保险、快递还有电讯行业。几十年过去了，我们可以看到，每往前走一步都是很曲折的，也是付出了很多的努力或者说是付出了代价。现在，大家对外资银行、保险公司都见怪不怪，当年可不这么简单。那个时候，汽车的进口关税按照排量计算，最高可以达到 150% 多。从理论上讲，如果交通管理部门查一下每年上牌照的进口汽车数量，再乘以 150%，就可以算出国家在汽车进口环节能够收到多少关税，但实际情况远远不是这样的。当年的名义关税就是 25%，因为大量的外资企业可以免税进口汽车，而且还有大量的走私车，所以，国家的市场承受能力实际上就是 25% 的进口关税。但是，名义关税非要定到 150% 不可，这就是不顾市场的现实，人为把关税定得像天文数字一样。

访：您在前面谈到，在谈判后期，国外对中国"入世"的要价开始提高。那么，中国真正考虑付"入门费"大约是在什么时候？

王磊：1995 年 1 月 1 日 WTO 成立以后，我们的"入门费"涨了很多。因为谈判内容增加了服务贸易问题。在此之前，我们的"入门费"已经包含了不利条款。关于不利条款，例如特保条款，其他国家在 1986 年就提出了。在刚开始进行双边谈判时，欧盟就说，中国有十几亿人口，这就是十几亿的生产者和十几亿的消费者。它的意思就是说，你的贸易势头太大了。十几亿的消费者是指你们的国内市场也很大，所以，你应该将进口关税降下来，将配额制度取消，让外国产品进去。十几亿的生产者是指生产者太多，他们担心这些生产者会冲击欧洲本国市场。因此，除了世贸所允许的正常贸易管理手段外，他们还要对我们适用"特保"措施。在进行倾销调查时，对我国的产品要用替代国价格。我一直认为，世贸规则是不允许使用替代国价格的。关贸总协定第 6 条和附注规定了对国营贸易国家的产品确定倾销时的价格比较问题，但是，中国的经济体制早已不是附注中所说的情形。由于中国不是关贸总协定所说的情形，欧美对中国提出应规定特殊条款，就是在对产自中国的产品进行调查时，可以不采用中国的生产成本。

欧美国家之所以在 1996 年提出大规模的要价，原因是乌拉圭回合达成的协议生效了。在服务贸易领域，服务贸易开放涉及二三十个分部门，这些部门又涉及到我国经济的核心利益，电讯业、银行业、保险业这都是动都不能动的行业，居然要向外国人开放，这还得了？可以说，这是入世第二次对我国经济体制带来比较大的冲击。最早以为，调节一下关税、放宽配额就可以"入世"了，现在，想要入世，就要对我们经济体制的核心部门进行改革。但是，如果不让这些国家得到好处，他们是不会同意你"入世"的。我们也可以这样学，我们现在已经是 WTO 成员了，而俄罗斯正在进行加入 WTO 的谈判，我们可以向俄罗斯提出要价。因为现有有很多中国的东西不能出口到俄罗斯，如果俄罗斯不让我们得到好处，我们就有权不同意他加入。实际上，每个国家在加入关贸总协定或者世贸时都要被宰一刀，我们完全可以利用这个机会对别人宰一刀，美国和欧洲人当初就是这样对待我们的。例如，中国的人寿保险业以前对外国保险公司是绝对不开放的，但是，美国友邦保险的老总就找到领导特批了一次，那个奶酪动的也是非常大的。

通常情况下，大家往往在受到第一次冲击时抵制一下，甚至拼命抵抗，但是，一旦有了一个小突破口，这就放开了。放开之后又怎么样呢？当时大家非常担心，如果放开，我们国家的银行精英就要流失到外资银行去了，可是现在看来，真的发生这种情况了吗？没有！所以说，好多事都是我们过虑了，要不然就是出于自我保护意识，想方设法找出各种借口阻止开放，以保护自己的既得利益。但是，一旦开放了，受益的就是广大民众和社会。这就是割小肉、割烂肉，让更多的人都有肉吃、有好肉吃。所以说，我们加入世贸的好处是相当大的，尤其是对我们这样一个搞了半个世纪计划经济的庞大体制的国家而言，意义是相当大的。现在，我们在 WTO 中也算是老大之一了，很多事情只要我们说 No（不），WTO 就无法运转，或者至少要让 WTO 总干事予以协调。这种地位是很难得的，不能说是一言九鼎，但绝对是话语者之一，就像印度一样在 WTO 一直是话语者之一。我很羡慕我的前同事们，他们在商务部世贸司或中国驻日内瓦代表团，戴着WTO成员胸牌出入WTO秘书大楼和各个会议室。当年，我们戴的是酱紫色的"观察员"胸牌(尽管如此，至今本人还保留珍藏着)，许多会议人家不让参加，能参加的大会，要发言，也要等到排的长长队的正式成员发言完了，才轮到观察员ＰＲＣ（中华人民共和国）发言，自己发言的激情殆尽，别人听起来可能也不太当回事，大有"人微言轻"之感！现在今非昔比了。既然我们在WTO有这样一个举足轻重的地位，我们应该如何利用谈判的机会给我们的产业带来更多的好处、带来更多的出口机会，这是值得深思的。此外，如果我们的出口企业在外面遇到麻烦，怎样为它们创造一个好的条件？这也是非常有意义的。通过贸易争端解决机制，我们可以使外方改变一些做法。这种好处是很实在的，能够见到利益的。当然，如果我们的政策制定者和执行者都有世贸规则这根弦的话，那就更好了。但是，这需要一定的时间。

访：您给我们讲了很多以前所没有听过的事情，使我们更加了解中国"入世"的整个历程。再次感谢您在百忙中接受我们的访谈。

"负责中国事务的要员"——
Charles W.Freeman

Charles W.Freeman 简历

Charles W.Freeman(中文名"傅瑞伟"), 美国战略与国际问题研究中心 (CSIS) 中国研究部主任。

毕业于美国塔夫斯大学 (Tufts University) 亚洲研究中心经济学专业。后就读于波士顿大学法学院, 并担任该院法律评论的编辑。他曾在复旦大学学习中国的经济政策, 并在台北语言研究所学习中国普通话。

他的曾祖父是一位著名的水文工程师, 曾在清华大学任教, 并为孙中山工作过。中文姓氏"傅"是当时的山东省总督给他曾祖父起的。他的父亲傅立民是美国资深外交家, 1972 年曾任美国总统尼克松访华之行的首席翻译, 1979 年到 1981 年在美国国务院主管对华事务, 1981 年至 1984 年担任美国驻华公使。这样的家世和对亚洲文化的浓厚兴趣, 使得他在中国等亚洲国家生活和工作了很长时间，并且成为名副其实的中国通。2002 年至 2005 年间，他担任了美国助理贸易代表，负责中国事务，同时也是美国对华贸易谈判的主要负责人，在美国对中国大陆、中国台湾、中国香港、中国澳门和蒙古的贸易政策制定方面发挥了主要作用。

离开政府部门之后，Freeman 主要以律师和商业顾问的身份在涉及中国的战略计划、政府关系、市场准入、企业并购、企业公关和政治与经济风险管理等方面为企业和金融机构提供咨询意见。他目前还是美国麦克拉提咨询公司（McLarty Associates）的高级顾问，同时也是美中关系国家委员会和美国 Harding Loevner 新兴市场基金的董事会成员。

❈ Charles W.Freeman 先生访谈手记 ❈

他是个"华盛顿人"——在华盛顿出生长大，但他更是一个中国通，有着一个父辈传下来的中国姓氏"傅"。在中国加入 WTO 的最初几年（2002 年至 2005 年），他在美国担任负责中国事务的贸易代表助理。因此，他看中国，有一种非常独特的历史和政治视角。

Freeman 坦承，对于中国在加入 WTO 之后是否能够真正执行 WTO 规则，他最初是持怀疑态度的。然而，中国加入 WTO 近十年来的发展让他发现：中国的政策制定者已经在许多方面形成了关于法治理论的很多思想；通过制定一系列法律规则，中国取得了积极的进步；WTO 在促进中国依法治国方面也发挥了重要的外部作用。此外，为了遵守 WTO 规则，中国政府制定了许多新的法律，并对原有法律进行了大范围的修改。这些措施体现了中国政府的良好决策体制，这才是一个真正的法治国家所应该做的。

Freeman 还认为，中国加入 WTO 对于中国的法律观念和法律的执行产生了巨大影响。中国为遵守 WTO 所付出的巨大努力和做出的广泛承诺为中国创造了一个非常稳定的政策机制，这一机制奠定了法治社会的基本框架。同时，中国加入 WTO 也改变了 WTO 的格局，中国现在拥有的谈判筹码与过去大不相同了，中国在世界上的声音越来越大，美国已经不能独断专行了。

在访谈中，我们发现，尽管 Freeman 是一个典型的美国人，但他对国际法治的看重常常超过对狭隘美国利益的祖护。

Charles W. Freeman 访谈录

访谈对象：Charles W. Freeman（傅瑞伟）

访谈时间：2010 年 7 月 14 日晚上

访谈地点：清华大学法学院会议室

访谈人：杨国华、韩立余、黄东黎、史晓丽、吕晓杰

访问时长：1 小时

访：Freeman 先生，我们知道，您今天刚刚下飞机就赶过来接受我们的专访，对于您的支持，我们非常感谢。同时，能够邀请到您接受我们的专访，我们也很荣幸。为了这次访问，我们准备了一个问题清单，在回答清单问题的同时也欢迎您对清单之外的问题发表高见。众所周知，2011 年将是中国加入 WTO 十周年。我们这个访谈小组希望借此机会和诸位接受访谈的嘉宾就"入世"给中国带来的积极影响尤其是对中国法治的影响进行深入探讨。

在我们看来，WTO 为国际法治的建设提供了成功的样板，尤其是在 WTO 协定的执行方面有着非常完善的制度。WTO 争端解决机制以及 WTO 作出的大部分裁决得以执行这样一个事实，使得国际法成为一种真正意义上的法律。而在过去，由于国际法存在执行难的问

题，以至于人们认为，国际法并非真正意义上的法。就中国而言，"入世"近十年来，为履行 WTO 协定和在 WTO 做出的承诺，中国付出了巨大的努力，修改了上千个法律法规。同时，中国也很好地执行了 WTO 做出的裁决。例如，在知识产权案件中，部分抗辩的败诉促使中国在 2010 年 2 月修改了《著作权法》。在汽车零部件案中，中国也执行了 WTO 裁决，在 2009 年修改了《汽车产业发展政策》，并废除了《构成整车特征的汽车零部件进口管理办法》。为执行 WTO 裁决所进行的国内法律法规的修改显示了 WTO 给中国法治建设的带来的改观。

在今天的访谈中，我们希望听听您对上述问题的看法。您不仅是一位知名律师，也是一位 WTO 专家。您在中国"入世"后的 2002 年至 2005 年担任了美国贸易代表（USTR）办公室中国事务助理。对于中国而言，"入世"的前五年是至关重要的五年，作为中国问题专家，我们非常希望您能够就中国"入世"后在法治建设方面的变化发表您的见解。

Freeman：非常感谢各位的邀请。早在 1986 年至 1987 年，我在位于中国上海的复旦大学访问学习，研究中国的发展政策。当时，教授课程的一位老师正在参与中国的外商投资立法和研究工作。他每次上课都和我们探讨许多问题，在六周的时间里，我们详细研讨了立法的每个部分，几乎平均一天研讨一章的条文。在阅读这些法律条文时，我时常看到"你应该这样做，你应该那样做"的表述。于是，我就经常问老师，其他章节会怎样表述呢？如果你不去这样做，将会发生什么后果呢？老师回答说，如果你不去这样做，也不会怎么样。因为在中国，法律是理想、是道德，法律就是指出你应该做什么。法律就是儒家说教，是励志说教。而在美国和其他西方国家，法律非常明确地规定：如果你不这么做，后果就是这样的。也就是说，西方国家的法律有路线图式的条款。

我个人认为，中国加入 WTO 将近十年了，中国的政策制定者已经在许多方面形成了关于法治理论的很多思想。通过制定一系列法律规则，中国取得了积极的进步。我觉得，如果法律条文大多是抽象的、希望类的表述，缺乏详细的法律规则和明确的指引，将阻碍中国的改革，甚至使改革出现倒退。事实上，中国非常需要进一步推动改革的深入进行，并且让人们知道改革的方向，只有这样，改革才能更加具有可行性，制度才能更加透明，人们才能更加明白他们应该做什么。在许多方面，相比入世过程，WTO 体制及其改革在促进中国法治建设方面发挥了更加重要的外部作用。因为中国在很多方面利用了国际法和国际组织来促进国内改革的进行。到目前为止，这一做法已经取得了成功。与大多数其他国际组织不同，WTO 对于那些不遵守其规则的做法给予了制裁，因为一个国家加入 WTO 后就会获得直接的利益，通过中止这些利益就可以实现制裁目的。例如，如果你是 WTO 成员，并且遵守 WTO 规则，你就会获得 WTO 的国民待遇利益和其他条款下的利益。如果你不遵守 WTO 规则，你就会丧失这些利益。而其他国际组织就没有这样明确的贸易制裁机制。如果你不能履行在该组织做出的承诺，也不会有什么问题，你所失去的只是国际信誉，而不会有贸易制裁发生。以国际社会在气候变化方面所做出的努力为例，如果你加入了气候变化条约，就等于放弃了你的利益。因为你很清楚，无论规则作出怎样的规定，只要遵守公约，就会减少自己的经济利益。所以，加入该公约能够获得哪些好处，不是很清楚。而加入 WTO 是可以获得明确的经济利益的，因此，你自然就会有办法将国际规则适用于国内法。现在，我并不认为中国在执行 WTO 规则方面会有任何问题。同时也相信，中国会遵守其在加入 WTO 时所做出的承诺。

访：能否请您举一些例子进一步说明上述问题?

Freeman：好的。中国政府一直在促使管理者转变管理方式，倡导通过法律框架指引经济活动。虽然我们一向习惯于从西方的角度看待中国，但是，你同样会很惊奇地发现，中国在过去的30年取得了成功。中国经济是如此快速地增长，北京成为了世界化的大都市，上海也成为世界上最酷的城市。

此外，你看一下中国的"入世"承诺，你就会发现，这些承诺是全面的、涉及众多领域和部门的。而且，当我们再次审视中国加入WTO议定书的内容时，中国国家领导人和中国人民为此所作出的努力给人留下了深刻的印象。我想，即便是美国贸易代表办公室的人也会看到中国为执行WTO承诺所做出的努力。因为履行WTO义务是需要政治愿望和政治资本的。恐怕我们美国也做不到这一点。在美国，行政部门需要获得国会给予的快轨授权才能进行贸易谈判。

总之，你审视一下中国过去20年或者30年的法治发展历程，你就会发现，过去的决策程序是自上而下的，法律是模糊和不明确的。而为了遵守WTO规则，中国制定了新的法律，并对原有法律进行了修改，以适应WTO的要求。这些措施体现了一个良好的决策体制。这才是一个真正的法治国家所应该做的。这种决策体制摒弃了自上而下的做法，社会底层的人民可以做出自己的决定，并且能够知晓自己应该做什么。

访：您谈到，20世纪80年代，您曾经在中国的复旦大学学习投资法，对中国法中的罚则和责任部分深有体会。您指出，法治的第一个阶段是要有法律作为指引，第二个阶段就是法律应该设置罚则，第三个阶段就是执行法律。那么，根据这个三段论，我们是否可以说，中国加入 WTO 就是在向法制社会迈进? 因为 WTO 规则是一种指引, 它可以使人们预测到未来 3 年或 5 年将要发生什么? 其次, 从承担责任的角度而言, WTO 有争端解决机制。再次, WTO 成员必须执行 WTO 规则。您认为, 中国的法治建设与加入 WTO 存在着关联性吗?

Freeman: 两者是存在关联的。尽管各国加入 WTO 的目的往往与其建立国内法治的目的是相同的, 但其在 WTO 中的义务仅仅是国内法治的一个组成部分。在法治建设中, 完善的法律体系是非常重要的。如果你想使社会更加自由开放, 个人可以在无惧政府官员压力的情况下做出自己的抉择, 你就必须制定一套具有可预见性和高度透明性的法律框架。中国政府加入的 WTO 这个国际组织就构建了这样一种制度, 在这种制度下, 政府的行为和做法具有了可预见性。

访: 您的观点是不是说, 中国的法治化进程与中国的"入世"过程是同步的。另外, 假设中国没有加入 WTO, 您认为中国法治化进程的发展程度还会和现在一样吗?

Freeman: 中国的法制化发展进程的确是与中国的"入世"过程是同步进行的。中国加入 WTO 对于中国的法律观念和法律的执行产生了巨大影响。中国为履行 WTO 义务付出的巨大努力和做出的承诺为中国创造了一个非常稳定的法制环境, 这一法制环境奠定了法治社会的基本框架。值得一提的是, 中国在"入世"谈判中做出的承诺与其他 WTO 成员有着很大不同, 中国做出了很多承诺, 为的就是适应法治社会的需要。所以说, WTO 为中国的法治化进程提供了强大的推动力。

访: 五年前, 您在美国贸易代表办公室任中国事务助理, 那时侯, 您对中国加入 WTO 有哪些期待? 现在, 中国"入世"将近十年, 是否出现了您期待之外的事情, 或者出现了期待之中的事情?

Freeman：事实上，在中国"入世"一开始，我对中国是否能够真正执行WTO规则和在WTO作出的承诺是持怀疑态度的。因为那时中国有一些做法是在规避WTO规则。以WTO受理的中国知识产权案件为例，我最初就对中国能否执行WTO裁决对相关法律进行修改持怀疑态度。因为该案件涉及到法律体制问题和国内法的执行问题。当然，我并不认为规避法律的做法有违法治精神的。例如，在美国，避税行为并不视为是非法的。法律虽然要求你必须缴纳税款，但这并不意味着你不能通过某些方法规避纳税，这是人类共同的本性。

访：在中国"入世"前夕，美国国会设立了"美中经济和安全审查委员会"（USCC）和"国会——行政部门委员会"，这是否表明，美国政府对中国执行WTO规则也是持怀疑态度的？

Freeman：是的，这两个委员会的设立反映了美国的政治态度，也就是对中国执行WTO规则缺乏信任。在制定对华永久正常贸易关系法案（PNTR）期间，我们一直试图说服一些美国人同意给予中国PNTR。在我们与那些反对给予中国PNTR的美国人讨论时，作为妥协，我们说，好吧，我们会让你们满意的。那么，怎么才能让他们满意呢？那就是设立两个委员会，专门负责中国事务，监督中国的做法。

访：WTO除了组织贸易谈判之外，还设立了贸易政策审查机制、争端解决机制和对中国的过渡期审查机制，您是如何看待这些WTO机制与中国贸易政策之间的关系的？

Freeman：WTO对中国的贸易政策审查机制和过渡期审查机制基本上没有发挥什么效力，因为贸易政策审查的结果不能使WTO或其成员诉诸WTO争端解决机构。WTO实行以协商一致为主的决策机制，因此，很难设置一个程序使WTO这个国际组织有权在WTO指控某个 WTO 成员的行为，因为 WTO 成员可以通过协商一致原则解决一些问题。而 WTO 争端解决机制则是非常有效的，该机制主要由专家组或者上诉机构决定 WTO 成员的哪些行为符合 WTO 规则或者不符合 WTO 规则，从而有可能导致 WTO 成员修改其国内做法。WTO 的谈判机制同样也是很成功的，通过谈判达成的协议对 WTO 成员的贸易政策产生了重要的影响。例如，从中国"入世"谈判的情况看，美国在当时认为，中国入世将为美国带来更多的利益，因为中国当时迫切希望加入 WTO，美国也就因此提出了更高的谈判要价。从现在看来，美国认为没有能够达到当初的目的，但中国认为入世当初做出那么多的承诺是值得的，尽管这些承诺对中国的外贸政策产生了很大的影响。

访：还是回到刚才的问题，假设中国没有加入 WTO，您认为中国的法治状况将是什么样子呢？中国经济或者中国的管理方式将会是怎样的呢？

Freeman：如果中国没有加入 WTO，后果是很难想象的。看一下中国自 2001 年加入 WTO 后的经济增长情况就会发现，经济与法律是相互促进的。在中国"入世"后，中美贸易关系开创了更加透明的前景，中美贸易出现了大幅度的增长。WTO 规则创造了一套具有可预见性的贸易体制，它不仅可以使外国人了解 WTO 成员的国内市场，也可以使中国企业和个人更好地确立其发展目标和方向。

访：以俄罗斯为例，俄罗斯现在还不是 WTO 成员，其国内市场还没有完全开放，这使得俄罗斯在 2008 年的全球金融危机中顺利度过。但是，当谈起这场金融危机时，也有人讲，如果中国那时不是 WTO 的成员，中国将承受其他国家更大的贸易保护主义威胁。您是如何看待这个问题的？

Freeman：的确，如果中国没有加入 WTO，中国的经济不可能像现在这样融入世界经济，也不可能受到金融危机的较大影响。我个人认为，由于中国成为了 WTO 成员，中国才能在这次金融危机中摆脱了其他国家的歧视性待遇。因此，中国加入 WTO 是一把"双刃剑"。

访：您的观点已经非常清晰了。中国与 WTO 存在着相互依存的关系，加入 WTO 对于推进中国的法治化进程具有积极的影响。此外，一些评论认为，虽然 WTO 的宗旨是贸易自由化，但这并不等于加入 WTO 就能够将法治理念灌输给 WTO 成员。WTO 不可能改变中国的法治进程，因为 WTO 仅关注贸易自由化问题。而且，在法治理念方面，中国实行自上而下的决策体制，中国在加入 WTO 时作出的承诺只是中国加入 WTO 应承担的义务，因此，如果说加入 WTO 有助于民主社会的发展，这样的说法是不恰当的。因为民主社会现在正在变得越来越成熟，WTO 对民主社会的建设发挥不了多少作用。您是怎么看待这些观点的？

Freeman：WTO 要求所有成员都应承担促进贸易自由化的义务。在西方，实现贸易自由化至少要具备一套有透明度的和可预见的机制，这一机制能够使得一个国家与其他国家在开放和相互信任的基础上进行贸易往来。这就是法治的要求，也就是说，法治应该创造一个可预见的机制，以确保贸易活动的顺利开展。我认为，虽然 WTO 关注贸易自由化，但它在一定程度上影响着 WTO 成员的法治发展。WTO 制度的设计者们一直致力于推行自上而下的经济体制，虽然 WTO 并不致力于建立一个完善的民主社会，但它确实明确了一些规则，这些规则可以使得 WTO 成员的领导层知晓他们应该做什么。从中国而言，WTO 已经突破了管理者立法的做法，它使得 WTO 成员的每一个人都可以知晓其享有的权利和承担义务。因此，我认为，中国的行政立法体制将从 WTO 规则中获益。

访：从中国近代历史来看，是否可以说，没有一个国际组织能够像 WTO 那样对中国的法治发展产生如此巨大的影响？之所以问这个问题，是因为我们一直想搞清楚，我们是否夸大了 WTO 的作用。

Freeman：的确，到目前为止，还没有哪个国际组织能够像 WTO 对中国法治的发展产生过这样大的影响。这不是夸大 WTO 的作用，WTO 的确为中国法治的发展提供了一个良好的开端。

访：在中国进行"入世"谈判期间，中国媒体经常提及这样的口号——"中国需要 WTO，WTO 也需要中国。"江泽民主席在访问美国时也说过："中国加入 WTO 是中国经济发展的需要，也是世界经济发展的需要。中国"入世"是一个双赢的结果。"您是如何看待这个问题的？ WTO 真的需要中国吗？

Freeman：我同意这样的看法。当中国于 1986 年向关贸总协定提出"复关"申请时，中国在世界 GDP 总额中只占了 3%，可见，中国经济在当时对世界各国的影响是微不足道的。但是，到了加入 WTO 前得 2000 年，中国已经跻身世界前五位贸易进出口大国，中国的 GDP 占到全球 GDP 的 7%。很难想象，如果将世界顶尖的贸易大国排除在 WTO 体制之外将是什么样子！因此，WTO 必须吸纳中国加入进来。此外，在中国进行"入世"谈判期间，美国国内一直争论这样一个问题，中国加入 WTO 将会影响中国？还是影响 WTO？现在，我们知道了答案。那就是，WTO 改变了中国，中国也改变了 WTO。

访：您认为，中国"入世"之后在哪些方面改变了 WTO 呢？

Freeman：中国"入世"后对 WTO 的影响主要体现为中国加入 WTO 后改变了 WTO 的格局。如果现在再进行贸易谈判，中国握有底牌的分量与美国握有底牌的分量明显不同了。中国在国际上的声音越来越大，美国不能独断专行了。中国正在改变我们对包括 WTO 在内的全球共同体的认识。此外，中国加入 WTO 并执行 WTO 规则，是对市场经济体制的强有力支持。承诺实行市场经济体制无疑是使中国经济创造奇迹的源头。同时，中国加入 WTO 可以使得其他国家看到市场经济体制通过法律规则在中国得以的确立成功过程。

访：在您从美国贸易代表办公室离任后的过去四年里，您对中国履行 WTO 义务有什么具体的担忧吗？您现在是如何看待这些担忧的？

Freeman：坦率地讲，作为前贸易谈判代表办公室的成员，我一直担心，一些政府官员和机构可能会破坏中国根据 WTO 规则已经制定的政策。中国目前的产业政策就有这种苗头。我之所以有这种担忧，并不是因为我是美国人或者站在美国人的立场上。事实上，我非常欣赏中国在过去 30 年取得的成就。中国在这次的世界金融危机中也显示出了强大的实力，有自豪和骄傲的理由。中国在加入 WTO 后的近十年里获得了巨大的利益，不仅建立了执行 WTO 规则的机制，而且普通中国人也更加明白他在社会上能够做什么。

访：感谢您非常中肯的建议。中国正在经历一个关键时刻，加入 WTO 后的经济发展已经体现出了 WTO 的重要性。对中国而言，是时候强调"入世"对中国利益的重要影响了。与您的访谈使我们更加明白，尽管中国取得了一定的进步，但我们不能沉浸于过去的历史，我们应该构筑我们的未来。

Freeman：谢谢，我也会批评我的国家，因为美国在某些方面的做法一定程度上已经背离了市场经济原则。现在，已经有一些美国人在讲，看看中国的产业政策，我们应该向中国学习！

访：中国"入世"十年来，已经有许多与中国有关的案件诉到

WTO 争端解决机构。您认为，这对中国的法治建设会有什么影响吗？

Freeman：是的，的确有许多将中国作为被告的案件诉到 WTO。我们也欣喜地看到，在中国被诉的许多案件中，中国已经很好地执行了 WTO 的裁决，非常了不起。我记得龙永图在签署中国加入 WTO 议定书之后的某个场合说过，有一次，他在 WTO 位于日内瓦的总部看到这样的一幕，法国和美国驻 WTO 使团的大使在会议室里大声争吵，甚至差一点就要发生激烈冲突，但到最后，两个人不仅平静下来，还坐在一起喝起咖啡，相互拍着肩膀寒暄，他感到非常吃惊。他说，这对我们中国人来讲是不可能的。如果你在公共场合对某人大吼大叫，你根本不可能在事后和这个人很坦然地一起去喝咖啡，就和没有发生任何事情一样！我觉得，对于 WTO 成员之间的争端，就让律师去解决吧，这是最好的处理方法。这不是各成员之间相互信不信任的问题，也不是相互冒犯的问题，这是法律所要求的！我想，中国能够接受 WTO 争端解决机制就是一个很大的转变。

"WTO 的中国大法官"——张月姣

张月姣简历

张月姣，WTO 上诉机构成员，清华大学法学院教授。原对外贸易经济合作部条约法律司司长、亚洲开发银行欧洲局局长、中国知识产权谈判代表、中国恢复关贸总协定缔约国地位和加入 WTO 谈判的法律顾问。

1978 年至 1982 年，在中国国家进出口委员会、中国外国投资委员会工作。1982 年至 1984 年，任世界银行法律部法律顾问。1984 年至 1990 年，任外经贸部条约法律司副处长、处长。1990 年至 1998 年，任外经贸部条约法律司任副司长、司长，中美知识产权谈判代表，中国"复关"法律总顾问，国际统一私法协会理事，中国人民大学、对外经济贸易大学兼职教授。1997 年至 1998 年，在美国哥伦比亚大学讲授中国法律。1998 年至 2004 年，任亚洲开发银行助理法律总顾问、东亚局副局长、湄公地区局副局长、亚洲开发银行上诉委员会主席、亚洲开发银行欧洲局局长。2005 年任西非开发银行执行董事，汕头大学法学教授。2007 年 11 月，当选 WTO 上诉机构"法官"。

张月姣教授访谈手记

WTO 上诉机构是 WTO 案件的终审机构，只有七名成员。而张月姣教授就是这七名"大法官"之一。她于 2008 年 6 月 1 日开始担任为期四年的 WTO"大法官"，这是中国内地人士第一次在世界贸易组织中担任这一重要职务。她有着丰富的经历。她曾经长期在原外经贸部（现商务部）工作，担任过条约法律司司长等职务，参与了中美知识产权谈判、中国"复关"。此外，她还在亚洲开发银行工作多年。她的资历完全符合 WTO 对上诉机构成员的要求：必须是公认的权威（recognized authority），在法律和国际贸易方面有突出的专长（demonstrated expertise）。

尽管"大法官"的工作在外人看来是非常枯燥和辛苦的，但她告诉我们，尽管工作非常累，但她喜欢 WTO 上诉机构的这份工作，这是她一生的专业追求。当你从事一个喜欢的事业时，你不会觉得辛苦，因为在每一个案件中都会研究新的法律问题，不断地完善和丰富知识储备，同时自己四十多年在国际经济贸易法律经验的积累得到应用，为 WTO 成员的争议解决发挥了作用，感到很欣慰。而且，在 WTO 规则的解释上，自己的很多意见被大家采纳，自我价值得到了实现。在访谈中，我们还明显感觉到了她对 WTO 的热爱。她说，WTO

的运行机制是各个成员推动的，是一个连续不断地谈判和完善的一个机构。多年来的实践证明，WTO 在国际经济、国际政治、国际关系等方面都发挥了积极作用。但是，WTO 也不是完美的，它也存在很多问题。她建议，WTO 在一些新的领域应该充分考虑发展中国家的担心和问题。WTO 作为一个协议，应该实现总体上的权利义务平衡，并在具体规则上对发展中国家给予更多的倾斜。

张月姣教授指出，在争端解决方面，上诉机构的报告受到了国际社会的普遍重视，在国际贸易法的发展方面作出了贡献。在条约解释方面，虽然 WTO 案例并没有英美法判例那样的先例作用，但是，由于上诉机构严谨认真的行事作用和各成员普遍的信任以及终审的权利，各成员对上诉机构报告的支持度和信赖度是高的。

在一个小时的访谈中，她并没有给我们讲上诉机构审理案件的"内幕"，但她对 WTO 的认可和期待却给我们"一锤定音"的感觉。我们相信，张月姣教授一定会在这个神圣的职位上为多边贸易体制的发展作出杰出的贡献。

张月姣访谈录

访谈对象：张月姣

访谈时间：2010 年 8 月 18 日下午

访谈地点：北京市东方广场

访谈人：韩立余、史晓丽、吕晓杰

访谈时长：1 小时

访：非常感谢您能够在中国"入世"十周年前夕接受我们的访谈！您长期从事我国对外贸易的立法和谈判工作，并在多个国际组织中任职。现在，您还担任了 WTO 上诉机构的成员，作为终审"法官"处理 WTO 成员之间的贸易争端。所以，我们想请您谈谈 WTO 在世界格局中所发挥的作用？

张月姣：好的，很高兴与教授朋友们交流。随着经济全球化的发展，WTO 作为多边国际贸易体制的基础，它在促进国际贸易的发展、防止贸易保护主义、使各国及其人民从国际贸易发展中受惠等问题上，发挥着重要的作用。WTO 为其成员提供了多边贸易谈判的场所、制订贸易规则的平台以及多边解决争议的机制。1995 年 1 月 1 日生效的《建立 WTO 协定》的宗旨是，建立一个完整的、更可行的和持久的多边贸易体制，提高生活水平，保证充分就业，保证实际收入和有效需求的大幅稳定增长，扩大货物和服务的生产和贸易，保护环境，有效利用资源，对发展中国家实行差别和优惠待遇，发展各经济体之间的贸易和经济关系。WTO 旨在建立以规则为基础的国际贸易体制，它涵盖了一揽子对其成员具有约束力的国际协议。各成员政府必需遵守 WTO 的各项规则。如果一成员违反 WTO 义务，就可能被诉至 WTO 争议解决机构。败诉后如果不执行裁决，还可能受到其他成员的贸易报复。这就为国际经济的全球化和国际关系的有序发展提供了法律保障。在国际经济方面，WTO 要求各成员降低关税壁垒和逐步取消非关税壁垒，这就使得国际贸易的成本降低，促进了国际贸易的发展，提高了国际经济的相互依存度。实践证明，国际贸易的发展有力地促进了人类生活水平的提高。

我个人认为，WTO 作为多边机制的一个重要功能就是防止贸易保护主义。这是因为，WTO 通过一个庞大的多边协议把各个经济体之间的权利义务确定下来，从而保证一定的稳定性和持续性。如果目前的国际金融危机发生在 1931 年经济大萧条时期，贸易保护主义必定会卷土重来，很多国家都可能门户关闭，这样的大起大落对各国的影响将是很大的。特别是对于像中国这样一个有 13 亿人口、有很多劳力和企业、对外依存度较高的国家，如果没有国际市场的订单，一定会对实体经济产生不利影响。然而，在目前的 WTO 体制下，如果一个国家想在作出市场准入承诺后反悔或者后退，是要受到国际义务的约束的。

WTO 体制的一个重要基石是"最惠国待遇"原则。这个原则保障了各个 WTO 成员不论大小都是在一个平等的基础上进行贸易，保障了 WTO 成员之间权利义务的平衡。如果某个成员违背了 WTO 协议项下的义务，其他成员就可以向 WTO 多边争议解决机制寻求救济。这样的体制对于小国在面对大国的双边压力时有更大的保护，而对于新兴的、处于过渡体制的国家也是一种保护。因为在过去，由于社会政治制度的不同，这样的国家在国际社会上受到很多的歧视。比如，在中国加入 WTO 之前，美国给予中国的最惠国待遇是有条件的，每年都要受到美国国会的审议。在中美贸易中，因为最惠国待遇的不确定性、美国进口关税的不确定，使得商人们不敢在最惠国待遇未审议通过之前签订大型贸易合同。因为有这种不确定因素，商人们对中国市场持更加谨慎的态度，从而使中美贸易的发展受到限制。中国加入 WTO 后，美国国会通过了对华永久正常贸易关系法案（PNTR）中美贸易就可以享受稳定的最惠国待遇，这为中美贸易提供了法律保障。所以，WTO 在多边贸易格局中实际上是起到了稳定器的作用。

从国际关系层面来看，WTO 有着广泛的代表性，它现有 153 个成员，还有 20 多个国家提出了加入 WTO 的申请。各成员可以通过多边贸易谈判，减少贸易摩擦，保障各经济体的和平发展，从而也保障了国际关系的稳定。可以说，WTO 为多边关系和世界的和平与发展提供了一个法律的框架和支持。

当然，WTO 也不是完美的，它也存在一些问题。比如，关于对发展中国家的技术援助、人员培训、市场开放等特殊和差别待遇方面，其规定大多是比较原则性的，因而没有得到很好的执行。而且，现实的情况是，表面上的平等掩盖了实质的不平等。比如说，每一个WTO 成员都拥有一票投票权，从理论上看是平等的。事实上是不够平等的．例如，WTO 总部所在地日内瓦是国际上消费水平很高的城市之一，有些穷国穷到连在日内瓦都无法建立代表处。像 WTO 举行的公共听证会（public hearing）之类的活动，他们的代表不在日内瓦，怎么参加听证会呢？如果能够参加听证会的只是几个发达国家的常驻日内瓦代表，别人都参加不了，这还是平等吗？所以，司法并不平等，机会也不平等，而且这方面的差距有可能还会有所扩大。此外，在WTO提起争端解决，费用还是很高的。WTO虽然设立了为发展中国家提供法律服务的"咨询中心"，但是，有些低收入的国家没有财力缴纳咨询中心的服务费。况且，光靠咨询中心的服务也是不够的，因为在两个发展中国家之间发生贸易争议的情况下，如果一个发展中国家使用了咨询中心的服务，由于利益冲突，另一个发展中国家就不会就同一案件再向这个咨询中心寻求服务。另外，WTO应该培训发展中国家的人才，增加发展中国家在WTO担任高级官员的比例.WTO还应该在保护环境、保护人类可用竭的自然资源、保护人类健康和可持续发展方面发挥更大的作用。例如，WTO应该恢复将对可再生能源、新兴的清洁能源的绿色补贴、对教育和落后地区的补贴列为不可诉补贴等。WTO还应该加强自身的建设和改革。例如，应该研究如何处理好协商一致（consensus）的民主决策机制与高效透明（efficient and transparent）之间的关系。WTO是以各成员为主导（member driven）的国际组织，WTO应该进一步考虑如何发挥发展中国家的作用以及秘书处和总干事的作用。WTO还应该加强对国际贸易的发展与动向的研究，加强对各国的指导（forward looking and guidance），改进贸易制度的审议办法等。

访：您谈到，乌拉圭回合并没有很好地实现发展中国家的诉求。在目前正在进行的多哈回合谈判中，您认为发展中国家的利益会实现吗？

张月姣：纵观1947年GATT的八轮多边谈判，欧美等发达国家起主导作用，谈判达成的协议对发展中国家的诉求考虑不够。我认为，对于规则的修改和一些新领域的谈判，应该充分考虑发展中国家的担心和问题。WTO 作为一个多边协议，应该实现权利义务的整体平衡，并给予发展中国家更多的保护。而且，这种特殊保护要在具体规则上得到落实。WTO 应该在消除贫困、实现联合国千年发展目标中发挥出更大的作用，国际社会应该增加对贸易的援助（aid for trade），扩大发展中国家在国际贸易中的份额。我认为，当前最重要的问题是尽快结束多哈回合谈判。多哈回合是在关贸总协定八轮回合以及 WTO 这次回合（共九轮）多边谈判中唯一被冠为"发展回合"的多边谈判。如果多哈回合能够尽早地顺利结束，这对发展中国家和全世界都是非常重要的。我们期待着多哈回合谈判能够顺利、完整和尽早地达成一致，这对发展中国家也是一个平衡。当然，多哈回合谈判还要靠各个成员的政治意愿去推动，能否尽快达成一致还要取决于一些主要成员的政治意愿和付出的努力。

访：作为 WTO 上诉机构成员，您如何看待上诉机构以及 WTO 争端解决机制在多边贸易体制中的作用的？

张月姣：尽管 WTO 还存在一些问题，但是，WTO 的争议解决机制是比较成功的，特别是它建立了常设的、具有终裁权的由 7 名法官组成的上诉机构。目前，上诉机构已经发布了 105 个上诉机构报告，处理了很多非常复杂的案子。同时，在条约解释方面，虽然 WTO 案例不像英美法判例那样具有先例和对法律补充的作用，但是，由于上诉机构严谨认真的行事作风以及各成员的广泛信任，各成员普遍对 WTO 裁决具有法律期待（legal expectation），上诉机构的报告也受到了国际社会的普遍重视。同时，专家组报告也经常援用上诉机构的裁决。

我觉得，WTO 争端解决机制为各成员提供了一个很好的争端解决平台。每个成员都可以利用争端解决机制这一平台发表各自的看法，这是每一个成员的权利。即使某个成员不做申诉方，它也可以作为第三方参与争端解决案件，只要争议问题与它有关。WTO 的争端解决机制对国际法的发展也做出了自己的贡献，尤其是它直接丰富了国际条约的解释。另外，WTO 的争端解决报告比较透明，这对学术研究和国际贸易法教学是一个很大的促进。在过去，我们很难找到国际贸易法教学案例，现在，案例就摆在你面前，而且，报告中的逻辑分析和法律思维对于培养学生的能力和进行学术研究有着借鉴作用。

我们还可以看到，发展中国家在 WTO 争端解决机制中的作用有所增强。很多来自发展中国家的律师和 WTO 问题专家在辩论上已经能够和美欧专家平起平坐。此外，通过一些案例比如陆地棉案、香蕉补贴案等的裁决，也能够推动多边谈判，因为在这些案件中，发展中国家是胜诉方，这些案件的胜诉自然会对多哈回合谈判起到促进作用。

当然，WTO 争议解决机制也有很多方面需要改进。例如，在 WTO 争端解决过程中，各方提交的文件越来越长，一份上诉文件就长达一千多页。这种做法不仅拖延了争端解决的时间，也增加了争端解决的费用。此外，对 WTO 协定的解释过多地依靠字典确定某一条文的"通常含义"（ordinary meaning），这种文牍主义和法律学究化（legalistic）的倾向不利于便捷和公正地解决争端。另外，一些 WTO 协议对某些条款没有作出具体定义或者解释，因为 WTO 协议是多边谈判妥协的产物，自然会形成某些的"含糊"（ambiguity）条款，这为专家组和上诉机构的法官解释条约的含义和撰写裁决造成了很大的困难。虽然 WTO 协议是历时 40 年八轮多边贸易谈判的结果，但是，WTO 并没有官方的谈判记录或者谈判备忘录。因此，后人很难准确地了解当时谈判者的真实意图，这也为专家组和上诉机构成员对条约进行解释造成了困难。

关于 WTO 争端解决机制的改革，一些成员的政府官员、专家学者和民间团体提出了很多建议。例如，增加 WTO 上诉机构"退回重审"的权利；建立设立常设的专家组；将听证会公开；吸收法庭之友的意见；扩大 WTO 争端解决机构的管辖权，将受理案件的范围从政府间的争端扩大到政府与企业之间的争议；裁决的执行应具有追溯性等。对于以上改革建议，WTO 已经通过渐进和个案处理的办法予以改进。例如，在裁决中通过"完成法律分析"（completing legal analysis）做出裁决，而不需要"退回重审"；在召开听证会时，如果当事人要求公开并得到上诉机构合议庭的批准，可以公开进行；法庭之友的意见可以发给上诉机构，但不能太长，之后在由合议庭决定是否采用；企业代表和律师可以作为申诉方或被诉方政府代表团的成员参加 WTO 争端解决案件等。总之，尽管 WTO 上诉机构是一个比较新的常设机构，但其基本规则还是基本健全的。所以，我们进行的任何改革都应该慎重，不应对这种机制造成伤害（no harm）。另外，在使用 WTO 这种准司法诉讼方式解决政府间贸易争端的同时，也应该重视通过谈判或调解等非诉讼方式例如 ADR 方式解决争端。以非诉讼方式解决争端的成本比价低，时间也相应缩短，同时还可以保持争端各方的友好合作关系，它应该是解决争端的较好方式和发展趋势。到目前为止，WTO 成员共提出了 422 个争端磋商案件，通过非诉讼方式得到解决的争端案件数量还不到一半。我觉得，WTO 应该采取鼓励措施，鼓励其成员用采用磋商或者调解方式解决争端。

访：中国"入世"快十年了，但中国"入世"的过程可谓是曲折重重。您是如何看待中国"入世"的艰辛过程的？您觉得中国"入世"

后有哪些收获？

张月姣：在国际经济的三大支柱即国际货币基金组织（IMF）、世界银行（World Bank）和世界贸易组织（WTO）中，为什么中国和俄罗斯在加入国际货币基金组织和世界银行时相对比较容易，但在加入WTO时却比较困难呢？这是因为，允许你加入世界银行和国际货币基金组织就是让你出钱，所以，你加入这些国际组织之后是个捐献者。此外，这两个机构是以像股份公司那样的机制进行运作，每个会员国的发言权和投票权都是与其出资额成比例的，发达国家的股份多，它的投票权也就高。而且，每个会员国的出资额是有限制的，这样，各会员国的地位已经被控制住了。在提供每一项贷款时，这两个国际组织还设定许多借款国必须进行改革的承诺条款（covenant）。另外，如果要加入世界银行，就要先加入国际货币基金组织，目的是增大对成员国国内政策的审查和监督。而WTO的决策机制是一个成员一票，所以，它控制成员入门的门槛很高，入门时就让做出很多承诺。事实上，虽然WTO的表决实行一成员一票制度，但还是几个大国或者老的成员在制定WTO协议中发挥主导作用，当新成员进去的时候，要买门票，要付出很多代价。从这个角度来讲，中国加入WTO一定是多承担义务的。WTO的这种做法也是在其发生过程中形成的，是权利义务在整体上进行平衡的结果。一方面，WTO老成员希望新成员能够在加入WTO前后进行内部改革，使其国内贸易制度完全符合WTO规则的要求。另一方面，通过审议新成员的入世申请，达到向其施压，让其承担更多义务的目的。客观而言，这其中确实是有政治色彩的。

但是，如果中国不花一点代价进去的话，游离在WTO外围的结果是受到的歧视可能会更大，而且是不可预测的歧视，今天是对你进行最惠国待遇审议，明天有可能是与您终止或废除贸易协定。所以，对中国加入 WTO 的各种条款的利弊，我们要从大的环境来看。中国作为一个正常的成员加入 WTO 之后，其他贸易伙伴在最惠国待遇问题上就不能再歧视中国，因为违反最惠国待遇，就构成对 WTO 的违约。正因为如此，美国才取消了针对中国的年度最惠国待遇审查，这是具有历史意义的。而且，在关税已经减让的基础上，其他 WTO 成员不能再对中国随意提高关税，这在政治上和法律上对中国对外贸易的发展也是一个保证。同时，中国产品出口到 WTO 其他成员时也可以享受最惠国的优惠税率。如果中国不加入 WTO，那么，在双边层面的压力下，中国的直接经济利益有可能受到损失。对中国来讲，加入多边机构要比在双边机制下承受的压力小一些。当发生争端时，只要中国在法律上是站得住脚的，就可以去多边争端解决机制中提出诉求，如果证据充分，有 WTO 法律依据，还能够胜诉。在双边机制下，遭受贸易报复和贸易报复威胁的可能性比较大，但在多边机制下，对方即使有意见，也不会立刻进行贸易报复，因为它要考虑进行贸易报复的后果，那就是有可能被诉诸 WTO 争端解决机制。另外，中国还按照 WTO 规则签署了了一些区域自由贸易协定，使得中国与周边经济体的贸易关系更加稳定。

当然，由于 WTO 的运行是由各成员推动的（member driven），因此它是一个连续不断地进行谈判和完善的一个机构。入世后，中国可以全面参与 WTO 的各种谈判包括规则的修改，比如，在反补贴协定有关"公共机构"，"公共利益"的认定和使用外部基准等问题的谈判中，中国都提出自己的观点和主张来修改现有规则，使其更加符合中国的情况。所以，不是在加入 WTO 之后就完成任务了，这是一个长期的参与世界贸易规则起草和制定过程的开始，真正为以规则为基础的国际贸易体制做出贡献的开始。为此，中国政府应该制定关于全面参与 WTO 活动的战略和高级人才培养的规划．应该看到，虽然中国和其他发展中国家或者邻国有各种各样的摩擦，但总体来说，南北关系、发达国家和发展中国家之间的差距是在长期历史发展过程中形成的，需要慢慢解决。为什么"金砖四国"的行动在某些问题上不约而同地有共同观点？是因为他们有共同的利益。同时，很多发展中国家更愿意听到中国在 WTO 中发出有贡献的声音。

我觉得，中国"入世"对于多边贸易体制也是一个重要的贡献。首先，中国"入世"使得 WTO 成为一个名副其实的世界贸易组织，因为如果一个占国际贸易总额第二位或者第三位、人口占世界人口五分之一的世界第二大经济体的重量级成员还是游离在 WTO 之外，世界贸易组织就是不完整的；第二，中国在加入 WTO 之后对其他成员开放了市场，降低了关税，减少了非关税壁垒，对服务贸易也做出了各种承诺，对其他成员进入中国市场提供了法律保证，所以，其他成员从中国入世是直接获益的；第三，其他成员对中国的经济体制可以有更加透明的了解，外国投资者得到了一个透明和可预测的投资法律环境，这对各国来说也是可以受益的。各国受益还有另一层意思，中国加入 WTO 之后，很多规则都是依照 WTO 的规则制定的，这使得中国的国际贸易管理法治化和国际化了。我同意很多 WTO 学者的意见，不要把 WTO 的作用神化了。中国国际经济贸易的快速发展是来自中国改革开放的政策和中国人民的智慧和谋发展的内在能动作用，不能夸大 WTO 作为外因之一的作用。

访：您刚才谈到了"入世"对中国的法治建设具有促进作用，您能否再具体谈一谈？

张月姣：改革开放是中国的基本国策。这十几年来，中国按照

WTO 规则管理本国的国际贸易活动，例如，中国履行了最惠国待遇义务、国民待遇义务、透明度义务等。中国也积极参与了 WTO 争端解决以处理与其他成员发生的贸易摩擦。中国的外贸管理体制逐渐从人治转向法治，这是一个很重要的管理理念的转变。现在，中国各级政府在做出政府决策的时候，已经非常重视与中国所作出的国际承诺和 WTO 规则的协调问题。在其他国家对中国采取歧视措施的时候，中国政府也能够利用 WTO 规则来解决贸易纠纷。

在透明度方面，中国的变化更是明显。在过去，中国大部分的外贸规定是内部文件。有的律师曾经说过：过去的中国，颁布的法律不如内部规定管用，内部规定不如红头文件管用，红头文件不如领导批示管用，这是典型的人治。现在，透明度程度提高了，也有了对行政决定的司法审议制度，这对中国的法治建设起到了很大的推动作用。尤其是法院，它不仅在民事关系中起作用，而且在国家外贸行政管理中也起到了司法监督的作用，比如，中国在各级中院以上都建立了知识产权庭，这在世界其他国家是少有的，有这么多法官懂得知识产权法律，能够按照知识产权的规定依法判案，这是社会的进步和法制建设深入的体现，这对保护中国人的发明和知识产权、落实科技兴国的战略提供了法律保障。

另外，由于中国国土面积大，过去，有的地方实行地方保护主义，各自为政，税费不统一，被批评为"诸侯经济"。现在，加入WTO 之后，全国实行了统一的贸易制度，而且中央政府和地方政府都要承担中国在入世时承诺的义务，这确实是一个很大的进步。不仅如此，国内各区域间的贸易壁垒也因此而取消了。

访：在"入世"前夕，我们进行了大规模的法律法规清理工作。在您看来，这一行动是否直接由中国"入世"决定的？

张月姣：立法是一个国家的国家主权，WTO规则并没有要求各国修改自己的国内法，各国可以保持自己的法律制度。但是，无论国内法如何规定，每个WTO成员必须要保证完成其作出的承诺。中国要履行承诺特别是在国际贸易规则方面的承诺，就必须使国内的贸易政策法规与WTO保持一致。因此，要对与WTO规则不一致的规定进行修订。另外，任何国家的法律都是不断发展和完善的，是要不断清理和修订的。因此，清理和修改法规本身不仅是履行WTO义务的需要，也是中国自身改革开放的需要。

从发展来看，国际贸易规则更加趋向于统一和协调，罗马统一私法协会制定的国际商事合同通则和维也纳销售合同公约是最典型的例子。在国际贸易方面，为方便国际贸易，减少交易成本，是可以实现统一目的的。从这个角度来讲，我认为不存在WTO法侵蚀或者强迫各成员修改国内法的问题。相反，中国的立法原则是要符合中国的宪法和宪政体制，要有利于提高人民生活水平和发展经济。另外，从中国国情出发，参照国际公约和国际惯例也是中国立法的一个基本原则。如果国际公约或条约符合中国宪法和经济发展的基本原则，中国就就愿意接受这种国际公约。中国是一个负责任的大国，在国际贸易特别是在贸易救济措施方面，中国更多地参照了WTO的做法，这对中国经济的改革和开放是有好处的。

中国在提出"复关"请求的时候，出发点是认为恢复我们在关贸总协定的地位更加符合中国的经济发展需要。当时，我们提出的"复关"条件是：首先，中国必须以发展中国家的地位加入，享受差别优惠待遇；其次，中国是以"复关"而不是重新加入的形式进入关贸总协定。当时以"复关"形式加入是可行的，因为那是的关贸总协定有一个祖父条款，即使我们的国内法与关贸总协定有所不同，也还可以做出适当的保留。对于其他的条件，也是在互惠基础上才能写入议定书，从而可以保持我们的权利与义务是平衡的，可以最大限度地服务于国家的经济发展。后来，WTO 取消了祖父条款，使得 WTO 协议成为一揽子协议。第三点是以关税减让为承担义务的方式。降低关税，取消关税壁垒，是国际贸易发展的需要，也是中国改革开放的方向。

中国外贸法的起草也是这样的，它一方面从国情出发，同时也吸收了国际通行做法，例如纳入了国际上通行的保护本国市场的贸易救济措施规则，将反倾销、反补贴、保障措施都写入外贸法。除了将反倾销、反补贴和保障措施纳入之外，还将对落后地区的扶持、边境贸易、区域自由化协议等这些国际上成功的经验引进外贸法，从而最大限度地利用了 WTO 所允许的中国入世后可以享受的权利和必要的保护本国市场不受冲击的贸易救济措施手段。1994 年 7 月 1 日，中国首部"对外贸易法"公布实施．其他 GATT 缔约方对该法提出了 300 多个问题．中国"复关"工作组安排我赴日内瓦作解释，因为我当时任经贸部条约法律司长并参与了外贸法的起草．在中国工作组会上，我用英文对"外贸法"逐条作了说明．最后，我说"中国对外贸易法"是依据中国宪法和国情，参照有关国际条约和惯例制定的，是与 GATT 一致的。我讲解后，由 GATT 缔约方代表参加的几百人的会场鸦雀无声。后来 GATT 秘书处中国"复关"工作组的法律顾问哥特勒对我说"你对中国外贸法的说明很好，减少了 GATT 缔约方的疑虑。"

总的来说，中国的对外贸易立法的确是从中国国情出发，在宪法框架下根据中国加入的国际公约并参照了国际惯例制定的，从而为中国的改革开放提供了法律保障，以至于有些发展中国家也开始借鉴中国的成功经验。

访：您认为中国外贸法制定的初衷是不是要把我们的外贸体制给

理顺了？

张月姣：外贸法本来就是中国立法规划的组成部分。尽管在复关谈判过程中，为了使得贸易体制更加透明，中国制定了外贸法，但外贸法的制定主要还是国内发展的需要。过去，中国的外贸管理都是通过向少数的外贸公司下达计划来实现，实行对外放开的政策之后，我们就需要有法可依，包括在许可证发放、行政复议等方面要有规则。当然，透明度义务是关贸总协定第 10 条的要求，但更重要的是，我们国内的外贸管理体制随着改革开放的进程已经到了这个阶段，在外商投资企业和国内企业的外贸经营权放开的情况下，需要有一个基本法作为依据。事实证明，外贸外资法制的健全和完善对国内经济的发展和对外开放也起到了促进作用。

WTO 规则和中国的法治建设既是相互独立的，又是互相促进的。独立是因为我们的法治建设毕竟是国内立法，是国家主权的范围。当然，我们在制定国内立法时，不仅要符合宪法，还要考虑中国国情，考虑我们在 WTO 中承担的义务。在立法过程中，我们应该以一种开放的心态，广泛吸收和参照外国成功的立法和贸易管理经验。法律作为社会科学的组成部分，应该随着经济的发展而发展，应该反映经济发展的需要。

访：作为 WTO 上诉机构的成员，您是如何看待中国在 WTO 争端解决实践中的表现的？

张月姣：应该说，在"入世"后，中国积极参与了 WTO 争端解决机制。在"入世"初期，中国在几十个案子中作为第三方参加案件的审理，这是熟悉 WTO 规则和程序，接受培训的难得机会。后期，中国开始成为被诉方，同时中国也开始作为申诉方积极参与 WTO 的争端解决。这对人才的培养以及在国内宣传和普及 WTO 规则、对于利用 WTO 规则保护中国的权益是非常有益的。此外，中国政府还派出专家参加 WTO 规则的修改以及多哈回合谈判。一批年轻的学者、专家及政府官员也都非常关心 WTO 案件和专家组、上诉机构报告的情况以及 WTO 各项谈判的发展情况。目前，中国已经建立了几个 WTO 研究中心，为人才培养和推广 WTO 法律、为政府的政策制订和开展 WTO 学术活动和国际交流方面做了很多的贡献。

随着中国经济的发展，国际贸易地位的提高，中国在 WTO 中的作用将越来越重要。当然，随着对外贸易额的增大，贸易摩擦也将不可避免。这就要求我们的政策制定机关在制订政策和立法时，要充分论证与 WTO 条款的一致性，避免产生 WTO 争端。但是，一旦出现争端，就要用 WTO 法律和相关证据做好抗辩工作，以更好地维护中方的权益。

我觉得，运用好 WTO 规则，在争端解决中获胜以及在 WTO 谈判和规则制定中发挥更大的作用，关键是人才。中国在"十二五规划"中将教育放在优先地位是很有必要的。中国需要一批精通 WTO 规则、懂法律、懂国际贸易、善于谈判、精通英文以及法文或西班牙文（WTO 的官方语言）、了解中国国情、有国际视野、身体好和具有团队精神的复合型国际人才。随着中国在 WTO 中的地位日益提高和 WTO 争端案件的增多，中国应该加紧培养 WTO 高级人才，只有这样才能提高中国的国际贸易竞争力，才能在 WTO 中发挥出更大的作用。

"欧洲反倾销之父" ——
Jean-François Bellis

Jean-François Bellis 简历

Jean-François Bellis，比利时 Van Bael & Bellis 律师事务所创始合伙人。

1972 年毕业于布鲁塞尔大学，获得法学学位。1974 年在美国密歇根大学法学院获得法学硕士学位。1972 年开始从事律师工作，1979 年至 1980 年任欧盟法院 Mackenzie Stuart 法官（后担任欧盟法院院长）的法律秘书。1986 年创建 Van Bael & Bellis 律师事务所。

他的主要业务领域为竞争法、反倾销和反补贴法、欧盟法、GATT/WTO。在竞争法领域，他代理了许多著名案件，例如 United Brands 案、Michelin 案、Akzo 案和微软案。在国际贸易领域，他代理了许多欧盟反倾销案件、反补贴案件和保障措施案件，其中包括中国在欧盟的多起反倾销案件（例如熨衣板反倾销案等）。在WTO争端解决机构1998年受理的美国诉澳大利亚汽车皮革补贴案（DS126）中，他被指定为专家组成员。

⇥ Jean-François Bellis 律师访谈手记 ⇤

Bellis 先生是在业界被称为"欧洲反倾销之父"的重量级人物。早在 1975 年，他就在布鲁塞尔开始从事竞争法和贸易法的法律实务了。在 30 多年的时间里，他承办了无数案件，撰写了大量学术文章和书籍。他是一个有着丰富法律实践，并且著作等身的人，对他人产生了不可忽视的影响，以至于受到众人推崇，后来的人总是要看他的书，向他学习，这不足为奇。

Bellis 先生在得知我们的访谈计划后，欣然接受了邀请，并答应给我们写一篇他的感想。在文中，他三句话不离本行，谈了反倾销中的一个专业问题——反倾销计算中的替代国价格。他三言两语就讲清楚了这个问题的来源以及对中国的影响——将复杂问题简明扼要地予以解释清楚，这是学术上的"大家"才能做得到的。作为专业律师，他在文中不仅探讨了理论问题，还给我们传达了一个明确的信息：欧盟对华反倾销中的相关做法是错误的，中国可以对欧盟行使 WTO 成员的权利，去挑战欧盟的错误做法。事实上，他已经成功地代理了欧盟对华反倾销调查案，并获得了胜利。但在他的文章中，他并没有提到这一点，这也许是"大家"的谦逊吧！

Bellis 先生与中国有着长期的交往，代理过很多中国企业应诉欧盟反倾销调查的案件。在此过程中，中国的反倾销法律人员、从事反倾销业务的律师和政府调查官员们从他那里受益良多。

Jean-François Bellis 访谈录

说明：由于时间的问题，我们未能对 Jean-François Bellis 律师进行面对面的访谈。但他在收到我们的访谈邀请后，仍然抽出宝贵的时间为我们撰写了《对"入世"十年来中国出口商在反倾销调查中的地位问题》这篇文章，使我们对他的看法有了更加深入的了解。以下是 Jean-François Bellis 律师的文章内容。

2001 年 12 月 11 日，中国成为 WTO 的第 143 个成员。在中国"入世"十周年之际，我想回顾一下在我特别感兴趣的领域，即反倾销、反补贴领域，中国的表现。

过去的十年，一个突出的现象就是，许多大的中国出口市场针对中国产品发起的反倾销调查数量大幅度增加。当然，这一现象与中国成为 WTO 成员并无太大关联。事实上，在中国"入世"之前，各国就针对中国产品发起反倾销调查。而且，针对中国产品的反倾销调查仍将继续不断出现。随着近些年来中国经济的迅猛发展和中国生产者在许多产业部门竞争力的不断提升，这些数量众多的涉及中国产品的反倾销调查仅仅是对该现象的一种回应。正如日本和"亚洲四小龙"（韩国、新加坡、中国香港、中国台湾）先前所经历的：当世界市场上出现新的生产国时，将不可避免地引发已有生产国的贸易保护主义反应。但是，由于 WTO 规则已经对赤裸裸的贸易保护主义加以限制，这些生产国往往通过发起反倾销调查和反补贴调查达到拓展本国产品市场的目的。在过去的十年中，中国对其他国家的出口显著增加，这是事实，因此，针对来自中国的进口产品采取大量的贸易保护措施也就不足为奇了。然而，与中国在世界市场中的出口份额相比，中国在其贸易伙伴发起的所有贸易救济案件中所占的比例显然更高。而且，各国对中国出口商征收的反倾销税常常高于对其他 WTO 成员的出口商所征收的反倾销税数额。

出现这一现象的原因之一是，许多采取贸易保护措施的国家拒绝承认中国的市场经济地位，中国出口商在其他 WTO 成员发起的反倾销调查中仍然遭受歧视性待遇。如果某一进口国家不承认中国是市场经济国家，该国调查主管机关就无须依据中国出口商的国内价格或成本来决定是否存在倾销。而是通过比较中国生产商的出口价格与所谓的替代国的国内价格或成本（可能比中国的国内价格或成本高很多），计算出人为的倾销幅度。在欧盟，由于欧盟委员会倡导的一项实践，中国出口商遭受到的歧视性待遇更为严重。即在倾销的认定中，欧盟不采用中国出口商的实际单独出口价格，除非这些出口商在专门为中国及其他非市场经济国家设定的歧视性条件下符合"差别待遇"的要求。

非市场经济的概念对于 WTO 体系并不陌生，因为关贸总协定 1994 附件 1 对第 6 条的解释就已经谈到了这一问题。该解释规定："各方认识到，在进口产品来自贸易被完全或实质上完全垄断的国家，且所有国内价格均由政府制定的情况下，在确定第 1 款中的价格可比性时可能存在特殊困难，在这种情况下，进口缔约方可能认为有必要考虑与此类国家的国内价格进行严格比较不一定适当的可能性。"该解释在《关于实施 1994 年关贸总协定第 6 条的协定》（即《反倾销协定》）第 2 条第 7 款中也被提及。关于该条款，需要明确两个重要问题。第一，该解释仅仅承认了在确定价格可比性时可能存在着一定的困难，以及在该情况下有必要"考虑与这类国家的国内价格进行严格的比较可能并不一定适当"。该条款并未就解决这一问题的任何其他方法提供任何指引。重要的是，该条款并未明确规定允许以一个替代国的价格或成本作为计算正常价值的基础。第二，也是更为重要的，该解释仅仅适用于"贸易被完全或实质上完全垄断的国家，且所有国内价格均由政府制定"的特殊情况。显然，这种特殊情况并不适用于当今的中国。该款所反映的是两种经济体系截然对立的历史时期，很明显，这与目前的世界各国的经济现实状况并不相符。如今，世界上的所有国家实行的是一种市场规制和政府在不同程度上参与经济的形式。或许中国政府对中国经济起着更为重要的作用，但这也同样适用于许多其他国家，包括那些自称为市场经济的国家。最近，政府明显干预经济的典型例子，就是美国和欧洲的公共主管当局为了应对2008年的金融和经济危机采取了一系列措施。

当其他WTO成员针对中国的出口商品进行反倾销调查时，他们给予歧视性待遇的唯一合法依据，是中国在2001年11月10日部长级会议决定的附件即《中国入世议定书》第15段（a）中所做出的让步。根据该条规定，如果受调查的生产者不能明确证明生产该同类产品的产业在制造、生产和销售该产品方面具备市场经济条件，则该WTO进口成员可以不使用与中国国内价格或成本进行严格比较的方法。然而，若截至加入之日该进口成员的国内法包含了市场经济的标准，一旦中国根据该WTO进口成员的国内法证实其是一个市场经济体，则这种可能性就不应当继续存在。基于上述规定（实质上反映了一种政治妥协），一些WTO成员使用了一种与适用于其他WTO成员不同的方法，来确定中国出口产品的正常价值，即"替代国方法"。根据这种方法，如果出口价格低于一个类似的或第三国市场的价格或成本，则认定为倾销。"替代国方法"通常导致肯定性的倾销认定结果，并加大了倾销幅度。"替代国方法"的特殊性还在于，《中国入世议定书》的规定明确指出，这种减损应当在中国"入世"15 年后终止。目前，经过中国政府的努力，许多 WTO 成员已经同意在反倾销调查中不再对中国适用该条款，并且将中国与其他 WTO 成员同等对待。

值得注意的是，虽然中国根据 WTO《反倾销协定》有关反倾销调查中确定正常价值的规则接受了临时性和有限制的减损条款，但这并不意味着 WTO 成员可以对中国采取歧视性措施。我们必须注意到，《中国入世议定书》中关于反倾销调查的减损与限制仅仅是就正常价值的确定而言的。它仅仅允许一国的调查主管机关偏离其"根据国内价格和成本来确定正常价值"的义务，而并不允许一国的调查主管机关可以无视确定出口价格或确定倾销幅度的规则。因此，欧盟所谓的差别待遇制度是没有合法根据的。根据差别待遇制度，中国的出口商必须证明其产品符合一些歧视性的标准，以此来表明自己有资格适用"个别待遇"。如果这种差别待遇适用于中国出口商，欧盟的调查主管机关将确定个别倾销幅度。也就是说，该个别倾销幅度是通过比较根据替代国确定的正常价值和该出口商自己的出口价格得出的。相反，如果该出口商不能满足调查主管机关提出的有关标准，将按照"一国一税"被征收的反倾销税。该反倾销税将通过根据替代国的数据确定的正常价值和中国出口商的平均出口价格的比较得出。无疑，欧盟要求中国出口商为了使其出口价格用于确定正常价值和被征收个别反倾销税，就应当满足额外标准的做法，在 WTO 法律体系中是没有合法依据的，而且明显构成了歧视。《中国入世议定书》并不允许在确定出口价格或在确定倾销幅度和确定个别反倾销税的义务方面实行差别待遇。

在防止中国免受《中国入世议定书》第 15 段所作减损的滥用与扩大适用方面，WTO 争端解决机构发挥了一定的作用。典型的例子就是最近的"紧固件案"（Fasteners Case）。在该案中，专家组裁定，《欧盟基本反倾销条例》（EU Basic Anti-Dumping Regulation）第 9 条第 5 款（规定了个别待遇制度）与某些 WTO 规则是不一致的。专家组认为，差别待遇制度违反了最惠国待遇原则。对于来自非市场经济国家的进口，只能在 WTO 协定或其他相关规定允许的差别待遇范围内实行与来自市场经济国家的进口不同的待遇。我认为，如果该案专家小组的报告能够在 WTO 争端解决机构通过，将会迫使欧盟修改《欧盟基本反倾销条例》，并且停止对中国出口商适用差别待遇制度。

在中国于 2001 年 12 月 11 日加入 WTO 时，中国生产商所预见到的一个好处是：当中国的出口市场再对中国产品发起贸易救济调查时，中国生产商的合法地位与权利将会有明显的改善。然而，中国生产商虽然有机会利用 WTO 体系所赋予的所有权利，但是，由于以上所讨论的问题，中国企业仍然不能从中国作为 WTO 成员这一资格中获得充分的利益。从这个角度看，中国"入世"15 周年之际将是一个具有重大意义的里程碑时期，因为它标志着外国对华反倾销调查中的歧视性待遇将彻底终结。

"WTO 政治经济学家" ——张汉林

张汉林简历

张汉林，对外经济贸易大学中国世界贸易组织研究院院长、国际经贸学院教授。

对外经济贸易大学国际贸易专业硕士，经济学博士。主要研究领域为，GATT/WTO、国际贸易理论与政策、中国经济贸易与发展、国际投资与外国投资法

等。出版《GATT 条款研究及运用》、《国际服务贸易》、《GATT 与我国对外贸易发展》、《知识产权国际保护比较研究》、《经贸竞争新领域——服务贸易总协定与国际服务贸易》、《经济增长新引擎：国际直接投资方式、规范与技巧》、《经济全球化、世贸组织与中国》、《世界贸易组织知识读本》、《入世与知识产权保护》、《中国与世贸组织疑难问

题解答》、《世贸组织疑难问题解答》、《国际贸易》、《商品流通服务贸易》等多部著作，先后在《美国研究》、《世界经济》、《国际贸易》、《太平洋学报》、《国际贸易问题》、《国际经济合作》、《国际商务》、《对外贸易实务》、《国际商报》等杂志和报刊上发表学术论文 160 多篇。

❧ 张汉林教授访谈手记 ❧

从 1988 年考上对外经济贸易大学研究生，他就开始接触"复关"，并成为中国"入世"谈判组的顾问。在他长期从事 GATT/WTO 的研究过程中，他始终不遗余力地为中国加入 WTO"辩护"。

张汉林教授是一位热情洋溢的学者。在访谈中，他对中国"复关"/"入世"谈判的过程如数家珍，并对"入世给中国带来的影响"作出精湛的总结，他认为："复关"/"入世"谈判历程本身就是改革开放探索的过程。通过对外开放，促进了国内改革，形成改革与开放的良性发展。同时，也强化了法治和规则意识，中国不能违背 WTO 规则，不能违反加入 WTO 时所承诺的义务。"入世"使得中国融入了全球化氛围，中国开始形成开放型社会，中国的开放也变得更加主动和更加自主，中国的对外经贸关系也在多边贸易规则指导下平稳运行。而且，"入世"也让中国地方省市的国际化程度大大提高，经济全球化在地方越来越得到接受、越来越扎下根。"入世"后，中国的经济安全形势明显好转，开放程度加深的背景下，中国的经济安全水平整体上得到提升。中国参与全球治理的能力也大幅度提升，参与全球治理的实力已经具备。在农业方面，中国对农业的支持力度加大，"三农"问题受到全社会的重视。总之，他认为，我们真正经历了"入世"

和融入经济全球化的洗礼，为实现中国经济的现代化做出了积极的贡献。"入世"是中华民族真正复兴之路的选择，是真正面对竞争、增强自信力的战略选择，九年多的实践和成就证明，这一战略选择是成功的。

　　尽管张汉林教授是研究经济学的，但他认为，WTO 是集多学科于一体的组织，包括经济学、政治学、法学、管理学等。因此，我们对 WTO 的研究应该是多视角的。从他的访谈中，我们也的确看到了WTO 的广泛内涵和多元性。

❋ 张汉林访谈录 ❋

访谈对象：张汉林

访谈时间：2010 年 12 月 18 日下午

访谈地点：对外经济贸易大学博学楼张汉林教授办公室

访谈人：韩立余、黄东黎、史晓丽

访谈时长：2 小时

访：张教授，您好。您是我国最早研究 WTO 的人之一，这些年来也一直致力于这方面的研究，成果丰硕。同时，您也是中国谈判组的顾问，与中国"入世"有着直接的接触。现在，中国"入世"快十年了，我们想听听您是如何评价"入世"给中国带来的影响这一问题的，您又是如何看待恢复关贸总协定席位与加入 WTO 这个问题的？

张汉林：今天谈这个话题既有回忆，也有感慨。我们常说，不要把很多经贸问题政治化，但事实上，经济贸易与政治又是高度相连的，是特别容易被政治化的。事实上，如何看待一个国际经济组织，也存在这样的问题。

我对 WTO 的感受，始终以来奉行这样一个基本观点，即 WTO 规则实际上是集多学科于一体的一套制度，包括经济学、政治学、法学、管理学等。关贸总协定是什么？它就是一个协定，具有很强的技术性。但是，在漫长的"复关"与"入世"谈判中，我们首先在这个问题上被国外给政治化，接着，我们国内也或多或少地与国内政治相联系。

邓小平同志决定恢复中国在三大国际组织（国际货币基金组织、世界银行、关贸总协定）中的席位就是政治大决策、政治大战略。改革开放首先就是要出口创汇，也就是解决钱从何处来的问题。当时，中央让外贸部、中联部、外交部等部门分析是否要加入这三大国际经济组织，恢复席位。1979 年，我们提出恢复中国在国际货币基金组织（IMF）和世界银行（WB）席位的申请，1980 年得到正式恢复。这个恢复过程相对比较容易。1980 年，我们开考虑恢复关贸总协定席位的问题。我一直这样讲，中国用了两个 21 年解决了两大问题：第一个 21 年是 1950 年至 1971 年，中国从政治上恢复了联合国席位。1971 年 10 月，联合国大会通过了第 2758 号决议，恢复了中华人民共和国在联合国的合法席位。按照在政治上服从联合国决议的原则，关贸总协定于 1971 年 11 月终止了台湾当局所谓的"观察员"地位。不久，中国于 1972 年 5 月成为联合国贸发会议和关贸总协定下属机构国际贸易中心的成员。从此之后，中国开始逐步恢复与关贸总协定的联系。第二个 21 年是从 1980 年到 2001 年，中国恢复了在"经济联合国"GATT/WTO 中的席位。

中央关于"复关"的大决策是在 1980 年作出的，然后我们开始筹备"复关"的事宜。自 1980 年起，关贸总协定应中国的要求，正式向中国常驻联合国日内瓦代表团提供关贸总协定的文件资料。同年 8 月，中华人民共和国政府官员作为中国唯一的合法代表，出席了国际贸易组织临时委员会执行委员会会议，并履行了神圣的选举权，投票选举出了该委员会的执行秘书，即关贸总协定第三任总干事阿瑟·邓克尔先生。1981年，中国代表列席了关贸总协定纺织品委员会第三个《多种纤维协议》的谈判，并于当年5月获得了纺织品委员会的观察员资格。1984年1月，中国正式签署了第三个《多种纤维协议》，并成为关贸总协定纺织品委员会的成员。

为了"复关"，我们曾经做了两到三年的基础研究，分析了20世纪60、70年代东欧国家加入关贸总协定的经验和教训。当时，关贸总协定并无市场经济与非市场经济国家之分，只有中央计划经济国家和市场经济国家之分，中央计划经济国家是不能按市场经济国家的关税减让模式加入关贸总协定的。因为有的中央计划经济国家根本就没有关税减让表，有的国家有关税减让表也没有作用，因为有指令性计划。我们研究的结果是，选择以关税减让方式"复关"。为什么要选择以关税减让方式"复关"呢？我们知道，按关税减让方式走下去，就是朝市场经济的方向走。这样看来，小平同志的决策就是伟大，就是有远见，他当时已经想好了中国今后要走的路。

当时，我们走中央计划经济的模式也是可以的。中央计划经济国家没有进出口关税税则，只承担进口增长义务，这个义务要与五年计划的经济发展水平相一致。如果是经互会成员，从经互会其他成员的进口增长不能高于从关贸总协定其他缔约方的进口增长。客观而言，从技术谈判的角度来说，按计划经济国家模式"复关"的速度可能更快，但是，我们仍然选择了以关税减让方式"复关"，这反映了我们更深刻的认识。此外，当时没有选择以中央计划经济国家的方式加入还有两个原因：一是当时主要担心没有外汇资金进口，外汇压力比较大；二是担心对方会层层加码。

事实上，之所以选择以关税减让方式"复关"也是有技术考量的。

由于当时我们没有关税税则和关税管理措施，而对关贸总协定的迫切加入可以推动了我国海关税则的产生。于是在 1982 年，中国开始着手海关进出口税则的制定工作，1985 年发布税则。在当时，我们恢复进出口税则在国际上看来是一个很大的举动。

在社会主义国家中，只有南斯拉夫选择以关税减让方式加入关贸总协定，而且也只是在快加入时才推出关税减让计划。当时，南斯拉夫总统铁托奉行不结盟的外交政策，不与美国作对，也不与苏联结盟。美国对此很高兴。为了分裂苏联和东欧集团，美国对南斯拉夫和东欧国家加入关贸总协定一直是抱着支持的态度。而对待社会主义阵营中的国家加入关贸总协定，美国就高度政治化。这样看来，我们最初认为"复关"是个技术性问题，这个认识是有偏差的，其实并不是一个单纯的技术性问题。

1982 年 11 月，中国第一次派代表团以观察员身份列席了关贸总协定第 38 届缔约方大会。中国代表在发言中指出，中国是关贸总协定的创始缔约方之一，中国与关贸总协定之间的关系正在加强，中国愿意与关贸总协定探索进一步发展关系的可能性。中国代表还与关贸总协定秘书处就恢复中国在关贸总协定的缔约方地位等问题交换了意见。1984 年 2 月，在北京举行的关贸总协定讲习班上，中国代表表示，中国政府注意到了关贸总协定在国际贸易中的作用，并重视加强与关贸总协定之间的联系，希望中国与关贸总协定今后增进相互之间的了解，不断扩大往来与合作。1984 年 11 月，中国作为观察员获准出席关贸总协定理事会及其附属机构的会议。中国代表表示，中国的参加将增加中国对关贸总协定活动的了解，便于中国政府就其缔约方的地位问题做出决定。此后，中国每年都列席关贸总协定缔约国大会。1985 年 4 月，中国成为关贸总协定发展中国家非正式磋商小组的成员。

1986 年 1 月 10 日，关贸总协定总干事邓克尔先生应中国政府的邀请来华访问，当时的国务院领导在会见邓克尔时，代表中国政府正式表示，为了适应对外开放政策的需要，中国希望恢复在关贸总协定中的缔约国席位。这次谈话引起了国内外的关注。

1986 年 7 月 10 日，中国驻日内瓦联合国常驻代表团代表钱嘉东大使向关贸总协定总干事邓克尔提交了中国政府关于恢复中国在关贸总协定席位的申请。中国政府在提交的申请照会指出，基于中国是关贸总协定创始缔约方之一这一事实，现决定申请恢复中国在关贸总协定中的席位。中国经济改革的进程有助于扩大中国与缔约各方之间的经济和贸易联系。中国作为一个缔约国参加关贸总协定工作，将有助于促进关贸总协定目标的实现。

自从提交"复关"申请，中国与关贸总协定的关系进入了一个新的历史时期。实际上，随着中国经济体制改革的推进和对外开放政策的具体实施，恢复关贸总协定席位在客观上已经成为了一种必然的选择。当时，我们提出"复关"请求主要是基于如下考虑：

第一，扩大对外贸易。1978 年召开的十一届三中全会提出了进行经济体制改革和对外开放、对内搞活的经济政策，这大大加强了中国对外贸易在国民经济中的地位。随着对外开放的进行，中国的对外贸易总额迅速增加。1978 年的对外贸易总额约为 206 亿美元，1986 年则达到 738.5 亿美元。其中，与关贸总协定缔约方的贸易额约占中国对外贸易总额的 85%左右。由于没有恢复关贸总协定的缔约方席位，中国在国际贸易中不能获得作为关贸总协定缔约方所享受的一些权利，不能得到美国无条件的最惠国待遇。如果能够"复关"，就可以使中国受益于关贸总协定的多边贸易体制，获得无条件的最惠国待遇和公正公平与稳定的对外贸易环境，这对进一步改善中国对外经济发展的外部环境有着重要意义。

第二，促进经济改革的深化。"复关"后，我们必须按照关贸总协定的原则与规则行事，必须在公平基础上竞争，这样就可以促进企业在国际竞争中提高经济效益，更好地参与国际竞争。此外，按照关贸总协定的要求，缔约方要提高其外贸制度的透明度和外贸政策法规的全国统一性，这将对逐步减少贸易扭曲，消除地方贸易保护主义都有重大的作用。

第三，全面参与国际经济事务和贸易规则的制定。1980年，中国先后恢复了在国际货币基金组织和世界银行中的席位。通过恢复在这两个国际组织中的席位，我们获得了一些中、长期优惠贷款和技术援助，这对促进我们的经济建设和对外开放起到了积极的作用。由于在协调国际经济政策方面，国际货币基金组织和世界银行与关贸总协定有着密切的联系，加之获得的贷款大都与贸易有关，为了全面地参与国际经济事务，中国很自然地就会考虑到参加关贸总协定的事情。更为重要的是，通过恢复关贸总协定中的缔约方席位，中国可以获得参与制定世界经济和贸易政策与规则的权力，实现在国际事务中"参政议政"的目标。

第四，抑制贸易保护主义。20世纪80年代初以来，西方国家贸易保护主义日益加强，使得中国的出口产品受到来自许多关贸总协定缔约方的不公正对待。例如，欧共体对中国的许多产品实施单方面的数量限制，中国的一些出口产品常常被进口国征收高于其他国家的反倾销税，中国不能利用关贸总协定有效地解决贸易争端，其他国家因中国不是关贸总协定缔约方从而对中国不执行关贸总协定规则，中国在双边谈判时经常处于不利地位等等。中国参与多种纤维协议谈判的经历，也让中国看到了关贸总协定缔约方与非缔约方之间在待遇上的差别。在参加《多种纤维协议》之后，中国的纺织品和服装出口得到了稳定的发展。从 1984 年的 66 亿美元发展到 1991 年的 178 亿美元。此外，中国在与西方国家进行纺织品贸易谈判时，也处于了一种有利的地位。通过谈判，西方国家取消了对中国纺织品出口的限制。通过签署《多种纤维协议》，中美两国较好地解决了中美贸易中关于纺织品贸易的争端。这些变化促使中国政府下决心参加关贸总协定。而且，在世界各国贸易保护主义盛行的情况下，借助关贸总协定解决贸易争端可以加强中国的谈判地位，从而维护中国的经贸权益。

第五，完善中国的商情网。作为事实上的国际贸易组织，关贸总协定拥有全面的世界经济贸易信息资料。例如，各缔约方的贸易政策、贸易法规、双边贸易协定、贸易统计资料，等等。这是中国了解和收集国际经贸消息的重要途径，通过"复关"，我们可以及时了解各缔约方贸易政策的新动向，并及时调整中国的外贸政策。

总之，中国提出恢复关贸总协定缔约方席位，是基于政治上和法律上的考虑，而且是有历史事实根据的。首先，从政治上来说，中华人民共和国政府是代表中国的唯一合法政府。作为一个在政治上较强大的发展中国家，特别是作为联合国具有否决权的常任理事国，中国在关贸总协定中的缔约方席位必须予以恢复，这是事关中国国家威望和国家尊严的重大问题。其次，从法律上看，国民党当局代表中国退出关贸总协定是非法和无效的。中国要求恢复关贸总协定的缔约方地位是符合国际法的。根据国际法上的"有效统治"原则，一个国家的新政府必须在本国领土内建立起实际上的控制和有效地行使政权，它才有能力和有资格代表这个国家，并独立地进行国际交往，履行国际权利和义务。众所周知，从 1949 年 10 月 1 日起，被推翻的国民党当局已经无权代表中国。因此，国民党当局在 1950 年 3 月 6 日擅自决定退出关贸总协定的做法是非法和无效的。根据国际法，在一国发生政权更迭的情况下，发生的是政府的继承问题。旧政府在国际条约中的权利和义务应该由新政府根据需要，决定是否予以继承。当时的宪法性文件——《中国人民政治协商会议共同纲领》第 55 条规定："对于国民党政府与外国政府所订立的各项条约和协定，中华人民共和国中央人民政府应加以审查，按其内容，分别予以承认，或废除，或修订，或重订。"按照这条规定，条约是否继承要以条约的性质和内容为依据，这既符合我国的实际情况，也符合国际法的权利继承规定。因此，中国有权要求恢复在关贸总协定中的缔约方地位。可见，从事实看，中国本来就是关贸总协定的原始缔约方，只是由于历史上的原因，曾经一度中断了与关贸总协定的联系。因此，中国根本不存在重新"加入"关贸总协定的问题，而只能是"恢复"的问题。

但是，我们应该采取什么方式恢复席位呢？从历史上恢复中国在关贸总协定中的席位困难太大，而要求中国重新加入关贸总协定又是不可能的。这是因为，关贸总协定不同于传统意义上由各成员国组成的国际组织。关贸总协定更具有契约性，它涉及到一个国家在关贸总协定中的权利和义务。从历史上恢复席位是指从新中国成立时起恢复。之所以这一方式遇到的实际困难太大，是因为在法律上，国民党当局当时退出是按照关贸总协定规定的程序进行的，关贸总协定也接受了国民党当局的退出请求。现在，让关贸总协定否定它过去作出的决定，恐怕会引起对关贸总协定所作决定的法律效力的争论，这就很难解决这一历史遗留问题。在经济上，中国与关贸总协定缔约方的经济状况在四十多年来都发生了很大的变化。与中国最初进行过关税谈判的国家都撤回了关税减让要价。此外，要解决四十多年来中国在关贸总协定中的权利和义务也是十分棘手的，例如，中国是否要补交这四十多年的会费？等等。重新加入是指让中国按照关贸总协定第33条的规定加入，这意味着，中国默认国民党当局的退出是合法和有效的，这在政治上对中国是极为不利的，中国不可能采取这一方式"复关"。

事实上，一些缔约方想让中国按照关贸总协定第33条的规定重新加入的目的在于，在第33条规定的程序下，他们可以获得较为有利的谈判地位。因为该条规定，申请国"按照该国政府同缔约方达成的条件"加入关贸总协定。这样，在谈判中，他们就可以针对中国中央计划的非市场经济性质所引起的问题提出要价，以增加与中国进行双边谈判的筹码。而按照历史上的恢复方式，由于中国是关贸总协定的"老"缔约方，他们将失去与中国进行讨价还价的机会，而且也不能援引关贸总协定第35条的互不适用条款。总之，在恢复中国在关贸总协定中的缔约方问题上，缔约方的主要考虑是，如果将中国的法律和惯例作出充分改变，就可以给他们提供进入中国市场的"市场准入"机会，而且，这个机会与中国将来在其市场上所获得的"市场准入"应该是大致相等的。如果这一目的能够达到，中国按照关贸总协定第33条签订加入议定书成为新缔约方，或者通过签署一个特别的协议书承认中国的原有席位，这对缔约方来说都是无所谓的。

应当指出，关贸总协定与中国已恢复合法席位的一些国际组织是不同的。例如，中国在恢复国际货币基金组织和世界银行的席位时，由于我们本身就具备了条件，并且还承担缴纳股份款额等义务，相对比较容易，因为加入这两国国际组织不涉及与其他成员国进行双边谈判的问题。而关贸总协定契约性特点则要求一国必须对其他缔约方承担一定的义务之后才能享受相应的权利。不通过谈判就直接恢复在关贸总协定的席位，进而享受作为关贸总协定缔约方的权利，这是不可能的。因此，最为现实可行的就是：政治上恢复，经济上对过去四十多年中断期间的权利与义务互不追溯，中国与关贸总协定各缔约方重新就在关贸总协定中的权利和义务问题进行谈判。在中国与关贸总协定各缔约方达成协议之日起，中国就恢复了中国的席位。缔约各方通过签署这一协议，也就等于承认了中国是创始缔约方，中华人民共和国是代表中国的唯一合法政府。这不仅避开了法律上和经济上的难题，同时又使缔约各方有机会就中国承担的义务进行谈判。更重要的是，这样做可以更好地维护国家主权。

至于如何看待关贸总协定？当时的外贸部看得比较清楚，认为关贸总协定就是一个贸易协定，对国内经济没有什么大不了的影响，就如同加入国际货币基金组织和世界银行一样。之前，在美国主导下的世界银行在向我们提供贷款的时候会附加一些条件，我们并没有接受，这不是没有大问题。当然，我们也必须承认，国际货币基金组织和世界银行管辖的事项比较单一，过去的关贸总协定则是涉及产业问题。我觉得外经贸部在当时的认识是对的，关贸总协定就是一个国际贸易协定，连国际经济组织都谈不上。从某种程度上说，即使经济已经全球化、中国已经参与全球化、中国已经成为不争的大国，中国的涉外部门在中国国内的政治和经济决策中的地位还是不足的，影响力还有待进一步提高。

我们再来看看"复关"与"入世"谈判的历史过程。这个过程可以分为如下几个阶段：

第一阶段是从 1986 年 7 月中国提出"复关"申请到 1989 年 5 月中美第五轮关贸总协定双边磋商达成谅解。在这期间，中国与主要缔约方进行了十几次双边磋商，并就中国"复关"的一些核心问题形成了谅解。关贸总协定中国工作组通过连续召开 7 次会议，也基本上结束了对中国贸易制度的答疑和综合评估工作，中国"复关"议定书也基本成形。无论是在多边谈判还是在双边磋商中，大家都已基本形成共识：中国在1989年底结束"复关"。

这一阶段的"复关"之所以进展顺利，并在一些焦点问题上例如选择性保障条款、美国对华无条件最惠国待遇以及欧共体列出取消对华歧视性数量限制时间表等方面取得突破性进展，主要原因有五个方面：一是中国改革开放的进程位居"苏联东欧"之前。二是中国当时提出的改革目标是建立和完善有计划的商品经济，实际上，西方在此之前对中国改革目标的最终方向是不抱奢望的。当中国改革开放的每一项举措出台时，美、欧、日等主要缔约方喜出望外。三是主要缔约方基于中国的经济改革目标是建立有计划的商品经济，而非市场经济，所提出的要价比较适中和务实，而且，这些要价与当时中国改革开放的步伐基本上市协调的。四是中国与欧、美、日等主要缔约方之间的双边政治关系处于"蜜月"时期，双边经贸关系处于建立和开拓的发展阶段，贸易纠纷和摩擦被良好的双边政治关系所掩盖，美欧国家急于将中国拉入多边贸易体制，以期为"苏联东欧"树立一个样板。五是乌拉圭回合谈判伊始，WTO的建立并未提到议事日程，中国"复关"的"入门费"只局限于货物贸易的市场准入，未涉及知识产权、投资措施和服务业市场准入问题。所以说，这一时期美欧国家对中国"复关"的关心和要价主要集中在贸易政策的透明度与统一实施、关税与非关税措施的减让、价格改革的时间表和选择性保障条款等五个中心问题上。基于这种要价的进行的"复关"在内容和范围上不仅少，而且狭窄，涉及的问题大都是关于中国贸易管理体制方面的，未全面涉及中国国内经济政策和外汇政策。

到了1989年初，各方的反应表明，中国"复关"指日可待，国内媒体开始大肆描绘中国"复关"之后的繁荣景象。善良的中国人怀着惊喜和紧张的心情，期待着在长期封闭之后重新在全球化的环境中展示这个古老民族伟大的智慧。产业界、商业界、金融界甚至已经开始准备着自己的经营和运作如何适应"复关"之后的游戏规则。但是，没有想到的是，1989 年中发生的一些事件成了以美国为首的西方经济发达国家阻止中国"复关"的堂而皇之的借口，西方各国对中国开始实施经济制裁，并将阻止中国"复关"作为主要策略。关贸总协定作为经济组织的政治因素开始暴露出来，从此再也没有远离大国操纵的阴影。原以为"复关"已近在咫尺的中国人，第一次感受到了现代国际关系中的不稳定和不可靠因素。

中国"复关"和"入世"的第二阶段是从 1989 年 6 月到 1992 年 2 月关贸总协定中国工作组第十次会议的召开。在这一阶段，以美国为首的西方国家对华实行经济制裁，并将暂时不让中国"复关"作为其经济制裁的一项主要内容。加之在当时，中国的国内经济正处于治理整顿阶段，"复关"涉及的双边磋商和以日内瓦工作组会议形式进行的多边谈判事实上均陷入停顿。这期间，虽然曾经召开过第 8 和第 9 次工作组会议，但均为象征性例会。这种情形危及到中国"复关"第一阶段取得的成果。除了上述原因之外，导致"复关"陷入停顿还有以下原因：一是为了配合治理整顿，中国加严和重新启用了一系列行政管理措施，西方和关贸总协定认为，这是中国改革开放的倒退。二是冷战后释放出来的中美双边经贸纠纷例如劳改产品、知识产权保护、纺织品非法转口、贸易不平衡和市场准入等问题成为多边解决中国复关问题的障碍，能够顺利解决这些问题成为中国"复关"的先决条件。而且，美国还把双边贸易问题是否妥善解决与中国的"复关"挂钩。三是乌拉圭回合因美欧农产品补贴问题陷入僵局，关贸总协定和有关各方无心关注中国的"复关"。四是台湾当局于 1990 年元旦以"台澎金马"的名义提出加入关贸总协定的申请，使台湾这个中美双边关系中的敏感问题卷进了中国的"复关"中，使"复关"政治化倾向日趋加强。五是中国是共产党执政国家中唯一的一个在国际政治舞台上扮演重要角色的大国。在这种背景下，主要西方大国对中国的"复关"采取了拖延战术和"口惠而实不至"的态度。

"复关"和"入世"的第三个阶段是从 1992 年 2 月到 1994 年底。在这一阶段，"复关"重新启动，并进入敲定权利与义务框架的最后攻坚时期。在这期间，因邓小平 1992 年南方讲话而引发的深化改革和"全方位"的对外开放政策为中国经济的高速发展注入了新的推动力。党的十四大的召开为中国经济体制改革确立了建立市场经济和现代企业制度的目标，并相应地出台了一系列深化改革的重大步骤。这一系列改革开放的新举措本应为及早结束中国的"复关"提供契机。但是，由于"冷战"后出现的新国际形势和乌拉圭回合形成的《WTO 协定》生效在即，中美关于劳改产品、知识产权和市场准入的三个备忘录的相继签署，人权与贸易关系的脱钩，使得美国对华贸易政策中惟一可以向中国施压的杠杆只剩下"复关"。加之主要西方国家开始重新认识中国经济贸易迅猛发展以及中国复关后对这些国家以及多边贸易体制的影响，使得上述一系列因素对中国的"复关"不仅未能发挥提供契机和推动的作用，反而扩大了中国"复关"的内容，拖长了谈判时间，致使主要缔约方对中国的"复关"采取"滚动式要价"的做法。他们无视中国现阶段经济发展的水平，要求中国提前从发展中国家的行列中"毕业"，承担发达国家在关贸总协定中所承担的义务。

在谈判中，主要西方国家对中国入世议定书谈判和市场准入谈判的要价不仅涉及贸易管理、关税与非关税措施、贸易政策的统一实施和透明度等问题，而且还将一些当时不属于关贸总协定义务如知识产权保护、服务业市场开放、农产品与纺织品贸易等事项和纯属中国国内宏观经济调控措施以及司法主权事务如指定经营、价格协调、财税政策、司法审查等事项也统统放入其要价盘子中，使中国后期的复关谈判陷入一个"怪圈"。面对变化中的中国经贸体制和关贸总协定多边贸易体制，"复关"涉及的谈判问题并没有发生减少，谈判的范围也并没有集中，而是越谈问题越多、越谈内容越广。西方的胃口不是越吃越小，而是越吃越大；中方的义务不是越谈越固定，而是越谈越分散；中方的权利不是越谈越明确，而是越谈越模糊。似乎无论中国怎样深化改革、完善经贸体制，它离关贸总协定的要求和目标不是越谈越近，而是越谈越远。

为了及早摆脱和打破这一谈判怪圈，增加有关各方的责任感与紧迫感，中国于 1994 年 11 月 28 日及时和明智地做出了"1994 年底为结束中国复关实质性谈判最后期限"的重大决定，以促使主要缔约方丢掉幻想，提醒其对中国的要价应适可而止，对中国的"复关"应采取务实和灵活的态度。但中国的愿望并没有成功，中国在 WTO 成立之前未能成功"复关"。从 1995 年 11 月开始，中国从"复关"变成了"入世"谈判。但是，由于美欧等发达国家仍然坚持不切实际的要价，加上中国代表团获得的授权有限，谈判难度重重，直到 1998 年 3 月仍未达成"入世"协议。1998 年初美国总统克林顿宣布在 6 月提前访华，给中中国的"入世"谈判提供了历史机遇。大家在想，如果主要西方大国的政治家和中国领导人面对机遇，发挥出政治家的雄才大略和远见卓识，做出果敢的政治决断，历时 12 年的"复关"和"入世"谈判在 1998 年的适当时候全面完成的可能性也不是没有，人们甚至以为中国会以世贸正式成员的身份参加 1998 年 5 月的多边贸易体制诞生 50 周年大庆。

"复关"于 l994 年底受挫后，在关贸总协定中国工作组主席吉拉德先生以多边形式进行的多次促协之下，l995 年 5 月和 7 月的两次非正式磋商重新启动。照字面意义，这种启动谈判的方式是符合我国在 1994 年底于中国工作组第 19 次会议上所阐明的我国今后谈判的原则和立场的。但是，从 1995 年各主要 WTO 成员通过新闻媒体所透露出的有关我国"复关"策略的信息看，似乎主要成员在等待中方采取主动措施，而且中方的主动必须建立在新的和坚实的出价改善的基础上。这说明，工作组主席竭力召集这两次非正式磋商并非是建立在主要成员和中方均接受灵活处理的基础上，而是一厢情愿地把全部希望寄于中方口袋里装着多少东西赴日内瓦的。

再者，当时的西方舆论对于我们十八年改革开放和市场经济建立的评价进入低谷。将其中国改革开放的态度分为如下阶段：从 1978 年至 1984 年的观望到 1984 年至 1989 年的欣喜与积极参与，从 1989 年至 l992 年初的失望到 1992 年至 1994 年的有谨慎的兴奋与积极投入，最后到 1995 年中期的再次失望。希望把我国经过十八年改革开放的经贸体制称为"三半"体制，即半透明、半自由化和半市场经济。同时，西方对我国在邓小平之后的政治与经贸改革走向疑虑重重，"中国威胁论"引发了许多国家和地区对我国抱有政治与经济上的认识偏见，以至于中国无论如何做和做什么，都是错误的或者说大部分是错误的。加之当时美国 1996 年总统大选和国会中期选举在即，共和党将竭力保持其已有的控制国会的地位，美国人拖延的借口俯拾皆是。另外，美国在先前历次双边经贸谈判中尝到巨大甜头，美日当时的汽车贸易谈判又旷日持久。这一系列国内外发生和即将发生的不定情况和新的情况势必会使关贸总协定的主要成员重新审视中国复关的意图及其对未来多边贸易体制和主要西方国家的政治与经济影响。在当时的背景下，中国"复关"尽快结束所依赖的推动力似乎主要取决于中方输血的多少和做出实质性让步的大小。如果离开这一前提，西方国家不仅将"复关"久拖不决，而且也无意积极推动这一谈判按照中方的愿望及早结束。事实上，"复关"在当时进入了最艰难的萧条时期。要及时摆脱这种现状，我国需要从长远和战略的高度甩掉谈判细节，做出重大抉择。只要谈判尽早结束，就是我国参与世界多边贸易体制的一大胜利。西方舆论把这次在僵局并未打破前的非正式磋商称为谈判重新启动的"试水"。在没有解冻的情况下，不仅无水可试，而且即便有水也是冰凉的。所以说，在这种气候条件下试水，意义不会太大。当然，或许试一试，接触一下，总比不接触好。在当时，除了关贸总协定中国工作组主席的个人愿望外，似乎没有一项条件是相对成熟的。

中美双边经贸问题的解决不但没有给我国的"复关"注入新的活力，反而使我国在多边贸易谈判中的出价丧失了应有的吸引力，造成"复关"的回旋余地减少。在中美双边达成一致之后，欧盟也在试图效仿美国人的双边做法。美国与我国进行的双边谈判实践证明，双边谈判更能解决美国的关切。美国采取了一种多边施压、双边解决和多边能捞到就捞到、捞不到通过双边解决的态度。如果不扭转美国注重双边解决而不积极推动我国"复关"的局面，那么，我国"复关"的现状不会出现好转。但是，从中美双边贸易结构看，美国市场对我国比我国市场对美国重要的多。按照美国的统计，1994 年，美国出口总额的 1.8% 到了中国市场，中国产品则占美国进口总额的 5.8%。而在我国的出口中，美国市场占了 18%，进口中来自美国的产品则占 12%。这说明，如果完全避免中美进行双边谈判，还需要长远的战略眼光，而且又不会被眼前利益所左右。

美国对我国的"复关"采取"口惠而实不至"的拖延态度，并未出现任何改变的迹象。美国继续利用其一贯做法，口头表达支持我国"复关"，以此作为美国在双边贸易关系中获得实惠条件的"通用不可兑支票"。而且，在双边问题上，美国屡屡得手，似乎造成了一种"复关"也必须沿用双边做法的迹象，即只要满足美方的要求就能复关成功，否则就是失败。美国贸易代表坎特在1995年3月访华时所表明的态度就与其访华后在华盛顿的表态大相径庭。这说明，无论碰到何种阻力与困难，只有杜绝任何形式的中美双边市场准入谈判包括非正式的谈判，方可把美方的注意力从"华盛顿—北京"转到日内瓦。

美国在我国的"复关"问题上之所以起到主导作用，表面上看是因为美国自身的经济实力和其在关贸总协定中发挥的领导地位。事实上，这在很大程度上是美国、欧共体、加拿大和日本四方联合与协调下的一种有计划有安排的预谋。这一预谋的协调机制就是定期的"四方会议"。这说明，要冷落美国而寻求其他主要成员的主导作用，虽说并非不可能，但至少是希望不大。这在很大程度上取决于中美多边与双边谈判的结合以及我国影响欧共体、日本和加拿大的力度。中美双边政治和经贸关系在一个相当长的时间内没有出现实质性好转，这意味着美国利用国会、商界和大选压力作为借口向我国施压的做法不会发生改变，而且，这种借口也就成为永具效力的真正借口。在这种一方有许多托词与借口，而另一方缺少有说服力的理由的情况下，后一方势必因受到前一方的牵制而处于被动地位。

自从1994年"复关"受挫未果到1996年中期，虽然经过关贸总协定中国工作组主席的多次倡议和邀请，中国代表团曾经四次赴日内瓦与主要成员进行非正式磋商，但是，谈判的僵局一直未能打破，谈判始终围绕着几个难点问题进行周旋。1995 年 11 月，应中国政府的要求，中国"复关"工作组更名为中国"入世"工作组，并相继于 1996 年 3 月召开第一次"入世"工作组会议。中国由"复关"转为"入世"谈判后，仍未取得进展，直到 1996 年下半年出现中美关系趋缓、台湾地区"入世"谈判取得进展、香港地区已顺利回归和世界区域集团化与一体化并举的形势，美国政府才通过高层官员陆续向我国透露，美国最高层已经决定调整对中国"入世"的政策，并对负责中国"入世"谈判的班子进行了必要的调整，由对中国比较了解的中间务实派全面负责中国的"入世"谈判。

美国高层认为，克林顿的连任为解决中国的入世问题提供了极难得的机遇，希望中方能与美方配合，争取在 1997 年 5 月完成这场重要的"入世"谈判。另据十分接近克林顿的白宫官员讲，克林顿功名心切。他非常希望在中国"入世"问题上做出惊世之举，在历史上留下自己的伟绩，就像尼克松与毛泽东通过打开中美关系大门、把中国从政治上纳入国际社会一样。克林顿希望由他本人与江泽民主席一起，通过完成中国"入世"这一历史性进程，把中国从经济上纳入国际社会。遗憾的是，中国的"入世"谈判并未如人们良好的愿望那样发展，中美并未在 1997 年未达成协议。

1998 年之后，中美双边政治关系的改善创造了良好的谈判气氛。尽管克林顿访华的象征意义大于实际经贸利益，但是，它却给国际社会一个重要信号：中美已经结束了政治与意识形态上的，经济上的对抗，美国要寻求与中国进行广泛合作的机会，其中，最重要的就是经贸领域的合作。这一信号在 1998 年 7 月中旬美国参众两院关于延长中国最惠国待遇的议案中得到了充分的体现。该议案以绝对多数的票数获得通过，并据此修改了美国贸易法，将"最惠国待遇"条款改为

"正常贸易关系待遇"。这是中美关系迈出了关键一步，标着着美国最终从其国内立法中删除了对共产党国家给予有条件最惠国待遇的"杰克逊—瓦尼克"修正案，美国在今后将给予中国永久性最惠国待遇，美国在中国加入WTO之后将不会提出"互不适用"。美国在此后表现出了积极和务实的谈判策略，不再对中国施加不合理的压力，并且希望最晚在1999年完成谈判。何况，中方也采取积极态度，扩大从美国引进技术和设备，纠正双边贸易的不平衡，这些措施使得中美两国的谈判气氛大大改善。1999年4月，朱镕基总理成功访问美国，使得"入世"谈判进程进一步加快。然而，到了5月8日，中国驻南斯拉夫联盟使馆被以美国为首的北约轰炸，又使"入世"谈判受阻。9月11日，在亚太经合组织非正式首脑会谈上，江泽民主席与克林顿总统一致认为，两国恢复谈判具有重要意义，并表示希望能够早日成功结束中国的"入世"谈判。这次会谈为日后两个月的谈判确定了基本框架，为最终达成协议奠定了基础。

访：在您看来，中国"入世"的主要影响体现在哪些方面呢？

张汉林：在中国正式"入世"之前的2001年12月4日，我在《人民日报》发表了一篇文章，大标题是《"入世"是中国经济现代化的必由之路》，这篇文章表明了我对"入世"的认识。如今，中国"入世"快十年了，现在让我们再回去认真评估"入世"问题，可以说，我们已经真正经历了"入世"和融入经济全球化的洗礼，我国的"入世"为实现中国经济的现代化做出了积极的贡献。这只要表现在以下方面：

第一，"复关"和"入世"谈判的历程本身就是中国改革开放的过程。通过对外开放，促进国内改革，形成了改革与开放的良性发展。这是"入世"带来的最大贡献，它对社会主义市场经济体系的建立、发展和完善起了很大的作用。当然，小平同志提出的改革开放政策是立国之本。从 1992 年开始搞市场经济到现在，已经十八年了，我们的经济增长年均速度是 10.5%，而全球经济平均增长不到 5%，全球贸易增长速度是 11%，而我们的贸易增长速度超过 20%。与发达经济体相比，我们是发达经济体国家 GDP 增长的 3 倍。如今，中国的地位提高了，经济规模跃居到世界第二位。这一变化的核心是，通过加入 WTO，促进了市场经济体制的完善。西方经济学认为，制度变革是经济增长的核心动力，而中国在这方面的表现相当突出。在"入世"之前，我们的外汇储备规模在 2000 亿美元以下，2001 年达到 2121.65 亿美元，随后各年度大幅度增加，到 2009 年已经达到 2.4 万亿美元，入世十年增加了十倍。

第二，强化了法治和规则意识。在中国传统的历史文化中，皇上为大，如今是规则为大。"入世"后，中国不能公然违背 WTO 规则，不能违反加入 WTO 时承诺的义务。我们开了发展中国家的先例，当国内法与国际义务发生冲突时，优先适用国际法，[①] 这是很少有的。我们这样做并没有错，这表明，我们对自己的主权更加自信了。

第三，积极融入全球化，中国开始形成开放型社会。我认为，社会开放比经济开放更加重要，正是社会开放造就了中国奇迹。这种奇迹不会发生在印度，因为印度社会不够开放，其等级制度限制了其发

---

① 在是否优先适用国际法问题上，中国在入世议定书和工作组报告书中没有具体承诺。在我国入世前后，国内对此曾经进行了热烈的讨论，最后，最高法院在 2002 年颁布的《关于审理国际贸易行政案件若干问题的规定》第七条中明确规定："人民法院审理国际贸易行政案件，应当依据中华人民共和国法律、行政法规以及地方立法机关在法定立法权限范围内制定的有关或者影响国际贸易的地方性法规"，第九条还规定"人民法院审理国际贸易行政案件所适用的法律、行政法规的具体条文存在两种以上的合理解释，其中有一种解释与中华人民共和国缔结或者参加的国际条约的有关规定相一致的，应当选择与国际条约的有关规定相一致的解释，但中华人民共和国声明保留的条款除外。"

展。印度在政治上很民主，但是不够开放，当然就存在问题。中国社会正在走向开放，社会开放程度比以前大大提高。反过来，这是制度层面约束下的开放，与唐朝的自信开放又有所不同。当时，唐朝向世界提供公共产品，现在，我们还没有达到这样的水平。

第四，从单纯的贸易体制看，经贸关系发生了很大的变化。如果说，前20年开放是被动的，而且更多的是侧重于引进来的话，那么，入世十年来，中国的开放变得更加主动和更加自主，中国的对外经贸关系在多边贸易规则的指导下已经平稳运行。中美关系也走入了正常轨道，双边关系按照WTO规则正常运行。同时，美国也愿意在多边领域按照WTO规则处理原来在双边范围内遗留的贸易关系问题。

第五，中国"入世"让中国地方省市的国际化程度大大提高，经济全球化在地方越来越被接受、越来越扎根。以前，地方不允许谈经济自由化，现在，情况发生了改变。

第六，"入世"近十年来，在开放程度加深的背景下，中国在粮食安全、就业安全、金融安全、市场安全、能源资源与环境安全、文化安全、信息安全以及人力资本与技术安全等领域，从整体上得到了改善和提升。这说明，中国在2001年加入WTO以后，更加紧密和更加深入地融入到了全球化之中，经济安全形势得到明显的提升。这进一步证明，开放与经济安全是有机统一，和谐并存的，中国完全可以在进一步开放的状态下提升本国的经济安全水平。因此，中国要在发展中解决发展中的问题，用开放应对开放中的危机，推行全球共同安全、同时安全和可持续安全的理念，全面融入多边贸易体制，参与WTO规则的制定，加强区域经济合作，分散国家经济风险，充分利用WTO救济体系与争端解决机制，维护正当的经济利益。同时，我们还要在开放中提升中国经济的抗风险能力，提高政府行政行为能力以控制经济风险的能力。当前，我们应该密切关注粮食安全、就业安全和金融安全等领域存在的隐患。

第七，参与全球治理的能力大幅度提升，参与全球治理的实力已经具备。从全球经济格局看，中国的经济总量在 2005 年超过了英国和法国，2008 年超过了德国，2010 年超过日本。当前，中国是全球的第二大经济体，获得了更多的参与全球治理的话语权，其能力和水平得到显著的提高。中国在多哈回合谈判、G20 峰会、气候会议等国际多边治理层面的影响力越来越大。中国应该利用这些全球经济治理的重要平台，高举发展和共赢的旗帜，提升作为一个大国的影响力以及提出重大议题和替代性议案的能力。中国现在大力倡导发挥贸易促进经济增长、减少贫困的重要工具性作用，以全新的观念、综合系统性的方案，促使发展中国家更深入地融入到全球化之中。WTO 要求强化南南合作，而中国是发展中国家重要的伙伴，可以为发展中国家谋取更多的利益，从而提升自己的全球影响力。另外，自然资源、稀缺资源贸易已经变得越来越重要，中国可以巧妙地运用相关领域的优势，提升自己在全球经济治理方面的影响力。中国也已经开始有意识地积极参与全球经济治理和国际秩序的调整当中。历史经验表明，那些最终成长为世界性大国的国家，往往把自身的利益界定为国家利益和一部分的国际利益的总和（暗含互利共赢的思想理念），也就是说，大国的利益要在很大程度上反映国际社会的要求，这是国际责任加国家利益的体现。大国要承担一定的国际特殊责任与义务，这意味着一个主导国要维护其地位，需要承担更多的国际责任，一个发展中国家要想成为一个大国，必须要把国际责任作为对外交往的重要方面。大国成长中的国际责任对于国际善治是很有意义的。

第八，对农业的支持力度加大，三农问题受到全社会的重视。一方面，"入世"加速了中国农业的国际化进程，加快了中国农业的市场化、国际化、产业化以及提高农产品科技含量的步伐，使得中国农业改变了过去传统的自给自足的小农经济状态，积极引进农业新品种、新技术，改革农村经济组织形式，让农民有更多迁徙和择业的自由，使占中国总就业48%的农业人口逐步向制造业和服务业转移。同时，入世还提高了农产品深加工和精加工的程度，改革了农产品流通体系。通过降低农产品关税，规范农产品关税配额管理办法，进一步规范了农业支持措施，加大了政府对农产品研发以及对农业现代化、基础设施建设的投资。在扩大农产品市场开放的同时，增强了农业的国际竞争力。另一方面，农产品进出口规模显著提升，个别农产品的对外依赖程度加大。农产品进出口额增长十分迅速，进口增长快于出口增长。改革开放以来，特别是入世以后，我国农产品进出口贸易得到了快速发展。2000年，中国农产品进出口贸易总额为269.7亿美元，2009年增加到923.3亿美元。中国已经连续6年成为农产品净进口国。

第九，"入世"十年也给我们带来的某些教训。第一个教训是，我们没有建立起内外联动的良性机制，无论是最初复关、"入世"谈判还是入世后，没有建立起把内外部有效融为一体的机制。例如，中国经济发展的最大问题是失业率高，中国社会面临的最大压力是就业。而就业压力源于产业结构不合理，我们的经济结构与就业是不成比例的。例如，农业占GDP的10.5%，但却承担了40%的就业。制造业占GDP的47.5%，却只承担了19.5%的就业。服务业占GDP的43%，承担就业则不到41%。显然，第二产业比重过高，第三产业比重过低。从世界经济的情况看，65%是第三产业，25%是第二产业，10%是第一产业。我认为，我们的就业结构不合理是产生就业压力的核心。而且，开放经济的传递效应也没有很好的发挥。在1986年乌拉圭回合谈判开始时，美国就倡导服务业的开放，之后一直要求其他国家开放服务业。我们当时就没有这样的感觉，不仅不对外开放，对内也极其不开放。服务业高度垄断，对内不开放，就不能形成发展第三产业的客观环境。以分销业为例，分销业越发达，经济就越发达，思想观念也会受到很大影响。而现在的情况是，我们的分销环节、流通路径太长。沃尔玛引到深圳，是很成功的，从此才真正开始了中国分销业的改革。实际上，我们"入世"的一个想法就是推动服务业的对内开放，这就说明我们没有建立起内外联动的良性机制。

第二个教训是中西部的开放问题。中西部的基础设施、观念和体制都相对落后。当时，中央提出发展西部的战略是因为担心中西部的经济地位下降，现在看来，问题更加严重了。突出的变化是重庆，当然这有特殊的原因，而非体制性因素。这是很值得关注的。西部的对外开放并没有明确的战略。当基础设施条件改善以后，我们如何提高、完善西部的体制？中西部常见的情况是，把什么东西都当作权守着，什么都管，而不是服务于投资者、服务于社会。

第三个教训是，经济全球化对利益分配有积极的影响，不是扩大差距而是缩小差距，但是，当发展到一定阶段时，又会拉大差距。我们应该深入研究对外贸易利益的分配问题。我们现在的收入分配格局不是对外开放造成的，是因为国内收入分配体制造成的。

访：谢谢您精彩的评论。请您做一下最后的总结。

张汉林：好的。我认为，"入世"是中华民族真正复兴之路的选择，是真正面对竞争和增强自信力的战略选择。九年多的实践和成就证明，这一战略选择是成功的。"入世"在很大程度上对中国的对外开放起到了相当大的战略性作用，事实上也形成了对外开放的核心内容。过去，小平同志在摸索中改革，现在，则贯穿了点和线。我的认识是，经济越全球化，越要用全球化的视野看待国内问题，看待全球化利益。我们要将全球化的视野和本土化的行动相结合。展望未来，我们要改变过去的单纯被动防御的做法，在国际秩序建构中更多地做建设者、责任者，做更多的理念、思维方式、战略战术的改变，从宏观到微观的转变，从国家、社会、学术、公共机构、个体等层面，都应有一个新的、共同的思维。中国要成为让人尊重的大国，光靠强硬是不行的，强硬做法本身不能赢得尊重。要与各国广泛对话与合作，在经贸和法治建设上要超越自己、超越发达国家。中国并不是国际秩序的破坏者，但是，中国应该成为建设者，而建设者要想到自己的责任，不要有大国利益、小国心态，一定要有大国心态，这种心态要贯彻到各个方面。

中国在 WTO 中的作用：过去和将来

——美中经济和安全审查委员会听证会综述

"美中经济和安全审查委员会"于 2000 年 10 月 30 日设立，目的是就美中双边经贸关系对美国国家安全的影响进行监督、调查和向国会提交年度报告，以及向国会提出建议以便采取立法和行政行动。委员会主要研究如下八个方面的问题：增值做法，经济转移，能源，美国资本市场，区域经济和安全的影响，美中双边项目，遵守 WTO 规则的情况，中国对言论和利用信息进行限制产生的影响。委员会由 12 名委员组成，分别由参众两院多数党和少数党领袖选任，每位委员任期 2 年。

在中国"入世"即将十年之际，"美中经济和安全审查委员会"于 2010 年 6 月 9 日举行了题目"中国在 WTO 中的作用：过去和将来"的听证会。此次听证会的举办目的是想澄清如下六个方面的问题：1. 中国加入 WTO 是否使得中国经济发生了以市场为导向的变化？ 2. 美国是否应该向 WTO 提起更多针对中国的案件？如果是，应该在那些领域提起？ 3. 美国是否应促使 WTO 争端解决程序进行改革？如果是，应该在那些领域进行改革？ 4. 美国应对中国倾销和补贴的努力是否受到了美国的 WTO 成员身份的制约或者帮助？如果有，发生了怎样的制约或帮助？5.美国是否可以采用不公平贸易法（反倾销税和反补贴税）应对中国的低汇率制度？如果可以，该做法是否符合WTO规则？6.WTO是否是处理中国产业政策引发的贸易问题的适当场所？

本次听证会共有14位发言人，分为如下四个专题进行：

第一专题，国会议员的看法。该专题的发言人有：1.Lindsey Graham，来自南卡罗来纳州的参议员。2.Debbie Stabenow，来自密歇根州的参议员。3.Sherrod Brown，来自俄亥俄州的参议员。4.Charles Schumer，来自美国纽约州的参议员。5.Tim Rayan，来自俄亥俄州的国会众议员。

第二专题，中美两国对中国加入WTO的期望。该专题的发言人有：1.Alan Wm. Wolff，前美国贸易副代表，现为Dewey & LeBoeuf LLP律师事务所合伙人。2.Thea Lee，美国劳工联合会-产业工会联合会（AFL-CIO）副主席。3.Robert Lighthizer，前美国贸易副代表（里根政府），现任国际贸易律师。

第三专题，中美目前在WTO中的关系：十年后的情况。该专题的发言人有：1.James Bacchus，现为美国Greenberg Traurig LLP律师事务所全球贸易和投资业务主席。他在1979—1980年间担任美国贸易代表特别助理，期间负责中美第一个双边贸易协定（即1979年7月7日签署的《中美贸易关系协定》）的执行工作。20世纪90年代初担任美国国会众议员议员，期间极力主张给予中国最惠国待遇。1995—2003年担任WTO上诉机构主席，期间处理了中国在WTO的第一个上诉案件（DS252，United States-Definitive Safeguards on Imports of Certain Steel Products，2003—3）。2.Clyde V.Prestowitz，美国经济战略研究所主席。曾任里根政府时期的美国商务部部长顾问，美国经济战略研究所创始人。3.Oded Shenkar，俄亥俄州立大学费舍尔商学院教授。

第四专题，中美未来在 WTO 中的关系：建议。该专题的发言人有：1.Terence Stewart，Stewart and Stewart 律师事务所合伙人。2.Mr. Gilbert Kaplan，支持美国贸易法委员会主席，King & Spalding 律师事务所合伙人。3.Calman I.Cohen，美国贸易紧急委员会（ECAT）主席。

纵观听证会各位嘉宾的发言，详尽和简略，理性和感性，积极和消极，乐观和悲观，方方面面，应有尽有。掩卷之余，豁然发现，这一切之综合，才是美国社会对这些问题的完整答案。批评也罢，赞美也罢，这一切都反映了外界对我们的看法，希望透过这些看法能为我国今后的发展提供可借鉴的线索。

从听证会上各位嘉宾的发言内容看，议题主要集中在如下方面：

一、中国"入世"十年对美国的影响

在听证会发言人的发言中，前美国贸易副代表、Dewey & LeBoeuf LLP 律师事务所合伙人 Alan Wm.Wolff 比较全面和客观地阐述和回答了"美中经济和安全审查委员会"提出的问题。他阐明的问题包括如下五个方面：

（一）美国让中国加入 WTO——这是一项好政策吗？

Alan 认为，第二次世界大战之后，美国就一直在引领建立一个以法治为基础的世界贸易体制，一个由市场力量决定竞争性产出的全球制度。中国在 2001 年加入 WTO 时已经是名列前十的出口大国和进口大国，因此，将中国排除在 WTO 体制之外显然是与这一宗旨相悖的。美国认为，将中国带入 WTO 能够促进中国国内的经济改革，进而给美国的货物和服务提供一个巨大的、不断增长的市场。美国还有地缘政治上的目标，即与中国在外交政策方面进行合作，与一个新兴大国建立一种比较稳定和积极的关系。此外，还有一种公认的美国理论是，市场越自由，朝向民主的进步就越大。这是美国始终推动的目标，因为美国认为经济自由化能够带来政治自由化。

Alan 先生指出，要想分析美国和其他 WTO 成员从中国"入世"中所获得的利益，就有必要回顾一下中国所付出的代价。中国在"入世"时承诺对法律法规及其经济实行众多改变，并且在很大程度上也这么做了，这一点无人能比。在加入 WTO 的谈判过程中，中国修改了成千上万个的措施。这不是一个逐渐适应规则的过程，而是在多数情况下立即或者在相对较短时间内就遵守规则的做法。在"金砖四国"（巴西、俄罗斯、印度和中国，"BRIC"）中，中国起步较晚，但其承诺超过了其他国家。与此同时，中国的"入世"承诺也超出了自己的经济现实。WTO 规则是适用于市场经济的，这就意味着非市场经济国家需要做更多的事情。Alan 先生还列举了长长的中国"入世"承诺清单，从具体的关税约束、货物和服务市场准入，到贸易管理制度。今天，对照一下这些承诺时，头脑中就会出现一些认识。首先，有些承诺并没有兑现。例如，事隔九年后，中国仍在进行签署 WTO《政府采购协定》的谈判。有些承诺则在"入世"后立即履行了，例如关税约束措施。有些承诺大部分履行了，但也有一些做法正在背离当初的承诺。当然，立即全部履行这些承诺并不现实，有些承诺只能是期待性的。还有一些承诺体现了中国贸易伙伴的过份要求，从而违背了老练谈判家的信条，即谈判不要超出对方的承受能力。即使不是由于中国的经济规模及其在国际贸易体制中的重要性，人们也应当原谅其履行义务的措施与期待之间的差距。2001 年，中国在世界货物贸易中的比重占 4.3%，并且很可能继续上升。因此，参加谈判的国家对中国作出的承诺很看重。与此同时，许多言论和行动表明，中国在很大程度上也很看重这些承诺。

中国在加入 WTO 时接受了一些"合法的歧视"，例如，中国接受了"特定产品的过渡性保障机制"、特殊的纺织品保障条款、反倾销中的非市场经济待遇条款等。这些承诺都是在中国非同寻常地融入世界贸易体制规则时出现的一些非同寻常的现象。此外，中国所进行的改革并非仅限于加入 WTO 谈判时的承诺。例如，在 WTO 并未要求的情况下，中国制订和颁布了《反垄断法》，这至少在表面上看可以确保市场的公平竞争。

撇开美中双边贸易不平衡不谈，美国对中国的出口的确增加了，从 2000 年的 163 亿美元上升到了 696 亿美元。至于市场力量给中国国内带来的更大自由，我们可以看到，公民社会有了一些进步。尽管很难论证这些进步与贸易自由化相关，但个人追求经济目标的自由是有可能带来政治自由方面的进步的。当然，人们也可能得出相反的结论，即物质方面的更大满足可能会替代政治自由的增加。

从美国的外交政策看，在地区事务和世界舞台上，中国都是一个正在崛起的大国，加入 WTO 将有利于改善中国与美国的关系，从而促进美国的利益。那么，何为替代性的外交政策？在双边与中国打交道吗？或者干脆不跟中国打交道？为什么说孤立中国（假如美国能够劝说其他贸易伙伴跟自己一起孤立中国）会对美国更好呢？将中国变成更大、更强的朝鲜符合美国的外交利益吗？不太可能。那么，唯一的替代性政策就是拖延中国加入 WTO 的时间，就像对待俄罗斯"入世"一样。然而，无限期地拖延中国加入 WTO 的最终目标是什么，这一点并不清楚。在处理美国与中国的经济关系方面，将中国排除在 WTO 之外，美国的情况并不会变得更好。从理论上而言，美国可以使用"301 条款"，但使用贸易制裁方法却不损害双边关系的，实践中寥寥无几。第二次世界大战以后，美国真正单边使用"301条款"的情况仅有两次：一次是日本违反双边协定，不允许外国半导体产品进入日本市场；另一次是乌克兰持续侵犯知识产权。但也正是由于美国单边采取或威胁采取行动，其他国家才寻求将约束性的争端解决机制作为世界贸易规则的组成部分，而且要求美国政府接受。这实际上就是对WTO成员废除了"301条款"。不仅如此，贸易制裁作为改变主权国家行为的手段，其作用被夸大了。实际上，有效地使用贸易制裁非常困难，它一直是学者们努力研究的一个领域。一国而非多边实施的制裁常常不能奏效。对于美国来说，在过去，单边行动而非使用WTO规则并不是一个好的选择。至于未来的情况是否仍然如此，则决定于未来的发展了。

（二）中国"入世"对WTO以及中美关系产生了怎样的影响？

Alan先生从如下四个方面给予了回答：

1. 对WTO的影响

任何大国特别是正在崛起的政治经济超级大国，当它进入一个国际组织的时候，都会对这个国际组织产生影响。有些影响可以量化，有些影响则只能猜测。由于中国是世界上最大的出口国和第三大进口国，因此，它在WTO中的地位非常重要。例如，中国对WTO秘书处的运作将会产生一定的影响，因为中国所缴纳得会费仅次于美国和德国，并且中国对WTO的预算支出非常保守。中国与巴西和印度正在要求WTO秘书处实现工作人员的多样化，要求改变WTO秘书处西方化和发达国家的特征。但是，目前，WTO秘书处的中国人不足十人，并且也没有任何人担任高级管理职位。

2. 中国是否为发展中国家

根据WTO规则，发展中国家将承担较低水平的义务，获得特殊和差别待遇。中国认为，中国是发展中国家，但主要的发达国家并不同意，其他新兴市场国家则担心来自中国的竞争。因此，到目前为止，中国的地位问题悬而未决。

3.对多哈回合的影响

中国做与不做都会对多哈回合产生影响。中国倾向于避免进一步的贸易自由化，因为中国认为，中国在九年前为加入WTO付出了巨大的努力，有些减让刚刚实施。而且，中国也显然不愿意冒险降低经济发展的速度，同时，中国也担心进口的扩大会超过中国的出口。世界上最大的出口国不仅不愿率先走向更大的贸易自由化，反而在关键时刻悄悄地支持和强化僵局（例如在农业保障措施方面），使得本来就没有什么动力的多哈谈判更加困难。中国试图同时保持两个立场：一方面不愿意进一步实行贸易自由化；另一方面又显然希望成为新兴国家的领袖。因此，中国与其他国家一起采取强硬姿态，并且认为这是符合自身利益的。这种做法不利于多哈回合的推进。中国在多哈回合中所扮演的负面角色与以前主要回合中的日本角色相类似。当然，我们也要全面地看待这一问题，实际上许多WTO成员对新回合都没有真正的热情。

中国作为WTO成员的另外一个不太积极的表现是，巴西和印度这样的新兴国家所作出的任何减让都将使得中国的出口从中受益，从而使得这些国家本来就脆弱的国内产业面临更为激烈的竞争。但中国的政府采购政策和国有企业的做法却不利于其他国家的贸易利益，因此，多哈回合不会使得这些国家对中国的出口有多大的提升。因为巴西、智利、阿根廷和其他国家主要向中国出口初级产品，这些产品的附加值很低，不太可能受到中国的进口限制。但是，较高附加值产品的出口将要面对中国的非市场经济状况，例如，国有企业的限制性采购、标准问题以及全国、省级和地区的各种有利于中国产品的政策。当然，我们不应当责备中国在政府采购方面的限制进口做法，因为中国还没有加入《政府采购协定》，中国一旦加入该协定，就会承诺国有企业仅在商业基础上采购，但现在这些承诺的商业利益尚未实现。

关于多边贸易谈判的主导问题，在多哈回合开始时，由"四大成员"（美国、欧盟、日本和加拿大）控制。现在，"四大成员"已经不像先前那样在幕后领导了。新兴国家，例如印度和巴西，希望领导发展中国家，中国也加入了这一阵营，并且与美国和欧盟形成了"五大集团"，成为建立共识的关键国家。就中国的角色来说，这是一个很快的进步，因为中国在2001年的多哈部长级会议上才加入WTO。然而，中国可能并不适应目前的地位，而且也不容易发挥作用。发展中国家推动多哈回合谈判的热情并不高，中国自然也就无法对这些国家施展影响力。此外，中国也不是"19国集团"这样的大集团的领导者。

那么，中国怎样才能在WTO中起到领导作用呢？Alan认为，中国应当承担起改进这个以规则为基础的多边制度的责任，促进或者至少不抵制国际贸易自由化的目标。这对中国是有利的，但中国似乎并不这么看。在有些方面，中国的产品具有竞争优势，并且能够促进发展，因此，中国可以在这方面领先，而又能与不过快自由化的目标相一致。例如，中国可以积极推动信息和通讯技术产品的自由化，推动制订《环保产品和服务协定》和国际卫生与植物卫生标准协定。在多边谈判中，中国将来有可能发生从消极角色到领导角色的转变，但从中国目前的行为来看，却看不到这种迹象。人们对中国在WTO中的主要印象是，中国仍然在消化其加入WTO时所作出的承诺。此外，关于中国对WTO的影响，还应当分析中国在整个亚洲地区积极从事区域贸易协定谈判的现象。

4. 中国在 WTO 中的诉讼情况

中国在加入 WTO 后的五年内一直不愿在 WTO 争端解决机构对其他成员提起指控，其他 WTO 成员也不愿对中国其他指控，这可能是一种"蜜月"效应吧。但是，中国经常作为第三方参与争端解决案件（在中国参与争端解决机制的案件中，有80％的案件都是充当第三方），从中学习争端解决的经验。现在，中国已经成为众多案件的当事方。值得注意的是，在涉及中国的争端解决案件中，中国始终使用外国律师，而且多数是美国的贸易法律师，有时也使用法国律师和中国律师。在"汽车零部件案"中，90％的时间都是美国律师在发言。这其中的部分原因可能是中国律师在使用英语进行辩论上存在困难。但语言问题在中国作为被告时却可能对中国有利，因为这涉及为找到证据而进行大量的中文翻译。目前，只有少数 WTO 成员有能力指控中国，而在有关指控涉及非正式措施时尤为如此。

（三）美国在中国"入世"后能实现其主要政治经济目标吗？

美国之所以同意中国加入 WTO，是希望以此推动中国的市场改革，将中国融入世界经济，并使得美国与中国保持稳定的关系，以最小的摩擦解决贸易争端。同时，在外交政策方面可以寻找共同点，并推动中国的社会改革。但是，从中国加入 WTO 后的情况看，是很难得出肯定结论的。美国通过将贸易争端提交 WTO 争端解决机构，使得一些棘手的贸易问题得到了解决，例如集成电路增值税问题、无线局域网标准的强制性技术转让问题、名牌产品的出口补贴问题以及给予"自主创新"产品优惠的政府采购政策，等等。在对中国其他指控的案件中，美国获得了明显的胜利。然而，根据美国发布的《国别贸易评估报告》，美国还有还有很多问题并没有提交 WTO 争端解决机制与中国解决这些摩擦。而且，某个案件的起诉、胜诉和执行仅仅是评价胜利的一种方式，只有案件胜诉对涉案产品或服务的出口产生影响才可以说是贸易争端得到了圆满解决。例如，在"汽车零部件案"中，我们应当关注中国的限制性措施是否已经实现了其目的，WTO裁决是否来得太晚，是否未能补救美国商业利益所遭受的损失。适用于投资措施的当地含量和技术转让要求也同样如此，这些措施在被取消前可能已经达到了其预期效果。因此，评估胜利的唯一方式是访问案件的最终受益方，了解他们对于未来商业利益的全面和客观的评价。即使如此，在WTO的诉讼可能也只解决了部分问题。例如，在"知识产权案"中，虽然美国在执法方面"赢"了一些，但中国的市场仍然充斥着盗版软件和DVD。中国承诺政府机关将使用合法软件，但中国的国内市场上却存在着大量的盗版软件，那么，应当如何评价这种"赢"的结果呢？此外，评价WTO争端解决机制是否有效地促进了美国的商业利益，还应该考察那些美国企业由于担心会对其与中国之间的友好关系受到影响而未能起诉的案件。

此外，WTO协定中的一些模糊不清的条款也带来了一些问题。在有些方面，中国可能认为WTO规则对其并不适用，或者至少这些条款对中国不能有效适用。例如，怎样制定国家标准才是适当的，而不至于对贸易产生变相的限制作用？如何制定卫生与植物卫生措施才是以科学为充分依据的？如何证明国有企业不透明的招标程序和标准有利于国内采购？这些问题的认定都存在着相当的困难。美国贸易代表只有在认为美国胜诉的可能性很高时，才会在WTO起诉中国。不管是由于这种认识的原因，还是美国企业不愿意配合，WTO争端解决机制都不能包治百病。其结果是，美国企业在其产品进入中国市场时的不满越来越多。虽然中国为了加入WTO在许多领域进行了市场改革，但是，如果认为中国在加入WTO之后就立刻能够成为美国、欧洲、加拿大或澳大利亚那样完全的市场经济国家，那么，这种期待一定是令人失望的。在美国发布的年度《国别贸易评估报告》中，关于中国贸易问题的论述占了长长的四十页篇幅，相比而言是受到美国关注最多的国家，与当年的日本不相上下。不仅如此，美国对中国的关注领域仍在增加。中国的经济正在发展，其自由化进程可能像钟摆一样摆到目前的位置，也可能正在回摆。因此，所有主要贸易国家的政策制定者们都有充分的理由关注中国的贸易政策。

（四）美国令人满意地援用 WTO 争端解决机制挑战中国的不符措施了吗？

Alan 认为，这个问题包含着一种假设，即中国存在着大量的违反 WTO 规则的情况，而美国并没有对中国起诉，或者中国并没有执行 WTO 裁决。客观而言，这种假设是不正确的。当美国政府认为有胜诉的把握，并且也得到产业支持的情况下，它就起诉了。虽然裁决结果不尽完美，但还是比较积极的。如果提问的问题是，"中国的国内市场是否由于加入 WTO 完全开放了"，那答案就不同了：中国没有做到这一点。

中国在一开始进行加入 WTO 谈判的时候，基本上是非市场经济体制，即使到了今天，中国经济体制中仍然存在着实质性的非市场经济痕迹。中国各级政府对经济活动的干预要比大多数主要贸易国家多得多（印度和巴西在这方面也有自己的方式）。虽然国有企业的比重在"入世"后的十年来一直在下降，但现在这种下降趋势并不明显，国有企业占工业产出的比重基本上稳定在 50％以上。很多外国企业发现，其在中国市场的业绩低于预期水平。不仅如此，中国的政策似乎正在发生变化，其自由化政策似乎正在倒退，以"自主创新"为代表的一些负面政策正在发挥着影响。在这种情况下，人们可能要问：中国是否要将开放的门关闭？这种方向性的改变是刚刚开始，还是正在加剧？中国是否要回到国家更多地干预经济活动的状态中去，从而实行更多的补贴，且对进口和投资设置更多的障碍？这种反自由化的政策与中国在WTO中的承诺如何相吻合？WTO规则从设计到运用，都是为了解决具体问题，并不存在什么"WTO规则的精神"可以援引。WTO协定也是由一系列契约性的承诺组成，WTO成员可能能够证明其他WTO成员违反WTO规则，也可能无法证明其他WTO成员违反WTO规则。从目前的情况看，对于有胜诉把握的案件，美国已经起诉了，但对于很难适用WTO规则的措施，则很难在WTO对中国提出指控。然而，中国实行限制性的促进政策，可以使外国企业联合起来要求本国政府与中国进行磋商，以抵制中国的这些政策。

（五）中国"入世"的目标实现了吗？

中国加入WTO有如下六大目标：第一，中国加入WTO是中国不断进行的国内经济改革的必要步骤。为了实现外国对华投资的自由化和继续扩大外资的流入，贸易自由化是必须的。只有开放自己的市场，才能吸引外国投资者，引进外国的先进技术，发展具有世界竞争力的产业，才能脱离国有和计划经济。通过加入WTO，中国可以推动法治建设，使市场力量起到更大的作用。因为WTO规则本身就能够促进中国的经济改革，能够促使政府在很多情况下不会直接干预经济活动。第二，中国需要为其出口确保稳定的外国市场。如果不加入WTO，中国就只能使用外交方法和利用经济实力解决中国商品的跨越贸易问题。商业活动需要一个可预见的稳定环境，外国设置贸易障碍将会直接影响投资和创新产业的增长。外国跨国公司在中国投资并提供设备和原材料等，是希望能够从中国出口产品。同样，中国企业也有这种需求。第三，中国需要确保原材料、工业原料和食品的供给不受外国政府制定的随意性出口限制的影响。中国对这些商品的需求量很大，而且这种需求将继续扩大，因此，保障供给是中国加入 WTO 的一种很强的驱动力。第四，如果中国不加入 WTO，其他国家就有可能歧视中国的商品，或者在向中国出口原材料、农产品和制成品时实行歧视性政策。中国作为一个主要的贸易国，需要这种双向性的确定性环境。第五，中国需要通过一种常规途径捍卫其贸易利益。WTO 争端解决机制就是这样一种途径。毕竟外交途径和经济实力并不总是能够有效地解决问题。第六，中国具有悠久的历史和巨大的民族自豪感，中国要想在世界事务中担当适当的角色，就必须成为 WTO 成员。如果不加入 WTO，中国就无法在全球经济事务中担任领袖角色。

现在看来，中国加入 WTO 的目标的确实现了。因为在加入 WTO 之后，中国的经济迅速增长，中国公司和中国产品的国际竞争力日益增加，中国的立法（例如《反垄断法》）更加公开和透明，中国已经发展成为世界第三大贸易国，中国吸引外资的能力继续增强，中国的外汇储备迅速增长，等等。至于国有企业和政府干预等国内改革方面的不足，不应该归咎于中国加入 WTO 的结果，而是中国自己的选择。对于中国提出的一些抱怨，例如，中国出口受到了很多国家的限制性贸易措施的影响、很多国家对中国产品发起反倾销调查等，从世界贸易历史来看，新兴大国加入 WTO 都会引起一阵子的混乱，甚至招致争议，这一点并不奇怪。与此同时，我们应该更多地思考如果中国没有加入 WTO 的后果。试问，有多少国家会完全随意地使用单方面配额或禁止性关税？有多少国家想要与中国签订自愿限制或有序市场安排协定？因此，如果中国不加入 WTO，情况可能更为严重。

（六）中国"入世"对美国经济和国家安全利益产生的影响是积极的还是消极的？

这个问题的答案其实已经体现在对上述五个问题的回答中。从经济上看，Alan 并不认为，如果中国没有加入 WTO，美国市场就会对中国的出口更加封闭。从外交层面上看，如果只有"满意"和"不满意"两种选择，那么，他会选择"满意"这种答案。总体而言，中国加入 WTO 对美国更加有利。WTO 不能包治百病，但是，如果中国采取背离 WTO 义务的措施，将对美国经济和商业利益产生负面影响，对中国的增长率及对外贸易关系也会产生负面影响。因为非市场经济环境下的企业很难具有国际竞争力，虽然与国际标准相抵触的国家标准能够为企业提供一些保护，但其产品不会具有国际竞争力；如果强制推行"自主创新"政策，其产品也不会被国内外市场接受；一味强调"中国制造"，就意味着自我拒绝世界先进技术；如果在知识产权保护等方面对外国公司实行不利的政策，将会影响其吸引外国投资的能力；看好中国市场的外国公司不会自动接受中国的限制性政策，它们将转而要求本国政府为其解决在中国遇到的问题。因此，Alan 建议，美国应当加强对中国现有问题的研究，并加大现有贸易协定的执行力度。

二、永久正常贸易关系（PNTR）

在听证会中，以下发言嘉宾谈到了 PNTR 问题：

1.Robert Lighthizer

前美国贸易副代表（里根政府时期）、Robert Lighthizer 律师就美国给予中国永久正常贸易关系（PNTR）之后发生的变化提出了自己的看法。他认为，美国国会批准给予中国永久正常贸易关系已经有十年了，现在是时候对美国给予中国 PNTR 待遇后所取得的有利和不利效果进行评估和反思了。在中国入世之前，PNTR 问题一直受美国 1974 年《贸易法案》的《杰克逊-瓦尼克修正案》(Jackson-Vanik Amendment) 的调整。自 20 世纪 70 年代开始，美国总统开始有权决定是否对中国豁免适用该条款。然而到了 80 年代末，美国总统在行使该权利时变得十分保守，虽然国会每年都会激烈地辩论是否推翻给予总统的这项权利，但总统在这些年度行使的对中国不适用的决定都未被国会推翻。尽管如此，这种长期存在的适用争议最后导致中美贸易关系长期处于不确定状态。正是在这种背景下，中国寻求加入 WTO，以获得永久的最惠国待遇。在中国"入世"前，美国国会就是否给予中国永久最惠国待遇（即"永久正常贸易关系"）进行了投票。在投票前的辩论中，支持者们反复强调中国加入 WTO 后将会给美国带来巨大的经济利益。最终，众议院于 2000 年 5 月 24 日以 237 比 197 票通过了美国给予中国永久正常贸易关系的议案，参议院随后于 2000 年 9 月 19 日以 83 比 15 票也通过了此项议案。这项议案的通过促使中国于 2001 年 12 月 11 日正式加入了 WTO。

Robert Lighthizer 先生从以下方面详细分析了美国给予中国永久最惠国待遇十年来给美国带来的影响：

在市场准入和经济利益方面，PNTR 的支持者们认为，中国加入 WTO 之后将会减少关税壁垒和其他贸易壁垒，会向美国极大地开放其货物贸易和服务贸易市场。凯托研究所的贸易政策研究中心的一份出版物也指出，给予中国 PNTR 对于美国的经济利益是十分明显的。美国市场已经在很大程度上对中国的进口商品开放了，中国加入 WTO 后，美国出口者可以从中国的市场开放中获益。给予中国 PNTR 将使美国公司充分享受中国为遵守 WTO 规则和义务而实施的普遍性市场准入措施带来的好处。还有支持者认为，美国农民也将从中国入世后取消的不正当贸易壁垒中受益。支持者们辩称，作为中国加入 WTO 承诺的组成部分，市场改革也将进一步促进中国市场的开放。支持者们还反复强调，这种开放将为美国人带来高收入的工作，并缩小美国对华贸易逆差。

在促进中国加强法治方面，克林顿总统表示，加入 WTO 之后，中国将有义务公开其与 WTO 相关的法律法规。支持者们辩称，中国加入 WTO 将会加强中国的法治建设。法律法规的公开反过来会对中国政府产生压力，从而使中国重新调整其制度并尊重法治原则。James P.Moran 议员认为，将中国带入全球化的自由经济体制将极大地促使中国政府进行改革并使其对人民更加负责。克林顿总统认为，中国加入 WTO 不仅对中国的国内法产生影响，也将提高中国按照全球规则行事的可能性。这一论断中非常重要的一点是，美国可以运用 WTO 争端解决机制向中国主张权利。同时，支持者们还强调：加入 WTO 将使中国更加尊重他国的知识产权。例如，美国的创新性产业联盟也指出，中国已经承诺，一旦加入 WTO，就会立即将其知识产权制度在实体法和执行程序方面与 WTO 的《与贸易有关的知识产权协议》(TRIPS) 相接轨。

给予中国 PNTR 的支持者们向美国人保证，中国加入 WTO 对美国并无不利。克林顿总统解释说，给予中国 PNTR 意味着"中国将单方面做出妥协，而我们只是继续执行我们已经向中国适用的市场准入政策。"美中贸易商业联盟 (Business Coalition for U.S.-China Trade) 也指出："中国为了加入 WTO 做出了各种减让，那么，中国从美国得到的回报是什么呢？……零……是的。中国加入 WTO 并没有获得更多的进入美国市场的机会，美国的关税没有对中国作出任何减让，美国进口限制对中国并没有任何减少。因为我们的市场早已经对中国的进口产品开放了。"的确，PNTR支持者们的论点确实很动听，但实际情况却遗憾地表明，支持者们当初的那些承诺都没有得到兑现。

首先，美国并没有获得PNTR支持者们所承诺的经济利益。支持者们鼓吹给予中国PNTR将有效降低美国对华贸易逆差，为美国人创造大量的高收入工作机会，并为美国公司提供进入中国巨大市场的自由准入机会，这种乐观估计并未中国入世后的事实所证明。这些事实使得美国人有充分的理由相信，中国加入WTO后对美国经济带来的是消极影响。美国对华贸易逆差在过去的十年中几乎增加了三倍。尽管美国对中国的出口在2000年以后确实有所增长，然而每个年度的出口增长都被从中国的大量进口所超越。PNTR将为美国人带来"数十万高收入新工作"的说法也遭到质疑。自2000年开始，美国已经失去了逾560万的制造业工作岗位，这个数量几乎占美国此类工作的三分之一。事实上，从2001年至2009年间，美国关闭了42,400间工厂，包括36%的工厂雇佣的1000名工人，和38%的工厂雇佣的500至999名工人。客观而言，美国制造业发生的危机与其和中国的贸易密切相关。除了丧失大量的工作岗位之外，美国制造业工人的工资也因不发达国家工人的低工资竞争而被迫降低，从而降低了美国工人争取劳工权利的实力。上述情况在大约不到四年的时间里极大地影响了所有的产业工人，包括约70%的私人工厂或者约1亿的工人。此外，试图进入中国市场的美国企业继续面临着中国大量的市场扭曲和壁垒。例如，中国操纵技术标准和技术法规以保护本国的高科技企业不受国际竞争的影响，中国利用规则和程序减损美国服务业提供者进入中国市场的努力。另一个值得注意的事实是，中国加入WTO并没有为中国市场的开放提供巨大的动力。很多事实证明，中国的贸易体制呈现出更具有限制性的趋势，包括：（1）中国对重要原材料的出口实施更加严格的限制；（2）中国越来越多地使用其国内标准阻碍他国高科技产品的销售；（3）中国对非中国高端服务提供者设置新的限制；（4）中国以精心设计的边境措施鼓励或者打击某种产品的贸易。简而言之，压倒性的证据表明，支持 PNTR 的最重要的理由——中国入世将为美国工人和企业带来巨大的经济效益——是错误的。目前的实际情况是，美国对华贸易逆差激增，数以百万计的制造业工作岗位丧失，中国继续保留大量的市场准入壁垒阻碍美国的出口，中国日益背离其进一步开放市场的义务。

其次，在法治建设方面，PNTR 的支持者们鼓吹中国加入 WTO 将促进中国的法治建设。但十年过去了，中国仍然没有遵守其 WTO 义务，中国并没有采纳法治的理念。美国贸易代表（USTR）最近发布的关于中国履行 WTO 义务的报告指出，中国立法存在如下问题：（1）中国在知识产权保护方面执法不力；（2）中国的出口限制措施违背了其在 WTO 作出的承诺；（3）中国使用了与贸易有关的投资措施保护国内工业；（4）中国政府向非国内企业施压，使其以不利条款许可技术和知识产权的使用。上述问题并不是孤立的，它是中国国内抵制 WTO 规则如国民待遇原则（给予他国以与其国民相同待遇）、最惠国待遇原则（即不歧视任何贸易伙伴）、透明度原则（使法律尽可能公开）一系列措施的组成部分。USTR 报告进一步指出："中国在全面推行法治建设方面的困难使得情况更加恶化。"中国在法治建设方面的失败不仅导致中美贸易逆差的继续扩大，同时也威胁到了 WTO 自身：中国的竞争优势，从某种程度上来说是基于中国不完善的管理体制即未能有效地执行其法律，而这种不完善的管理体制影响了它的贸易伙伴，并最终破坏了 WTO 规则。

总之，给予中国 PNTR 给美国带来了相当明显的负面效应。PNTR 支持者们当初鼓吹的理由已为给予中国 PNTR 十年来的事实所否定。那么，如此众多的专家学者之所以犯如此严重的错误，主要有如下六个方面的原因：(1) 没有考虑到中国有着许多特殊之处，包括中国独特的政治体制、中国奉行的商业主义和其庞大的经济规模；(2) 误判了中国与 WTO 之间的关系；(3) 没有考虑到在中国入世后一些美国企业可能将其生产基地转移至中国，并从中国将货物出口到美国的情况；(4) 放弃了能够迫使中国进行市场开放的筹码；(5) 放弃了对中国可利用的最后方法；(6) 自以为民主和资本主义的胜利是不可避免的。

鉴于美国与中国的贸易关系已经给美国的经济和 WTO 的有效运行带来了严重威胁，Lighthizer 先生认为，美国的决策者们不应该再如此被动，应当采取一些直接措施减少中国的重商主义政策带来的危害，并采取进一步的措施对付中国。首先，必须积极执行相关贸易法规，包括反倾销法和反补贴法以及保障措施条款。对于正在遭受中国不公平的进口贸易损害的美国企业和工人，这些法律的执行将提供最为有效的救济措施。其次，美国应该对中国操控货币汇率的行为有所回应。再次，美国应当针对中国未能遵守 WTO 义务的行为在 WTO 提起更多的指控。总而言之，在 Lighthizer 先生看来，国会批准 PNTR 时的乐观估计并没有实现，美国的政策决策者们多年来的消极和放任自流的态度使得美中贸易逆差达到了威胁美国经济的地步。今后，美国的政策决策者们应该认真对待这些问题，在应对中国做法时应该采取更加具进攻性的措施。

2.Debbie Stabenow

美国国会参议员 Debbie Stabenow 先生指出，在十年前美国国会就是否给予中国 PNTR 待遇问题进行投票时，他就投了反对票。这是因为他对中国劳动力和环境政策以及中国偏袒本国产业的情况非常了解。早在 1995 年他曾到过中国，当时，中国的一项政策规定：如果外国汽车公司要在中国生产销售的话，必须先和中国企业合资经营。而且，中国当时对美国出口到中国的汽车征收高达 85% 的进口关税。2010 年 4 月，他再次来到中国。虽然当时的中国发生了翻天覆地的变化，但有些方面并没有得到任何改善。中国仍然要求美国的汽车制造商与中国公司合资经营。此外，虽然中国现在对美国出口的汽车征收的进口关税降到 25%，但 25% 进口关税在一辆汽车的总价中所占的比例也是相当大的。因此，Stabenow 先生希望中国政府能够按照贸易规则办事，为美国汽车制造商提供一个平等的竞争环境。

3.Sherrod Brown

俄亥俄州参议员 Sherrod Brown 先生回忆起当时的一些 PNTR 支持者们来到国会，强烈建议国会通过美中永久正常贸易关系法案，并力证美国将从美中永久正常贸易关系中获得巨大利益。一些企业的 CEO 也承诺，中国的 11 亿人口将成为 11 亿消费者。还有一些自由贸易的倡导者认为，与中国建立永久正常贸易关系将是促进中国进行改革和稳定发展的最好途径。中国"入世"十年的事实表明，中国在某些领域采取了一些非常好的措施。但是也应该看到，那些支持者显然过分估计了 PNTR 的作用。因为给予中国 PNTR 的结果是，十年来的美中贸易逆差创了历史新高。美国每天都与中国产生多达 5 亿美元的贸易逆差，造成美国数百万就业机会的流失。而对中国工人而言，尽管在最近几周的报道中看到了一些好的迹象，但这些中国工人仍然面临着低工资和没有达到标准的劳工条件问题。即使是当时最激进的 PNTR 支持者也有些后悔，因为他们发现，由于中国过度的产业保护政策，导致美国人无法在中国经商。

Sherrod Brown 先生虽然对 WTO 规制的范围有所担忧，但他认为，仍然需要一个以多边规则为基础的国际体制来确保其成员方承担相应的责任。他认为，当前，促进美国经济利益和美国国家利益的一个至关重要的途径，应当是暂且搁置贸易协定的谈判。因为确保美国经济利益的重要方法是强有力的贸易执行措施。美国总统应该作出更多的努力，向美国人民表明美国在对待贸易执行措施这一问题上是认真的。美国总统必须采取措施重新平衡相关贸易关系，尤其是重新平衡美国与中国的贸易关系。今年早期，Sherrod Brown 先生提交了关于实施超级"301"机制的立法建议，要求美国政府为美国出口商开放外国市场建立一套执行优先权制度。如果要实现在未来五年内美国出口量翻一番的目标，这是一个应该采取的重要措施。

4.Thea Lee

美国劳工联合会—产业工会联合会（AFL-CIO）副主席 Thea Lee 女士指出，在十年前中国"入世"之际，美国国会投票通过了《中国永久正常贸易关系法案》，此举招致美国的劳工运动以及美国制造商、农民、人权主义者、宗教信仰人士和环保组织的强烈反对。他们的担心有两方面：第一，即使是在 1999 年，美中两国的双边贸易关系也是明显不平等的。它给美国工人和国内生产者造成了很多负面的影响。第二,WTO 规则有助于提高贸易的流动性、灵活性和跨国公司的利益，但不适合于保护工人的权利和保护环境，不适合于促进民主和发展，也没有为美国工人提供工作机会或者支持美国制造业的发展。给予中国 PNTR 使得美国牺牲了巨大的政策灵活性和重要的优势。PNTR 的支持者们当初声称：WTO 的贸易审查机制和贸易纠纷处理机制可以有效地确保中国遵守 WTO 规则；中国作为 WTO 成员将对美国的经济和美国工人有益；以贸易自由为宗旨的法律法规的制定将给中国工人带来巨大的自由，并将加速推动中国过渡到民主社会。然而，在国会通过 PNTR 后的十年间，PNTR 支持者们的乐观估计并没有成为现实。相反，AFL-CIO 对中国入世的担忧证明是正确的。中国不仅没有实现其在入世时作出的许多承诺，中国甚至拒绝进行合作，拒绝作出非惩罚性的努力以提高对其承诺的履行程度。此外，美国政府也不愿意利用在中国"入世"谈判过程中规定的贸易救济工具。在国会通过给予中国 PNTR 的法案时，美国实际上是做出了重大的、不可逆转的让步，这一让步严重限制了美国有效地运用其贸易法律的能力，等于是给了中国一张空白支票，在与美国人民息息相关的问题上和在中国有严重问题的领域，美国放弃了至关重要的经济影响力。尽管 AFL-CIO 当初反对给予中国 PNTR 是合情合理的，但目前更为重要的是向前看，而不是往后看。美国政府的当务之急是，重新评估美国和中国之间的贸易、外交和安全关系，并采取具体和切实可行的行动，使这种关系建立在一个更加平等的基础之上。尽管十年前在给予中国 PNTR 时美国放弃了宝贵的经济制衡工具，但是，美国现在应该确保更加有效地利用 WTO 机制，并尝试利用"301"条款处理中国长期操控货币和侵犯工人权利的问题。

三、人民币汇率问题

美中经济和安全审查委员会举行此次听证会想澄清的问题之一是：美国是否可以采用不公平贸易法（反倾销税和发补贴税）应对中国的低汇率制度？如果可以，该做法是否符合 WTO 规则？针对这一问题，如下发言人陈述了其观点：

1.Terence Stewart 先生

Stewart and Stewart 律师事务所合伙人 Terence Stewart 先生指出，经济学家们普遍认为，中国货币被严重低估了，被低估价值达到40%。中国货币的低估，通过人为增加美国的出口成本和降低中国输美产品成本的方式，为中国的出口商提供了不公平的竞争优势。低估带来的影响是，美国多年来对中国的巨大贸易逆差、重要出口机会的减少、国内生产商因不公平的低价进口所面临的激烈竞争以及美国在生产、收入和就业方面的损失。

对于委员会提出的问题，答案应当是肯定的，即美国可以运用反倾销和反补贴法律来应对中国低估货币所带来的不公平竞争优势。事实上，GATT 和 WTO 协定以及美国法律早就承认，政府操控汇率的做法构成可诉的出口补贴或者构成倾销。早在 GATT 签署之前，进口国就已经采取贸易救济措施解决出口国政府的货币做法。在 20 世纪20 年代和 30 年代，许多国家制定反倾销法律解决汇率倾销问题。在美国，财政部在 70 年以前就对旨在促进出口的货币制度采取反补贴措施。例如，德国在 20 世纪 30 年代通过对不同类型的马克采取不同兑换率的做法管理和控制其货币。通过规制，德国允许以较低汇率的马克购买用于出口的德国产品，但是，德国出口商可以按照较高汇率换回较低汇率的马克。这一做法导致美国财政部于 1936 年 6 月发布了第 48360 号决定。该决定载明："根据《1930 年关税法》第 303 节的规定，将对来自德国的以下产品征收与其获得的任何奖励和补助等额的反补贴税……"财政部的这项决定也得到了美国法院的支持。例如，在 F.W.Woolworth Co.v.United States（1940）案件中，法院认为，对于德国生产商来说，从已登记的马克账户中支付的马克与从免费的马克账户中支付的马克在汇率上是一样的。但是，德国政府却又通过各种途径和被政府授权的不同机构试图帮助其生产商生产的产品进入外国市场，以便德国生产商能够与这些市场的生产商进行竞争。其中的途径之一就是控制登记账户中的马克，并对其使用加以限制。同时，如果以免费的马克账户中的马克支付全部购买价款，政府将给予一定的奖励。很显然，对制造商来说，既然使用登记账户中的马克进行支付与使用免费账户中的马克在汇率上是一样的，那么，对于美元和美分也会出现相同的最终结果。有些情况下出口商可以直接获得奖励，有些情况下则间接获得奖励。在 Robert E.Miller & Co.,Inc.v.United State (1946) 案件中，进口商在 1937 年 4 月 10 日以 Aski 马克支付进口货物的价款，但 Aski 马克是以低于免费账户中的马克或者金马克价值的价格购买的。根据德国法律的规定，Aski 马克是德国当时的一种货币类型，它可以在出口货物的付款中使用，之后可以由德国政府以与免费账户中的马克相同的汇率赎回，从而使得德国生产商可以采用低于其应支付金额的与美元同等价值的价格出售其出口货物。显然，这一做法实际上是向进口商品提供了一定的奖励。

在 GATT 于 1948 年通过时，缔约各方在第 6 条（反倾销和反补贴税）中加入了一个注释，该注释规定，反补贴税或者反倾销税可以用于解决构成出口补贴或者倾销的多重汇率做法。GATT 第 6 条第 2 段和第 3 段的注释和补充规定载明："在某些情况下，多重汇率做法构成第 3 段规定的可以征收反补贴税的出口补贴，或者因本国货币贬值构成可以根据第 2 段征收反倾销税的倾销。"多重汇率做法是指政府或者经政府批准采取的做法。"

1958 年，GATT 秘书处对缔约方适用反倾销税和反补贴税的情况进行了研究。在审查涉及补贴的措施时，该研究提及了 GATT 第 6 条的注释和补充规定，指出：该注释可能也涉及因出口国采取货币措施导致的低价进口问题。虽然在大多数情况下不允许对低价进口征收反倾销税，但是，GATT 明确允许在多重汇率做法有助于出口的情况下征收反补贴税。美国对从乌拉圭进口的毛条就适用该条规定征收了反补贴税。该项研究还进一步指出："美国的做法已经表明，反补贴税可以用来抵消所有类型的出口补贴，包括通过不同汇率机制进行的补贴。"该研究指出，由于乌拉圭采取了多重汇率做法，美国财政部在 1953 年 5 月 7 日发布了对来自乌拉圭的毛条征收反补贴税的通告。尽管对于该裁定提出了上诉，但美国关税法院维持了上述裁决。法院认为：根据 GATT 第 6 条注释和补充规定，多重汇率做法可能导致给予补贴或者津贴的效果。而且，国际上普遍认为，在某些情况下，多重汇率做法构成可以征收反补贴税的出口补贴。从事实上看，美国财政部的裁决是正确的，即来自乌拉圭的进口毛条获得了《1930 年关税法》第 303 节规定的补贴或者津贴。乌拉圭实行多重汇率做法的目的之一就是帮助企业将其产品销往国外。根据这一机制，对不同商品规定不同的汇率将使某些产品比其他产品获得了更多的优惠。在本案中，事实表明，毛条相对于其他产品获得了优惠，这一优惠促使生产商将毛条销往美国并获得利润，这是生产商通过其他方法做不到的。通过多重汇率手段给予毛条以补贴，从而促使出口商将羊毛以毛条的形式出口，而不是以未加工羊毛的形式出口，其结果就是大量增加了从乌拉圭进口毛条的数量，并且允许毛条以低于国内价市场的价格出口。

此外，WTO《补贴与反补贴措施协议》附件一中的出口补贴列表禁止货币留成安排和涉及出口补贴的任何类似做法、政府以不足以支付长期经营成本和项目损失的保险费率提供的外汇风险项目。政府的货币留成安排允许其出口商保留外汇利润而无需将其兑换回本国货币。根据附件一的上述规定，如果政府采用这样一个留成机制实现出口补助的目的，将构成禁止性出口补贴。

因此，从过去的先例和GATT1994第6条的注释和补充规定看，可以使用贸易救济法（包括反倾销和反补贴法）应对各种货币做法包括货币低估带来的有害影响。Terence Stewart先生认为，尽管美国的不公平贸易法可以用于应对中国的货币低估问题，但是，该做法是否能够得到WTO争端解决机构的支持却是另外一个问题。那么，该做法是否应该得到WTO争端解决机构的支持呢？答案是肯定的。如前所述，GATT协定承认各种货币做法是可以通过反倾销或者反补贴条款予以应对的。但是，该做法是否能够获得WTO争端解决机制的支持则是很难预料的。根据统计，在WTO受理的案件中，原告胜诉的成功率是90%。这意味着，一WTO成员的做法无论何时在WTO被提出指控，都有可能被专家组或者上诉机构认定在某些方面违反WTO规则。由于过去的专家组和上诉机构一直致力于填补空白、解释条文的歧义、界定某些术语的含义，所以，不能排除中国就美国应对中国货币低估做法采取的反倾销或者反补贴措施在WTO提出的指控可能得到专家组和上诉机构的支持，即认定美国的做法违反了WTO规则。但是，WTO也不一定结果作出这样的裁决。

总之，Stewart先生认为，美国可以采用不公平贸易法应对中国的人民币汇率低估问题，美国采取这些措施也符合WTO规则。

2.Gilbert Kaplan先生

支持美国贸易法委员会主席、King & Spalding律师事务所合伙人Gilbert Kaplan先生认为，美国能够、也应当运用不公平贸易法应对中国的货币低估行为。其具体理由是：

WTO《补贴与反补贴措施协议》对补贴作出了如下清晰和严格的

定义：必须由政府提供财政资助等，补贴接受者必须获得某种利益，补贴具有专向性。这一关于补贴的明确定义已为美国不公平贸易法所采纳。中国低估人民币币值以获得不公平贸易优势的做法，完全符合征收反补贴税的法定标准，因为中国政府通过货币措施专向性地给予出口企业以及其他某些中国生产企业以财政资助，从而使它们获得了某种利益。因此，美国完全可以并且也应当征收反补贴税应对中国有害的货币措施。美国对中国征收反补贴税经得起 WTO 争端解决机构的审查，运用反补贴法救济不公平货币政策是 WTO 协议所允许的。只需看看 GATT 的规定、GATT 的谈判历程以及 WTO《补贴和反补贴措施协议》，就可以明白，征收反补贴税是应对中国货币措施的一项适当和必要的救济措施。

以下三点可以说明，WTO 体系允许运用反补贴法应对货币措施：第一，在起草 GATT 的过程中，联合国贸易与就业会议筹备委员会（这其中包括了来自中国的代表）就曾讨论一国货币贬值对其出口商形成补贴的情况。第二，GATT 第 15 条第 4 款指出，"缔约各方不得通过汇率政策减损该协定条文的意图，也不得通过贸易行为减损国际货币基金协定条文的意图。"很清楚，中国通过维持其货币低估的状态从而促进其出口，这是以其贸易伙伴的利益为代价的（并且阻碍了向中国的进口）。显然，中国破坏了 GATT 的意图。第三，美国的经济分析表明，现在中国制造业者以美元可兑换得到的人民币要比在公平汇率条件下可兑换的人民币多 40%，这毫无疑问构成了出口补贴。以上三点表明，GATT/WTO 制度可以并且应当运用反补贴税来救济引发补贴的货币措施。美国法律的规定与这些协议项下的义务是一致的。

美国针对中国货币措施的诉求符合启动反补贴调查程序的标准：(1) 这些诉求并不是不重要的，而是具有重要意义，且经过了精心研究并有专家经济数据分析的支撑；(2) 这些诉求建立在合理和可获得的事实依据之上；(3) 这些诉求具备了征收反补贴税所必需具备的要素。征收反补贴税的"必备要素"是：财政资助；获得某种利益；具有专向性。征收反补贴税需要具备的第一个要件是：政府或任何公共机构提供"财政资助"。财政资助的形式可以是多样的，但在人民币汇率低估问题上，中国政府直接将资金转移给了它的制造商。当中国制造商通过出口赚取外汇后，他们必须按照政府指定的汇率并且在政府拥有的银行或政府授权的外汇机构将其大部分收入兑换成人民币。征收反补贴税需要具备的第二个要件是：补贴接受者获得了某种利益。目前的经济研究表明，中国的人民币汇率被低估了40%。因而，当中国制造商以人民币兑换美元时，与中国政府没有对目前的货币市场进行直接干预的情况相比，他们将获得更多的人民币。征收反补贴税需要具备的第三个要件是：补贴具有"专向性"。规定该要件的目的是，政府有时为了整个社会的更大利益而给予补贴，对于这种补贴不应该征收反补贴税。例如，法律通常不允许针对诸如公路、公园或医院一类的公共基础设施的补贴征收反补贴税，因为它们有利于更大的利益。分析表明，中国政府的货币措施促进了出口尤其是一些企业与行业的出口，而这是以其国内消费和整个国内经济的健康发展为代价的。

总之，Kaplan 先生认为，货币低估构成补贴，在 WTO 反补贴法的规制范围之内。

3.Lindsey Graham 先生

美国南卡罗来纳州的参议员 Lindsey Graham 先生表示，他和 Schumer 参议员在几年前已经就中国的货币管制问题形成了一个政治联盟，尽管在大多数问题上并没有达成一致，但是已经找到共同点。几年前，我们提出了一个议案，如果中国不实行汇率浮动制度，就对中国出口到美国的所有产品征收 27.5% 的关税。这一提案的提出使得我们被指责为是贸易保护主义者，而且，布什政府认为，该做法将导致美国与中国的贸易战。最终，我们的提案获得了 67 票的支持，但是从未启动过修改相关立法的进程。有数据显示，自中国"入世"十年来，美中两国的贸易逆差不断扩大，从 2000 年的 831 亿美元提高到了 2009 年的中美贸易逆差占美国贸易赤字的近 80%。此外，从 2000年开始，美国制造业的失业者人数已经达到 560 万人。这些数据反映出贸易政策与正常的经济结果存在着不一致。如果一个国家是出口导向性的国家，它的货币价值将能够改变某些状况。中国政府通过干预和阻止人民币汇率的变化，保护中国企业在世界竞争中获得利益。

4.Debbie Stabenow 先生

美国国会参议员 Debbie Stabenow 先生指出，自中国加入 WTO 之后，由于中国的货币操纵政策，仅密歇根一个州就失去了将近 68000个制造业就业岗位。他已经与参议员 Schumer 先生和 Lindsey Graham先生共同提交了一份《汇率监管法案》(Currency Exchange Rate Oversight Act)，希望以此来改革并加强汇率监管工作。为了符合国际货币基金组织的规定，该议案将改变财政部评判货币低估的方式。同时，为了使该议案与 WTO 相符，该议案建议由商务部负责调查由货币低估引起的倾销和补贴问题。

5.Sherrod Brown 先生

俄亥俄州的参议员 Sherrod Brown 先生认为，美国应当尽快在汇率方面改进与中国的贸易关系。中国对其货币市场的干预已经导致人民币被低估 40%，美国应该制定解决这一问题的立法。

6.Charles Schumer 先生

来自纽约州的参议员 Charles Schumer 先生认为，美中关系中最大和最尖锐的问题就是中国继续操纵人民币汇率,这一问题关系到美国公民和美国经济的稳定和繁荣。中国不同意将人民币升值的做法,给美中贸易以及美国对中国的贸易赤字带来严重的负面影响。在过去的十年,成千上万的美国工厂破产,工人失业。在美国,几乎所有工厂和工人代表都表示:扩大国内就业市场、提高国内生产率的唯一方法,就是让中国进行汇率制度改革。换句话说,如果中国将人民币升值并采用浮动汇率制度,与通过立法采取刺激性计划相比,该措施更加有利于美国国内的就业。

而对于美国立法者来说,这无疑是一个"要么行动,要么闭嘴"的时刻。因为美国的工作机会和财富正在大量流失到全球,流失到包括中国在内的那些劳动力廉价、环境标准宽松、无视WTO规则从而获得不公平贸易竞争优势的那些国家。这种情况必须加以制止。但是,美国行政当局的表现并不尽如人意。财政部以及其他政府部门未能成功地呼吁中国进行货币操纵政策改革以及对于违反WTO规则的行为进行反思。例如,美国商务部就没有尽其全力做它应该做的事——推进制定旨在保护美国产品免受外国不公平贸易做法的贸易立法。虽然美国的生产厂商不断地向商务部提供证据,证明中国对货币的操纵是可诉性补贴。然而,商务部在过去的两年内,至少11次拒绝对美国生产者提起的这类指控发起调查。即使到现在,商务部仍然就两项重要的调查请求毫无法定缘由地不采取任何措施。所以,如果美国行政机构就中国货币操纵政策和其他有害性经济行为不采取决定性的措施,那么,国会就必须为此承担责任。为了保护美国的就业市场和美国经济,没有别的选择。

Schumer先生极力要求立法机关颁布《货币汇率监管改革法2010》。该法案要求财政部负责认定货币失调问题,行政机构则负责在被调查国家不能纠正货币失调行为时采取相应的行动。该法案还规定，那些未能成功采取适当政策以消除货币失调做法的国家应承担责任。该法案还规定了处理货币失调对美国产业所致冲击的方法。

总之，Schumer 先生认为，即使是在美国经济运行良好的时期，中国的货币操纵行为也是不能接受的，在失业率高达 10% 的今天更是不能容忍这样的做法。

7.Tim Rayan 先生

美国国会众议员 Tim Rayan 先生认为，中国市场未能充分开放的体现之一就是人民币的低估。许多经济学家认为，人民币低估了 40%，这种情况使得中国在国际市场上得以低价出售其产品。人民币低估有利于中国公司的出口，但对外国竞争者极为不利。人民币低估加速恶化了美中贸易逆差，毕竟美国的出口产品无法与低价的中国产品相竞争。有数据显示，在 2000 年 1 月和 2009 年 5 月间，中国在除石油产品以外的贸易中给美国造成的贸易逆差份额由 26% 升至 83%，这对美国生产者来说是个难以维持的交易模式。

2009 年 5 月，Rayan 先生与国会议员 Tim Murphy 提出了《公平贸易货币改革法》（HR2378 法案）。该法案赋予美国政府对外国不公平的货币操纵做法采取措施，并完善和精简了之前起草的旨在有效补救货币操纵行为的法律。该法案受到了两党的支持，目前，已经有 119 个支持者。法案旨在为美国商务部认定某一国家是否根本性地货币操纵提供授权，并要求美国商务部在遵循 WTO 规则的前提下，将货币贬值做法视为禁止性的出口补贴。同时，法案允许通过征收反补贴税或者反倾销税对抗外国政府的货币低估做法。在美国国际贸易委员会认定该类不公平贸易行为对美国公司和工人造成实质损害或者实质损害威胁时，商务部就能采取补救措施。

8.Thea Lee 女士

现任美国劳工联合会 - 产业工会联合会（AFL-CIO）副主席的 Thea Lee 女士指出，中国政府仍在继续操控人民币汇率，且没有减弱的迹象，而美国政府却未能有效地运用国际贸易工具抵制这种做法。在货币操控方面，由于 WTO 的规定并不明确，而且也没有先例可循，美国政府的官员非常不情愿对此使用对抗措施。这正是中美贸易不平衡越来越严重以及美国工人失业逐步增多的主要根源之一。

9.James Bacchus 先生

美国 Greenberg Traurig LLP 律师事务所全球贸易和投资业务主席 James Bacchus 先生认为，美中经济关系中存在的主要问题之一就是美国对中国的货币政策给贸易带来的不利影响产生很大的担忧。而通过谈判进行协商（而不是诉讼）将是解决这一问题的最好办法。他支持奥巴马政府就此问题与中国政府进行磋商和谈判。

10.Clyde V.Prestowitz 先生

美国经济战略研究所主席 Clyde V.Prestowitz 先生认为，人民币低估对于哪些希望将产品卖到中国的美国企业而言是最主要的困难之一。

四、知识产权保护

美国俄亥俄州立大学费舍尔商学院的 Oded Shenkar 教授在听证会上表示，随着经济全球化的不断发展，涉及知识产权的部门和领域不断扩展。知识产权问题对于美国来说已经不仅仅是华纳公司和微软公司需要解决的问题，事实上，从制药业到机器制造业，几乎没有哪一个行业不受到这一问题的影响。美国贸易紧急委员会（ECAT）主席

Cohen 博士也提到，中国的知识产权保护问题伴随着产品出口和市场的扩大逐渐地明显与突出。中国的出口商依靠盗版和侵权产品的出口获得更多的利益，而地方政府出于刺激本地经济增长和增加就业的考虑对侵犯知识产权的行为并不采取积极果断的制止措施，甚至抱有支持的态度，这使得侵犯知识产权的行为愈演愈烈。中国将知识产权保护作为市场准入的限制，从而对国外知识产权保护给予歧视性待遇。

概括而言，目前，中国在知识产权的保护与执行中存在的主要问题有：(1) 国有企业盗用知识产权，这与中国在中美商贸联合会 (JCCT) 中的承诺不符；(2) 利用互联网进行盗版和假冒行为；(3) 零售和批发假冒商标；(4) 假冒产品；(5) 对中国自主知识产权给予优先保护；(6) 对于版权材料没有足够的保护标准；(7) 对药品保护不足，包括对临床试验数据和对侵权产品的销售许可保护和监管不足。尽管在过去的四年中，中国对美国政府做出了承诺，但是，盗版和假冒现象仍是非常严重的，尤其是电影、音乐和软件。中国要想在知识产权保护与执法方面取得必要的进步，实行具有一贯性、更加严格的高水平保护标准是很必要的。然而，如果不消除其他方面的障碍，仅仅对知识产权保护进行改革，这对扩大市场准入的作用也是甚微的。目前，中国仍旧拒绝给予出版商在中国自由印刷和传播出版物的权利，从而使得外国出版商必须通过提高销售价格来弥补将出版物运输到中国的成本和海关费用，如此一来，就会增加对这些出版物侵权与盗版的可能性。为了有效地改变美中经济关系的平衡，中国在承诺改善知识产权保护制度的同时，同时实行扩大市场准入的措施，并且应该避免实施那些歧视性的排除措施或是严重限制美国产品进入中国市场的产业政策。

值得关注的是，中国于 2009 年 11 月发布了《关于开展 2009 年国家自主创新产品认定工作的通知》(国科发计 [2009]]618 号），该《通知》附件《国家自主创新产品申报说明》第四条对国家自主创新产品的认定单位和认定标准作出了详细规定。该条第（2）项规定，自主知识产权必须是申请人在中国境内拥有知识产权的所有权或通过受让取得的中国企业、事业单位或个人在我国依法拥有的知识产权的所有权或使用权；第（3）项规定，自主品牌必须是申请人拥有产品注册商标的所有权，产品销售使用的商标的初始注册地应在中国境内，且不受境外相关产品品牌的制约。2010 年 4 月，中国又发布了《开展2010 年国家自主创新产品认定工作的通知（征求意见稿）》，该通知要求"申请单位需依法在我国拥有产品的注册商标专有权或使用权"。虽然该通知放松了对注册商标、非注册商标"首次于中国注册"的要求，但这并不能说明中国对外国和本国的知识产权保护采取一视同仁的态度。

此外，中国政府在 2010 年 1 月公布的《政府采购法实施条例（征求意见稿）》中，还将国家自主创新产品列为政府优先采购的对象。该规定使得在国外拥有知识产权的产品在中国国内的销售处于明显的劣势地位。不仅如此，中国对知识产权的刑事保护措施仍然不够完善，知识产权侵权仍然是中国面临的非常严峻的问题，盗版和假冒现象相对普遍。而且，保护知识产权的行政执法措施又受到一些因素的阻碍。例如，中国政府部门和相关机构缺少协调与合作、相关机构工作人员缺少专业培训、信息闭塞、对执法过程和执法结果缺少透明度、地方保护和腐败等。给予上述情况，美中贸易联合委员会在提交的相关修改意见中要求中国政府"将自主创新产品从优先名单中删除"，将"强制性"采购字样从该条中删除。

不仅如此，新科技的发展使得侵犯知识产权的行为在形式上也更加多样化。因此，中国需要在一些关键领域就知识产权保护问题进行改革，例如，中国在加入世界知识产权组织（WIPO）的"互联网条约"之后，应该对互联网版权的保护措施作出进一步的改革，并对知识产权刑事保护措施方面存在的缺陷加以改善。根据WTO的其他规则，中国还应当做到：第一，允许外国实体向中国进口版权密集型产品，如戏剧电影、DVDs、音乐、书籍、报纸和杂志。第二，对版权法与海关法中与知识产权保护相关的规定作出相应调整。总之，中国在知识产权保护领域的问题在未来可能还会不断增加，而通过战略与经济对话、商贸联合委员会以及其他对话的形式，以一种持续和协调一致的工作方式，来重点解决美中经济关系中的诸如从知识产权到市场准入等具有优先性和系统性的问题，乃是解决这一问题的有效途径。

五、政府采购与自主创新政策

中国的政府采购和自主创新政策是此次听证会关注的焦点之一，众多发言人在听证会上表达了自己的观点。

1.Calman I.Cohen

美国贸易紧急委员会（ECAT）主席 Calman I.Cohen 博士指出，美国商界普遍认为，目前中国给美国带来的主要挑战之一是中国的自主创新政策。ECAT也一直在这方面与商界中的其他团体保持着密切的合作关系。在正在进行的美中双边投资协定谈判中，ECAT也十分积极地促成两国能够达成协议。ECAT也积极支持中国加入WTO的《政府采购协定》。

就自主创新政策而言，与美国及其他主要国家一样，中国也强烈希望通过建立国内的创新机制刺激技术的发展、创造更多的就业机会、促进经济的增长。然而，与美国和其他主要国家不同的是，中国正在推动的自主创新政策带有严重的歧视性和限制性，并且与其建立创新型的 21 世纪经济体的目标相违背。这些自主创新政策成为美中经济关系中最主要的挑战之一，必须得到快速和全面的解决。随着 2006 年中国发布《国家中长期科学和技术发展规划纲要》(2006-2020)，中国的自主创新政策首次正式出现于国家的产业政策之中。2006 年之后发布的其他文件也继续秉承这一理念，通过一系列政策推动中国自主创新产品的发展与应用。在 2009 年末和 2010 年初，中国通过 2009 年 11 月发布的 618 号文、2009 年 12 月发布的《工业设备产品目录》和 2010 年 1 月起草的《政府采购法实施条例》，开始更为充分地实施其自主创新政策。这使得美国的企业几乎不可能参与中国市场的主要部门。这些法规表明，美国在参与中国的政府采购市场和除此之外的其他市场的过程中，遇到了巨大的挑战。尤其是 2009 年 11 月发布的 618 号文，标志着中国前所未有地采用国内知识产权作为市场准入的条件。在这些标准之下，美国企业的产品实际上已经不可能有资格享有这些优先权和特惠，除非美国企业在中国建立分支机构，并且将其新产品的研究和发展成果转让给中国。虽然这些规则适用于政府采购领域，但普遍的担忧是，这些规则有可能被中国的其他购买者在更加宽泛的意义上适用。这也预示着，美国进入中国市场有可能遇到一个更加重大的障碍。这些规则直接与中国政府多次做出的杜绝贸易保护主义承诺相违背，这些承诺包括在 2009 年 11 月召开的中美首脑会议中，胡锦涛与奥巴马作出的追求开放的贸易与投资环境的共同约定。这些政策的实施将对中国发展以技术为基础的 21 世纪的经济产生适得其反的效果。在与美国商界的其他团体的共同合作下，ECAT 对美中两国政府提出了这些问题。

对于中国在 2010 年 4 月 10 日发布的《关于开展启动 2010 年国家自主创新产品认定工作的通知》（征求意见稿），ECAT 希望中国政府能够修改其中的若干条款，包括：第一，放松某些知识产权要求，允许自主创新产品的认定建立在那些已经在中国被许可使用、但来自海外的知识产权基础上。第二，取消商标必须首先在中国注册登记的要求，只需要求申请人在中国对该产品的商标享有排他性的权利或者具有使用该商标的权利。然而，该征求意见稿在其他方面仍然使得 ECAT 感到担忧，这些方面包括：该制度与在中国进行政府采购和商业采购之间的关系；继续使用知识产权作为政府采购优先权和创新促进的一个组成部分，其核心条款存在着含糊不清和模棱两可的问题。ECAT 敦促美国政府与中国政府进行磋商，以停止这些自主创新政策的实施，并且促使中国制定能够推动互惠、开放和互利关系的政府采购政策和自主创新的其他政策。

关于政府采购法，中国在 2002 年制定的《政府采购法》已经为所有的政府采购措施奠定了法律基础，并要求采购者应该基于"合理的商业考虑"使用国内产品与服务，除非这些产品与服务在中国无法获得。此外，中国还发布了许多与该基本法律相关的规定和指南。例如，中国在 2010 年 1 月 11 日发布了《政府采购法实施条例》草案，它对中国现有的政府采购法律框架进行了更为清晰的阐明，并且在许多方面也正如中国去年在中美商贸联合会中所作的承诺，给予外商投资企业与中国企业平等的待遇。然而，该实施条例草案第 9 条却给予中国自主创新产品以优先权，这成为政府采购的一个主要限制。ECAT 对中国关于政府采购进口产品的这种行政措施感到担忧。中国财政部于 2007 年 11 月发布的一项规定也将严重限制中国政府采购进口的外

入世十年 法治中国——纪念中国加入世贸组织十周年访谈录

国产品与技术。由于《政府采购法》及相关规定、指南与通告的发布，美国企业，甚至是那些已经在中国进行投资的美国企业，只能享有有限地进入中国政府采购市场的机会。值得注意的是，中国为加入WTO的《政府采购协定》，已经于2007年11月开始与其他WTO成员进行正式谈判，目前，这些谈判正在进行中。但是，与此同时，中国却正在通过自主创新以及其他政策，使中国的政府采购规则具有更强的限制性，这种做法是与WTO的基本原则相违背的。

关于在WTO框架内美中经济关系的处理，Calman I.Cohen博士建议，中国应当扩大并加强入世承诺。要做到这一点，中国必须加快加入《政府采购协定》的步伐，以便促使中国能够拥有一个透明的、非歧视的和有效益的政府采购。

2.Debbie Stabenow

美国国会参议员Debbie Stabenow先生指出，中国政府直接控制着40%的中国工业以及所有的国家银行。虽然部分经济部门不是由政府直接控制的，但是，政府仍旧可以对其施加大量的压力和影响。奥巴马总统已经声明，他的目标是在未来十年内使得美国的出口贸易翻一番。但是，如果不能打开中国这个广阔的市场，美国的这一目标永远无法实现。要真正打入中国这个巨大的市场，美国企业就必须要突破中国的政府采购市场。入世十年来，中国从未与任何国家签署《政府采购协议》。由于中国并不是该协议的缔约方，美国目前还无权要求中国改变这种不公平的政府采购政策。这也就是我为什么将会在下周向立法机关提交《中国公平贸易法案》(China Fair Trade Act)的原因。我希望，该法案可以阻止美国政府用纳税人的钱去采购中国的产品和服务，除非中国政府"按WTO规则出牌"，向美国企业开放其政府采购市场。美国政府是能够通过对中国政府不断施压，为美国产品打开中国市场，并为美国人民创造更多的就业机会的。

3.Sherrod Brown

来自俄亥俄州的参议员 Sherrod Brown 先生认为，中国的"鼓励自主创新"政策为使用中国自主研发知识产权的产品提供了政府采购方面的优惠。虽然美国也有类似的政策措施，比如美国颁布了《购买美国货法》，但是，美国是 WTO《政府采购协定》的缔约方之一，美国在制定预算法中的"购买美国货"条款时，它是本着使该条款与 WTO 规则保持一致的原则制定的。

4.Terence Stewart

Stewart and Stewart 律师事务所合伙人 Terence Stewart 先生认为，自加入 WTO 以来，中国已经通过经济体制改革和修改法律法规的方式进行了富有成效的市场化转变。这些转变遵循了中国在 WTO 中作出的承诺，促进了中国的经济增长和贸易量的增长。然而，中国的经济改革并不完善，中国入世后并没有纠正一些持久且严重的阻碍和限制。虽然在许多领域，中国仍然继续修改其法律和实践，以期与 WTO 规则相符，但在其他很多领域，包括美国在内的贸易伙伴仍然继续批评中国的那些不符合 WTO 义务和承诺的政策与措施，其中就包括中国的政府采购措施。美国指责中国政府"一直持续采取通过政府采购的方式给予国内产品以优惠"的政策。中国在 2007 年 12 月实施的措施，旨在将政府采购的产品由"自主创新"产品转变为"中国国内制造"产品。自 WTO 于 2008 年对中国进行贸易政策审查之后，中国又出台了一系列中央和地方的"购买国货"的政策。2009 年 11 月，中国政府还发布了对于合格产品和标准的识别通告，使得这些产品被识别为自主创新产品。通过这种认证的产品将在政府采购产品的时候获得优惠待遇。

那么，可否利用 WTO 机制处理中国政府的产业政策引发的贸易问题？ Terence Stewart 先生认为，虽然国有企业仍然是中国经济中的重要角色，但 WTO 不可能很好地处理国有企业带来的问题。同时，WTO 也不可能处理不在 WTO 协议管辖范围之内的问题，因为由于中国到目前为止仍然没有加入《政府采购协定》，导致中国持续拒绝外界指责其政府采购制度。

5.Oded Shenkar

俄亥俄州立大学费舍尔商学院的 Oded Shenkar 教授认为，中国在遵守非歧视待遇原则上的总体表现并不理想。一个典型的歧视性例子就是中国的"自主创新"政策，该政策已经成为政府采购和国有企业提高产品创新性的优惠措施，而且这种情况日益严峻。

6.Clyde V.Prestowitz

美国经济战略研究所主席 Clyde V.Prestowitz 先生认为，美国企业在中国面临的困难，除了中国的知识产权保护措施不力和中国的本土发展运动之外，还有中国政府正式和非正式的发布的"购买中国货"规则以及中国政府对特定产业和企业的补贴。WTO 不可能真正地解决这些问题。

7.James Bacchus

美国 Greenberg Traurig LLP 律师事务所全球贸易和投资业务主席 James Bacchus 先生与其他发言人在这方面的观点不尽相同。他认为，美国对中国制定的自主创新政策产生担忧是可以理解的，美国担心这一政策将使中国以歧视性的方式实施政府采购政策。但可以肯定的是，这样的歧视并不能促进中国的自主创新，它只能阻碍中国从国外创新产品中获得利益，并阻碍中国从可以刺激国内创新的外国竞争中获益。但是，美国也制定了"购买美国货"条款以抵制中国产品进入美国的政府采购市场，那么，美国还有什么理由来批评中国实行"购买中国货"的要求呢？只有中美两国都杜绝歧视性的政府采购做法，并通过共同努力促使WTO《政府采购协定》成为一个真正的全球化协定，才能实现两国各自的利益。

六、清洁能源问题

来自俄亥俄州的参议员 Sherrod Brown 先生在此次听证会上就清洁能源政策问题表达了其观点。他认为，美国应当采取强硬的贸易措施以确保美国在全球清洁能源经济中的主导地位。在美国创建一个美好的清洁能源前景，无疑将会促进美国在能源上的独立。然而，中国正在采取一切必要的手段，不惜一切代价地确保其在世界清洁能源制造业中居于主导地位。去年，北京在可再生能源上的投资达到 340 亿美元，而美国在这方面的投资额仅为 180 亿美元，为中国投资额的一半多一点。美国每天都在拖延着清洁能源方面的投资：美国每天进口 1100 万桶原油，使得伊朗每天可以挣到 1 亿 7000 万美元；中国则每天花费 5100 万美元以便在清洁能源制造业的竞争中超越美国。如果中国引领清洁能源革命，这意味着美国除了依赖进口外国原油外，还将依赖中国的清洁能源技术和制造业。如果美国有正确的投资、强有力的贸易措施以及税法的恰当执行，美国就可以确保这种情况将不会发生。

在强化贸易措施的同时完善可预见的税收机制，将吸引外国投资者在该国进行清洁能源方面的投资。在俄亥俄州，大学和企业之间在劳动力发展方面的合作，已经为该州成为清洁能源制造行业的硅谷打下了基础。俄亥俄州的托莱多比美国其他城市有着更多的太阳能制造业工作机会。在克利夫兰，当地企业与国内企业或者跨国公司将联手在伊利湖上建造首个风力涡轮机发电厂。但是，中国目前正在利用充足的资本垄断清洁能源的制造行业，并且通过歧视性措施排除美国公司在市场上的竞争。最为危险的是，世界上十个最大的太阳电池板制造商中有五个来自中国。但是，最大的也是第一个太阳电池板生产商的大多数产品的生产是在美国俄亥俄州的 Toledo。如果美国希望在太阳电池板制造业保持世界第一的位置，希望美国企业继续在世界上处于领先地位，就应该保证这些美国企业可以进入世界上的所有市场。但是，中国在垄断风能和太阳板产品市场与技术的同时，对外实际上也封闭了其市场。这就是我为什么建议美国需要强化贸易执行机制的原因。美国行政部门发起"301"调查，实际上就在向中国显示，美国对于该兴起市场的竞争是非常关注的。总之，美国不应该在21世纪的下一个十年仍然面临前十年遇到的同样问题。

❖ 附录：术语解释 ❖

"9·11事件"

美国东部时间 2001 年 9 月 11 日上午（北京时间 9 月 11 日晚上），恐怖分子劫持 4 架民航客机，撞击美国纽约世界贸易中心和华盛顿五角大楼，包括美国纽约地标性建筑世界贸易中心双塔在内的 6 座建筑被完全摧毁，其他 23 座高层建筑遭到破坏，美国国防部总部所在地五角大楼也遭到袭击。在该事件中，近 3000 人罹难。因发生在 9 月 11 日，故该事件被称为"9·11事件"。

APEC

指亚太经合组织（Asia-Pacific Economic Cooperation）。创建于 1989 年，是非约束性的政府间国际组织，现有 21 个成员，秘书处设在新加坡。APEC 在遵循协商一致原则的基础上进行决策，各成员在自愿基础上做出承诺。APEC 的宗旨是实现亚太地区经济的持续增长和发展；加强开放的多边贸易体系；关注经济问题；鼓励货物、服务、资本和技术的流动。APEC 还致力于通过政策协调和经济技术合作，创造一个安全和有效的商业环境。APEC 的最高权力机构是领导人会议，会议形成的领导人宣言是指导 APEC 各项工作的重要纲领性文件。APEC 首次领导人非正式会议于 1993 年 11 月在美国西雅图召开。此后每年召开 1 次会议，在各成员间轮流举行，由各成员的领导人出席。

Common Agriculture Policy

指共同农业政策。该政策最早是由欧共体成员签署的《罗马条约》作出规定的。1960 年，欧共体委员会正式提出了建立共同农业政策的具体方案，并于 1962 年起逐步予以实施。共同农业政策是当时在欧共体内实施的第一项共同政策。该政策的基本目标是：提高欧共体农业的劳动生产率、确保农业从业人员收入、稳定农产品市场、保持农产品合理的销售价格以及确保农产品供应。其主要内容是：对内建立共同农业基金、统一农产品市场和价格、对农产品出口予以补贴；对外则设置随市场供求变化而调整的差价税、配额等贸易壁垒，使欧共体农业免遭外部廉价农产品的竞争。经过几次比较大的改革，共同农业政策由过去以价格支持为基础的机制逐步过渡到了以价格和直接补贴为主的机制，并越来越强调农业的多功能性和可持续性，确保欧共体农村的全面发展。

由于欧共体的共同农业政策对国际农产品贸易具有重大影响，且其政策内容对贸易具有很大程度的扭曲作用，因而一直备受其他国家的非议和质疑。在乌拉圭回合谈判中，欧共体的共同农业政策受到了美国和凯恩斯集团的猛烈抨击，乌拉圭回合谈判几乎因此功亏一篑。最终，作为谈判的最终妥协，欧共体同意在 1995 年开始的 6 年内减少 1/3 的补贴。在多哈回合的农业谈判中，欧盟共同农业政策也是各方关注的焦点之一。谈判能否取得实质性进展，在很大程度上取决于欧盟在农业议题上的灵活性。

FSC

指外国销售公司法案（US-Tax Treatment for Foreign Sales Corporations）。它是欧共体对美国提起的一起 WTO 争端。1971年，为促进出口、减少贸易赤字，美国制定法律，对设在美国、主要从事出口美国产品的贸易公司免除联邦所得税。欧共体认为，美国的这一规定与关贸总协定的反补贴规定相违背，相当于实行变相补贴。于是就诉到关贸总协定。1976年11月，专家组作出裁决，认为美国的做法构成了出口补贴，违反了关贸总协定第16.4款。但是，该报告被关贸总协定总理事会搁置了五年，直到1981年12月才通过报告。为执行裁决，美国于1984年通过了 FSC 法。该法规定，在外国设立主要从事出口美国产品贸易公司的美国投资者可以免除其出口所得的联邦所得税。欧共体认为，该法仍然违反关贸总协定的规定。遂于1997年11月向美国提出磋商请求，由于磋商失败又于1998年7月提出设立专家组的请求。1999年10月，专家组散发报告，裁定美国的做法违反了 WTO 相关规则。2000年2月，上诉机构作出报告，再次认定美国的做法违反了 WTO 规则。2000年3月，WTO 通过了上诉机构报告和修改后的专家组报告，并要求美国在10月前撤销 FSC 的补贴措施。为执行裁决，美国于2000年11月15日通过了《废止国外销售公司法与域外收入免税法》（ETI）。欧共体认为，该法仍然未能满足裁决的要求，故请求 WTO 成立 DSU 第21.5条专家组。专家组裁定美国没有执行 WTO 裁决。美国提出上诉，上诉机构于2002年1月作出裁决，维持了专家组裁决。由于美国未能执行裁决，2003年5月7日，WTO 授权欧共体对美国采取报复措施。2004年3月1日，欧共体对美国采取报复措施。2004年10月22日，美国为执行WTO裁决，通过了《美国就业法》，废止了ETI法，但规定了过渡期条款和祖父条款，试图对某些交易在短期内继续提供补贴。于是，欧共体又提出了第二个DSU第21.5条专家组程序。专家组支持了欧共体的请求，裁决美国未能履行先前裁决。美国又提出上诉，上诉机构于2006年2月13日散发报告，3月14日，上诉机构报告和修改后的专家组报告获得通过并生效。2006年5月11日，美国最终通过立法废止《就业法》中的祖父条款，过渡期条款则于2006年年底届满。故到2006年年底，美国才算完全履行了WTO裁决。长达40年的欧美贸易争端落下帷幕。

G19

指19国集团。是WTO中的19个成员为协调立场组成的一个松散型谈判协调组织。这19个国家是：美国、日本、德国、法国、英国、意大利、加拿大、俄罗斯、中国、阿根廷、澳大利亚、巴西、印度、印度尼西亚、墨西哥、沙特阿拉伯、南非、韩国和土耳其。

G20

目前，国际上有两个协调机制都称为G20。一是指多哈回合发展中国家农业议题20国协调小组。它是多哈回合中发展中国家之间的一个农业谈判协调机制，于2003年在墨西哥坎昆召开的WTO第五届部长级会议上首次出现，主要由亚洲、非洲和拉丁美洲的发展中国家组成。其中，巴西充当了协调国，中国、印度、阿根廷、南非是核心成员。参加协调的国家最初有16个，后来增加到20个，最多时达到23个，后来也有一些国家退出。因参加会议的成员数量经常发生变化，有时也被称为"21国集团"（G21）或"22国集团"（G22）等。

为了保持协调机制的形象和稳定性，该协调机制决定，不管参加协调的国家数目如何变化，以后都叫 G20。第二个称为 G20 的协调机制是指二十国集团，它是为应对金融危机而形成的国际经济合作论坛，旨在建立全球金融标准、透明财政政策、反投机反洗钱和融资等经济标准。1999 年 9 月 25 日，八国集团（美国、英国、日本、法国、德国、加拿大、意大利、俄罗斯）财长宣布成立 20 国集团。20 个国家除了上述 8 国和欧盟之外，还包括 11 个重要新兴工业国家（中国、韩国、澳大利亚、南非、印度、印尼、巴西、沙特、墨西哥、土耳其、阿根廷）。二十国集团首脑峰会是该论坛的最高级别会议，此外还有财政部长及中央银行行长会议。二十国集团首脑峰会在应对金融危机方面发挥了重要作用。

G7

指西方七国集团首脑会议（或七国集团），由美国、英国、法国、德国、意大利、加拿大和日本组成。它是现在的八国集团首脑峰会（G8）的前身。G7 会议是上述国家为研究经济形势、协调政策而举行的首脑会议，开始于 1975 年。多年的运行已经让 G7 会议成为西方主要发达工业国的首脑会议，多项国际行动计划均在这一框架内达成。

ICITO

参见国际贸易组织临时委员会。

ITA

《信息技术产品协议》（Information Technology Agreement）。该协议由 29 个 WTO 成员于 1996 年 12 月 9 日至 13 日在新加坡召开的第

一届部长级会议上签署，1997 年 4 月 1 日生效。协议由 WTO 成员自愿参加，中国于 2003 年 4 月 24 日加入该协议。目前，该协议有 70 个成员。协议包括序言、4 个条款及 1 个附件组成。主要规定了信息技术产品的范围、关税及其他税费削减、实施期以及扩大产品范围的进一步谈判等内容。协议的宗旨是：提高社会水平及扩大商品生产和贸易的目标，实现信息技术产品全球贸易的最大自由化，鼓励世界范围内信息技术产业的不断技术进步。

NAFTA

《北美自由贸易协定》(North American Free Trade Agreement)。该协定由美国、加拿大和墨西哥于 1992 年 8 月 12 日签署，1994 年 1 月 1 日正式生效。根据协定的规定，自 NAFTA 生效之日起的 15 年内，各缔约方逐步消除贸易壁垒、实施商品和劳务的自由流通。

NAMA

指非农产品市场准入 (Non-Agriculture Market Access)。非农产品是指《农业协议》不适用的产品。2001 年 11 月，WTO 多哈部长级会议同意，非农产品市场准入谈判目的是降低或酌情取消关税，包括降低或取消关税高峰、高关税、关税升级以及非关税壁垒。谈判覆盖的产品范围广泛，基本前提是所有的非农产品都必须包括在内。对于非农环境保护产品的关税和非关税壁垒的削减或取消问题，也是在非农产品市场准入谈判框架内来处理。

NGO

指非政府组织 (Non-Governmental Organization)。包括不被视为政

府部门的协会、社团、基金会、慈善信托等，通常不以营利为目的。NGO 在全球范围的兴起始于 20 世纪 80 年代。随着全球人口、贫困和环境问题的日益突出，人们发现，仅仅依靠传统的政府和市场，仍然无法解决人类的可持续发展问题。作为一种回应，NGO 迅速成长，并构成社会新的一级。非政府组织的经济来源主要是社会及私人的捐赠。

OECD

是指经济合作和发展组织（简称经合组织，Organization for Economic Co-Operation and Development）。1961 年根据《经济合作与发展组织公约》成立，其前身是欧洲经济合作组织。OECD 的职能主要是研究、分析和预测世界经济的发展走向，协调成员国关系，促进成员国的合作，为成员国制定国内政策和确定在区域性与国际性组织中的立场提供帮助。OECD 的总部设在法国首都巴黎，现有 30 个成员国，包括澳大利亚、奥地利、比利时、加拿大、捷克、丹麦、芬兰、法国、德国、希腊、匈牙利、冰岛、爱尔兰、意大利、日本、韩国、卢森堡、墨西哥、荷兰、新西兰、挪威、波兰、葡萄牙、斯洛伐克、西班牙、瑞典、瑞士、土耳其、英国、美国。OECD 的最高权力机构是理事会，由成员国各派一名代表组成，负责制定政策、审查工作、批准预算等。中国未加入 OECD，但于 1995 年与它建立了对话合作关系。

SPS 协定

指《实施卫生与植物卫生措施协定》（Agreement on the Application of Sanitary and Phytosanitary Measures）。该协定是 WTO 的货物贸易协定之一，其宗旨是改善各成员的人类健康、动物健康和植物卫生状况。SPS 协定并不阻止各成员为保护人类、动物或植物的生命或健康而采取或实施必需的措施。但是，这些措施的实施方式不得构成在情形相同的成员之间进行任意或不合理歧视的手段，或构成对国际贸易的变相限制。协议共有 14 条，规定了基本权利和义务、协调、等效、风险评估和适当的卫生与植物卫生保护水平的确定、透明度、控制和检查与审批程序、技术援助、特殊和差别待遇等内容。

TBT

指技术性贸易壁垒措施（Technical Barriers to Trade）。它是非关税壁垒的一种，指扭曲贸易的技术法规、标准和合格评定程序。技术法规、标准以及合格评定程序对国际贸易具有双重影响。一方面，它有助于保证产品的质量，保护人类、动物或植物的生命或健康及保护环境，防止欺诈行为，从而维护国际贸易的正常秩序。另一方面，它也可能构成在情形相同的国家之间进行任意或不合理歧视的手段，构成对国际贸易的变相限制，从而给国际贸易带来不必要的障碍。在关贸总协定进行多轮关税谈判之后，技术性壁垒逐渐成为各国保护国内市场的主要手段。于是，在关贸总协定 1979 年的东京回合上，缔约方达成了《技术壁垒守则》，以期规范技术性贸易措施，努力消除阻碍贸易的技术性壁垒。在《技术壁垒守则》的基础上，乌拉圭回合又达成了《技术性贸易壁垒协定》。

TRIPS

指《与贸易有关的知识产权协定》（Agreement on Trade-Related Aspects of Intellectual Property Rights）。该协定是 WTO 法律体系的重要组成部分，与《关税与贸易总协定》、《服务贸易总协定》构成 WTO

多边贸易体制的三大支柱。TRIPS 协定第一次将各类知识产权的保护纳入单一的国际条约。TRIPS 协定的目的是期望减少对国际贸易中的扭曲与阻碍，但考虑到需要促进对知识产权的有效和充分保护，故保证实施知识产权的措施和程序本身不成为合法贸易的障碍就成为协定的主要目标。协议共有 73 条，规定了基本原则，知识产权效力、范围和使用的标准，知识产权的实施，知识产权的取得和维持以及当事人之间的相关程序等内容。

WTO plus

指在 WTO 义务的基础上再增加额外的义务。WTO 成员之间签订的区域贸易协定大多在 WTO 义务之外作出额外规定。有人认为，中国入世议定书包含了超出 WTO 协定要求的义务。

WTO 市场准入司

是 WTO 秘书处之下的一个机构（Market Access Division），负责市场准入谈判等问题。由一名副总干事直接领导，负责组织正式会议和正式会议之前的非正式会议与协商。

WTO 争端解决机制

指根据《关于争端解决规则与程序的谅解》（DSU）建立起来的解决争端原则、规则和程序的总称。DSU 共有 27 条，主要规定了范围和适用、管理、总则、磋商、斡旋和调解与调停、专家组程序、上诉审议程序、裁决时限、裁决的监督执行等事项。WTO 争端解决的通常程序是：协商，专家组程序，上诉程序。发生争端后，先行磋商。如果磋商不能达成一致，可请求设立专家组作出裁决。如果对专家组裁决不服，可以向上诉机构提出上诉。上诉机构的裁决是终审裁决。自 WTO 于 1995 年 1 月 1 日成立到 2011 年 5 月 23 日，WTO 争端解决机构已经受理了 424 个案件。

巴塞尔协议

1975 年 2 月，在国际清算银行的主持下，"十国集团"成员国（比利时、英国、加拿大、法国、荷兰、意大利、日本、瑞典、德国、美国）和瑞士、卢森堡等 12 个国家中央银行的首脑在瑞士的巴塞尔聚会，讨论跨国银行的国际监督与管理问题，会议决定成立一个监督常设委员会——银行管理和监督实施委员会，简称巴塞尔委员会。巴塞尔委员会自 1975 年成立以来，对跨国银行的监管提出了一系列原则、规则、标准和建议，统称为巴塞尔体系。主要包括：《对银行国际业务的并表监管》、《银行外汇头寸的监管》、《对银行国外机构的监管原则》（巴塞尔协定）、《银行表外风险管理》、《统一资本衡量与资本标准的国际协议》等。巴塞尔委员会发布的上述文件主要规定了最低标准和最佳做法，而且都不具备法律效力。

报告书

指中国加入工作组报告书。它是中国与 WTO 成员之间通过谈判达成，由中国加入 WTO 工作组拟就并最终由 WTO 部长级会议审议通过的中国加入 WTO 的法律文件之一。工作组报告书共有 343 段，分为八个部分：导言；经济政策；政策制定和执行的框架；影响货物贸易的政策；与贸易有关的知识产权制度；影响服务贸易的政策；其他问题；结论。工作组报告书以工作组成员与中国代表相互应答的方式书就，其内容主要为：关于中国复关和加入 WTO 谈判简要过程的回顾；

针对工作组成员就中方在市场准入等方面的承诺所提出的进一步关注，中国代表所做的解释、澄清和进一步确认；针对中国代表就《中国加入 WTO 议定书》中某些规定（如反倾销价格可比性、特定产品过渡性保障机制等）可能被滥用所表达的关注，工作组全体所做的相应承诺等等。根据《中国加入 WTO 议定书》第一部分第 1 条第 2 款的规定，工作组报告书中记载中国承诺的所有段落均应成为《世贸织协定》的组成部分。工作组报告书中的承诺段具有与《中国加入 WTO 议定书》条款同等的法律效力。

议定书

指中国加入 WTO 议定书。它是由中国与 WTO 成员之间通过谈判达成并最终由 WTO 部长级会议审议通过的、记载中国加入 WTO 条件的谈判结果的法律文件之一。议定书正文包括序言及三个部分，三个部分分别是：总则、承诺表及最后条款。第一部分（总则）共涉及 18 个议题，涵盖了中国加入 WTO 的主要条件以及对其他 WTO 成员针对中国的某些措施定授权（如反倾销、特定产品保障措施等）。第二部（承诺表）主要是确认了关于货物贸易和服务贸易的个承诺表的法律地位，明确了承诺的起始实施期。第三部分（最后条款）规定了议定书签字、生效、登记及效力等问题。议定书还有 9 个附件。

"毕业"

原指享受普遍优惠待遇的发展中国家失去受益资格。本书中的毕业是指中国在 WTO 中的身份由发展中国家变为发达国家，承担更重的义务。

伯尔尼公约

全称是《保护文学和艺术作品伯尔尼公约》（Berne Convention for the Protection of Literary and Artistic Works）。它是著作权保护方面的国际条约，于1886年9月9日在瑞士的伯尔尼签署。原始签字国有瑞士、英国、比利时、德国、法国、意大利、西班牙、利比里亚、海地和突尼斯等10国。中国于1992年10月15日成为该公约成员国。

不结盟的国际外交政策

指南斯拉夫的不结盟政策。该政策主张在国际事务中和平共处，积极合作；在不同社会制度的国家之间建立自主、平等对话的关系；反对建立军事集团、军备竞赛，主张全面缓和，要求建立国际经济新秩序和开展平等的经济合作。该政策是南斯拉夫在1948年在外交上彻底摆脱了同苏联结盟之后倡导的政策。1961年，南斯拉夫作为不结盟运动的倡导国之一在贝尔格莱德召开了第一届不结盟国家政府首脑会议，对不结盟原则和政策的理论基础作了说明，奠定了不结盟运动的基础。1979年哈瓦那不结盟会议曾对铁托为不结盟运动所做的贡献加以特别表彰。

存量市场

指已经饱和的市场。

代表处

指WTO各缔约方设立在WTO总部日内瓦的常驻机构。

党委领导下的厂长负责制

指中国的国营企业在过去实行的一种管理制度。即厂长必须在工厂党委（总支部、支部）的领导下对工厂的生产经营活动行使统一指挥权，并在国家规定的范围内，对工厂的人、财、物有调度处理权，但重大问题需由厂长提请党委讨论决定或者审议后报请上级批准。此外，厂长还应定期向党委和职工代表大会报告工作。

邓克尔文本

阿瑟·邓克尔（Arthur Dunkel）(1932 年 8 月 23 日－2005 年 6 月 5 日)，瑞士人，1980 年至 1993 年担任关贸总协定的总干事。它在乌拉圭回合谈判中发挥了重要作用，1991 年底形成的乌拉圭谈判内容就是由他起草的，因此，该文本也称为"邓克尔文本"。该文本奠定了乌拉圭谈判的基础。

邓小平南方讲话

1992 年初，邓小平先后到武昌、深圳、珠海、上海等地视察，并发表了一系列重要讲话，通称"南方讲话"。讲话针对人们思想中普遍存在的疑虑，重申了深化改革、加速发展的必要性和重要性，并从中国实际出发，站在时代的高度，深刻地总结了十多年改革开放的经验教训。并在一系列重大的理论和实践问题上，提出了新思路，有了新突破，将建设有中国特色社会主义理论大大地向前推进了一步。这个讲话标志着继毛泽东思想之后，马克思主义与中国实际相结合的第二次伟大历史性飞跃的思想结晶即邓小平理论的最终成熟和形成。

电信协定

是 WTO《服务贸易总协定》的附件之一。它是各国成员应遵守的最低限度的电信市场准入标准，适用于各成员影响进入和使用公共电信传输网络和服务的所有措施，不适用于影响有线或无线电广播或电视节目传播的措施。它要求各成员确保按照合理的、非歧视的条件允许其他成员的服务提供者进入或使用其公共电信网及其服务，包括在具体承诺表中承诺提供的服务；应允许服务提供者购买或租赁附加终端和其他与公共电网互联的必需设备。各成员应确保其他成员服务提供者在其境内或越境使用公共电信网及其服务，包括私人租用线路，允许所租用的线路与公共电信网及第三人租用的线路互联。该协定要求各成员一致遵守，一成员即使没有参加《服务贸易总协定第四议定书》，没有在基础电信方面做出任何市场准入承诺，也要为其他成员服务提供者在其境内从事相关服务更提供进入和使用公共电信网的基本保证。

对外依存度

指一国经济对国际市场的依赖程度，主要指标为外贸依存度，即一国对外贸易总额与国内生产总值的比值。

对中国贸易政策的审议

WTO 成员根据贸易政策审查机制对中国贸易政策进行的审查。除了这一机制外，中国加入 WTO 议定书还规定了过渡性审议机制，主要审议中国实施《WTO 协定》和议定书相关规定的情况。根据议定书第 18 条的规定，中国应在加入 WTO 后的前 8 年内每年接受 WTO

每一下属机构和总理事会的审议，并将在第 10 年或总理事会决定较早的日期进行最终审议。

多边谈判

指在关贸总协定和 WTO 体制内，为降低贸易关税、削减贸易壁垒、推进多边贸易自由化而举行的多边贸易谈判。从 1947 年到 WTO 成立，关贸总协定共发起了八轮多边贸易谈判。其中，1986 至 1994 年进行的乌拉圭回合谈判是关贸总协定历史上的最后一轮、也是范围最广的一轮多边贸易谈判。它不仅导致了 WTO 的成立，并且使多边贸易体制管辖范围从货物贸易扩大到了服务贸易、与贸易有关的投资措施和与贸易有关的知识产权问题，并建立了争端解决机制。WTO 成立后，又在 2001 年 11 月于卡塔尔首都多哈举行的 WTO 第四届部长会议上启动新一轮多边贸易谈判——多哈回合谈判。

多哈回合

2001 年 11 月，WTO 第四次部长级会议在卡塔尔首都多哈启动了新一轮多边贸易谈判，简称"多哈回合"，又称"多哈发展回合谈判"。该轮谈判确定了 8 个谈判领域，即农业、非农产品市场准入、服务、知识产权、规则、争端解决、贸易与环境以及贸易和发展问题。目前，该回合的谈判仍未结束。

反补贴

指一国反补贴调查机关针对进口产品采取的反补贴调查和反补贴措施。

反倾销

指一国反倾销调查机关针对进口产品采取的反倾销调查及反倾销措施。

非关税壁垒

泛指各国对进出口商品采取的关税之外的限制进出口的措施。主要包括进出口配额措施、进出口许可证措施、外汇管制措施、技术性贸易措施等。

非歧视

是 WTO 最基本的原则之一，又称"无差别待遇原则"。它是指一成员对另一成员的货物或服务应给予平等待遇，包括给予最惠国待遇和国民待遇。

非市场经济国家

指不基于成本或定价机制的市场原则运作、商品销售不反映商品的公平价值的国家。对于在反倾销调查中被认定为非市场经济国家的出口产品，调查机关在确定正常价值时，将采用以替代国价格方法为主的其他方法。

"复关"

指恢复中国在《关贸总协定》中的原始缔约方地位，简称"复关"。1986 年 7 月 10 日，中国驻日内瓦代表团大使钱嘉东代表中国政府正式向关贸总协定提出申请，请求恢复中国在关贸总协定中的缔约方地位。1987年10月22日，关贸总协定中国工作组第一次会议在日内瓦举行，确定其工作日程。但在WTO成立之前，中国未能恢复在关税与贸易总协定中的地位。1995年1月1日，WTO正式成立。同年11月，中国政府照会WTO总干事，将中国"复关工作组"更名为"入世工作组"。从这天起，中国"复关"谈判变成了"入世"谈判。

富人俱乐部

对关贸总协定的一种称呼。在关贸总协定初期，因其缔约方主要是西方发达国家，很少有发展中国家，因而被称为"富人俱乐部"。但随着发展中国家加入数量的不断增加，这种情况有了很大的变化。现在，WTO的大多数成员是发展中国家。

哥本哈根

指2009年12月7－18日在丹麦首都哥本哈根召开的《联合国气候变化框架公约》第15次缔约方会议暨《京都议定书》第5次缔约方会议。超过85个国家元首或政府首脑、192个国家的环境部长出席会议此次会议，商讨《京都议定书》一期承诺到期后的后续方案，即2012年至2020年的全球减排协议。会议的主要焦点集中在全球温室气体减排的责任分担上。由于各国分歧较大，谈判数度几近"崩盘"。最后，各方代表经过马拉松式的辩论终于取得广泛共识，达成了不具法律约束力的《哥本哈根协议》。但是，委内瑞拉、玻利维亚和苏丹的代表则公开抵制这份文件，称协议缺少足够的资金和减少二氧化碳的目标。

工作组会议

又称中国复关工作组会议，后改称中国入世工作组会议。1987年

3月，关贸总协定设立中国工作组，同年10月举行了工作组第一次会议。1995年11月，中国政府照会WTO总干事鲁杰罗，把中国复关工作组更名为中国入世工作组。中国"复关"谈判变成"入世"谈判。

公共机构

指反补贴协议中作为补贴主体之一的公共机构。

关贸总协定23个初始缔约方

1947年10月在哈瓦那召开的联合国贸易和就业会议上，各国就建立国际贸易组织问题通过了《哈瓦那宪章》。在进行哈瓦那宪章谈判的同时，一些国家将《哈那宪章》中涉及关税和贸易政策的条款单列，并通过谈判达成关贸总协定。1948年1月1日，关贸总协定根据23国签署的《临时适用议定书》生效。这23个国家被称为关贸总协定的23个原始缔约方。这些国家是：澳大利亚、比利时、巴西、缅甸、加拿大、锡兰（斯里兰卡）、智利、中国、古巴、捷克斯洛伐克、法国、印度、黎巴嫩、卢森堡、荷兰、新西兰、挪威、巴基斯坦、南罗得西亚（津巴布韦）、叙利亚、南非、英国及美国。

关贸总协定第6条和附注

关贸总协定第6条主要规范"反倾销税和反补贴税"。附注第2条则主要规定了对国营贸易国家的产品确定倾销时的价格比较方法："各方认识到，在进口产品来自贸易被完全或实质上完全垄断的国家，且所有国内价格均由国家确定的情况下，在确定第1款中的价格可比性时可能存在特殊困难，在此种情况下，进口缔约方可能认为有必要考虑与此类国家的国内价格进行严格比较不一定适当的可能性。"

关贸总协定第 10 条

该条是关于透明度义务的规定。根据该条规定，各缔约方关于海关对产品的分类或估价、税捐和其他费用的征收率、对进出口货物及其支付转帐的规定和限制及禁止、关于影响进出口货物的销售、分配、运输、保险、存仓、检验、展览、加工、混合或使用的法令和条例、相关司法判决及行政决定，都应迅速公布。一缔约方政府或政府机构与另一缔约方政府或政府机构之间缔结的影响国际贸易政策的现行协定也必须公布。但并不要求缔约方公开那些会妨碍法令的贯彻执行、会违反公共利益或可能损害某一公私企业的正当商业利益的机密资料。

关税减让

指通过谈判，承担降低关税义务的承诺。它是关贸总协定历次回合谈判的重要内容。通过关税减让谈判作出承诺之后，WTO 各成员必须履行其承诺。通常情况下，产品对产品的关税减让方法由各类商品的主要进出口国家进行多边贸易谈判，制定出具体的减让税率，然后再根据最惠国待遇原则，适用于所有的缔约方。后来，考虑到逐项商品谈判十分费时复杂，于是改用一揽子方式，即对同类商品按同一百分比减税，然后分年度分阶段逐步实施。但因各国关税税率高低不同，若按同一百分比减税，对高税国有利，对低税国不利。有些国家因此主张协调一致公式，即高税国多减，低税国少减，但未能普遍接受。在关贸总协定的东京回合中，瑞士提出一个折中方式，不少国家表示愿意接受瑞士公式。

关税减让表

是将各缔约方关税减让的谈判结果固定化的一种法律文件,其本身是关贸总协定不可分割的组成部分。减让表是具体确定成员应履行的关税减让义务的重要法律依据。各缔约方的减让表分为四个部分:第一部分为最惠国税率,第二部分为优惠关税,第三部分为非关税减让,第四部分是针对农产品的限制补贴承诺。

国际纺织品贸易协议

全称是《关于纺织品国际贸易的安排》(Agreement Regarding Intemational Trade in Textiles),又称为《多种纤维协定》(Multifibre Agreement,MFA)。它是关贸总协定主持下的一项国际多边纺织品与服装贸易协定。该协定允许针对特定目标国的纺织品采取进口配额制度,因而使得纺织品及服装贸易长期游离于关贸总协定之外,造成与非歧视条款和取消数量限制的原则不一致。乌拉圭回合以《纺织品与服装协定》代替了《多种纤维协定》,将纺织品与服装产品的贸易逐渐整合纳入关贸总协定。根据该协定,各成员应从 1995 年 1 月 1 日起的十年内逐步取消纺织品和服装的配额制度。目前,《纺织品与服装协定》已经失效。

国际货币基金组织

即 IMF(International Monetary Fund)。它根据 1944 年召开的联合国国际货币金融会议通过的《国际货币基 金协定》在 1945 年 12 月 27 日正式成立,总部设在华盛顿。IMF 致力于促进全球金融合作、加强金融稳定、推动国际贸易、增进高就业率、经济稳定成长以及降低贫穷。它的最高权力机构是理事会，各成员的投票权按其缴纳基金多少来决定，资金来源于各成员认缴的份额。

国际贸易组织临时委员会

1947 年 11 月至 1948 年 3 月，联合国在古巴的哈瓦那召开贸易与就业国际会议，会议决定成立国际贸易组织临时委员会（Interim Commission for the International Trade Organization）。各方还同意由该委员会为临时适用的《关贸总协定》提供秘书处服务。虽然国际贸易组织最终未能成立，但国际贸易组织临时委员会还是存续了下来。从 1952 年起，国际贸易组织临时委员会正式成为关贸总协定的常设机构，其具体职能包括管理关税及贸易总协定，为关贸总协定内各种机构提供经常性服务，包括会议的准备、记录及编写相关报告，对贸易实绩和贸易政策进行分析，进行各项必要的调查和联络工作，对发展中国家提供技术援助，协助缔约方、专家组及上诉机构解决贸易争端等。临时委员会下设一个监督关贸总协定谈判的执行委员会。1995 年 WTO 成立后，临时委员会被 WTO 秘书处取代。

国民待遇

指 WTO 成员对于原产于其他成员的同类产品或者其他成员的同类服务提供者及其提供的同类服务给予不低于本国同类产品、服务或服务提供者的待遇。国民待遇原则是 WTO 非歧视原则的重要组成部分，亦是 WTO 的一项基本原则。

国务院机电办

国家机电产品进出口办公室的简称，在中国入世前是审批机电产品进口的机构。

国营贸易国家

指国营贸易在一国贸易总量中占主体地位的国家。关贸总协定中的中央计划经济国家大都是国营贸易的国家，这类国家加入关贸总协定需要经过样的审查，通常要求签订加入议定书，承担增加进口和减让关税的义务等。

过渡期

指中国入世过渡期，主要是指中国履行 WTO 义务的过渡期。

哈瓦那宪章

指在古巴首都哈瓦那签署的国际贸易组织宪章。1947 年 11 月，56 国代表在古巴首都哈瓦那召开的联合国贸易和就业会议上签署了《国际贸易组织宪章》。《宪章》规定了就业与经济活动、经济开发与复兴、贸易政策（关税、数量限制、出口补贴等）、限制性贸易政策、政府间商品协定以及建立国际贸易组织的条款。由于未能获得规定数量的签署国立法机关的批准，宪章未能生效，国际贸易组织也因之未能成立。

互不适用协定

指关贸总协定第 35 条的规定。根据该条规定，如果两个缔约方没有进行关税谈判，并且，其中的任何一方在另一方成为缔约方时不同意对它实施关贸总协定，则在这两个缔约方之间将不再适用关贸总协定。也就是说，当一个国家加入关贸总协定时，允许该新的缔约方或任何一个原来的缔约方宣布不与任何一个原来的缔约方或新的缔约方建立关贸总协定下的关系，即尽管他们都是总协定的缔约方，但他们相互不享有总协定下的权利，也不承担总协定下的任何义务。关贸总协定的历史上，日本于 1955 年取得了加入总协定所需的三分之二投票，但当时 33 个缔约方中的 14 个宣布不与其建立总协定下的关系。后来又有许多国家不与其建立总协定关系，前后共达 53 个国家。随后，多数国家又宣布撤销了它们原来的决定。

计划经济

在这种经济体系下，国家在生产、资源分配以及产品消费各方面，都事先进行计划，并严格按照计划执行。由于一切都依赖政府的指令性计划，因此，计划经济也被称为"指令性经济"。

计委

指国家计划委员会，成立于 1952 年 11 月，它是我国计划经济的核心部门。随着我国社会主义市场经济改革的深化和政府职能的转变，国家计划委员会陆续更名为"国家发展计划委员会"以及现在的"国家发展与改革委员会"。

价格双轨制

指基于计划和市场分别进行定价的制度。同一产品，计划内部分实行国家定价，计划外部分实行市场调节价的制度。即一种是计划的垄断性定价，另一种是市场定价。价格双轨制是计划经济走向市场经济的过程中的特殊产物。中国经历了三次价格双轨制向单轨制的转变，第一次是生产资料，第二次是人民币对外币汇率，第三次就是资本市场的价格双轨制。

"杰克逊—瓦尼克"修正案

由美国国会于 1974 年通过，主要针对苏联共产主义国家的产品在美国获得最惠国待遇问题制定的立法，因由杰克逊和瓦尼克提出，故名"杰克逊—瓦尼克"修正案 (Jackson-Vanik Amendment)。该修正案授权总统在一定条件下给予非市场经济国家最惠国待遇。非市场经济国家要获得最惠国待遇，必须满足两个条件：一是与美国达成相互给予最惠国待遇的互惠条款协定，并获得国会批准；二是必须满足自由移民的条件。依据该修正案，美国政府对有关国家的最惠国待遇是暂时的，需要进行一年一度的审议。杰克逊—瓦尼克修正案适用于所有非市场经济国家，也包括中国。2000 年，美国国会通过了对中国正常贸易关系法 (PNTR)，规定自中国加入 WTO 时起，按 WTO 最惠国待遇原则给予中国最惠国待遇，结束对中国的最惠国待遇一年一审的做法。

紧固件案

指中国诉欧盟紧固件反倾销措施案 (DS397)。该案是中国入世以来首次将与欧盟之间的贸易争端诉诸于 WTO 的案件。2010 年 12 月 3 日，WTO 专家组发布报告，裁定欧盟对中国紧固件采取的反倾销措施违反 WTO 规则，并进一步指出欧盟《反倾销基本条例》中有关"单独税率"的规定不符合 WTO 规则。欧盟于 2011 年 3 月 25 日提起上诉。

金融服务领域案件——信用卡案

2010 年 9 月 15 日，美国就中国在与电子支付卡有关的"电子支付服务"的限制措施提起WTO争端解决磋商程序，该案又被称为"VISA与银联之争"(China-Certain Measures Affecting Electronic Payment Services-Complainant:United States of America, DS413)。美国认为，中国人民银行出台的一系列措施指定中国银联垄断处理中国消费者的银行卡交易而排除其他潜在供应商的行为，违反了中国在《服务贸易总协定》第16条和第17条下的市场准入和国民待遇承诺。该案已提交专家组进行审理。

金融服务协定

乌拉圭回合结束后，根据《关于金融服务的决定》，WTO成员于1997年12月12日达成了《服务贸易总协定第五议定书》及金融服务减让表（简称第五议定书）。在该减让表中，各成员就银行、保险和证券及相关附属服务承诺了比乌拉圭回合更高的市场开放水平。1998年2月17日，服务贸易理事会通过了第五议定书，并于1999年3月1日生效。

金融危机

指2008年始发于美国的次贷危机并扩大到全球的金融危机。2007年下半年，美国次级房屋信贷危机浮现，多家次贷供应商宣告破产、遭受巨额亏损或寻求被收购。大量次贷形成坏账，导致基于这些次贷的证券大幅贬值，投资者开始对按揭证券的价值失去信心，引发流动性危机。到2008年7月，美国住房抵押贷款市场巨头房利美和房地美两家公司因陷入经营困境被美国政府接管，随后，美国第四大投资银行雷曼兄弟破产，其他多家大型金融机构转型或被收购。美国金融危机迅速波及欧洲、日本等世界主要金融市场，从而演化成了一场席卷全球的国际金融危机。随着危机的进一步发展，又演化成全球性的实体经济危机。

"金砖四国"

"金砖四国"（BRIC）包括巴西、俄罗斯、印度和中国。BRIC 是上述四国英文名称首字母缩写，因其发音类似"砖块"一词，故得名"金砖四国"。"金砖四国"一词最早由高盛证券公司首席经济学家吉姆·奥尼尔在 2001 年 11 月 20 日发表的一份题为《全球需要更好的经济之砖》（The World Needs Better Economic BRICs）中首次提出。首次"金砖四国"峰会于 2009 年 6 月在俄罗斯的叶卡捷琳堡举行。在南非加入后，有金砖五国的提法（BRICS），或者统称为金砖国家。

禁止性补贴

指 WTO 反补贴协议中禁止各成员方给予或者予以维持的补贴，包括出口补贴和进口替代补贴。但农产品出口补贴的削减则受《农业协议》的约束。

经济互助委员会

简称经互会。它是冷战前苏联和东欧国家应对美国支援欧洲重建的"马歇尔计划"而成立的区域性合作组织，总部设在莫斯科。根据 1949 年 1 月 25 日在莫斯科签订的《经济互助委员会成立公报》，该组织最初的宗旨为"在平等的基础上交流经济建设经验，相互进行技术援助，以实现成员国间更广发的经济合作"。1962 年修改后的《经互会章程》规定，该组织的目的是在国际分工原则上的基础上发展"全面经济合作"。该组织尽管于 1949 年成立，但组织章程直至 1959 年才获得批准，后又经多次修订。除苏联、保加利亚、匈牙利、波兰、罗马尼亚、捷克斯洛伐克、六创始成员外，先后加入的还有民主德国、蒙古、古巴、越南。1989 年，东欧剧变，经互会趋向解体。1991 年 6 月 28 日，该组织在布达佩斯举行最后一次成员国代表会议，正式宣布解散。

凯恩斯集团

指由部分农产品出口国于 1986 年在澳大利亚的凯恩斯成立的松散联合体，有 16 个成员：澳大利亚、新西兰、巴西、阿根廷、智利、哥伦比亚、乌拉圭、巴拉圭、加拿大、斐济、匈牙利、印度尼西亚、马来西亚、菲律宾、泰国和南非。该集团在农产品出口方面享有巨大利益，而农产品贸易方面长期存在的保护主义是其利益的最大危害，因此，该集团一直积极推动农产品贸易的自由化。在乌拉圭回合多边贸易谈判中，凯恩斯集团作为美欧之外的第三支力量，在农产品贸易谈判中发挥了举足轻重的作用。由于其成员中有相当一部分是发展中国家，对农业的支持水平低，因此，凯恩斯集团在多哈回合谈判中主张大幅度削减乃至取消黄箱和蓝箱国内支持，主张发达成员在 3 年内、发展中成员在 6 年内取消出口补贴，认为脱钩的收入支付、收入保险和收入安全网计划具有较大的贸易扭曲作用，应纳入黄箱进行削减，同时还应对国内支持总水平进行限定。

可诉性补贴

指那些本身不被禁止但有可能产生损害结果的补贴。对这类补贴，往往要根据其对贸易的影响判定是否符合 WTO 规则。

快轨授权

指根据美国《1974年贸易法》设立的一种谈判授权机制。根据快轨机制，国会只能在整体上批准或不批准由美国行政机构谈判达成的贸易协议，而不能修改该贸易协议。快轨授权具有一定的时效性，针对特定国际贸易谈判而授予。美国总统及其贸易代表如果没有这样的授权，其谈判签署的协议将面临很大的不确定性，从而削弱这一谈判的效果。

恢复中华人民共和国联合国席位的 2758 号决议

指于 1971 年 10 月 25 日在联合国大会第 26 届会议上就"恢复中华人民共和国在联合国组织中的合法权利问题"进行表决的决议。主要内容为恢复中华人民共和国的一切权利，承认其政府代表为中国在联合国组织的唯一合法代表，并立即把蒋介石的代表从它在联合国组织及其所属一切机构中所非法占据的席位上驱逐出去。该决议以压倒性多数获得通过。

联合国贸发会议

全称是联合国贸易和发展会议 (United Nations Conference on Trade and Development，UNCTAD)。它是由发展中国家倡议，并根据第十九届联大 1995 号决议于 1964 年成立的联合国常设机构，总部设在日内瓦。贸发会议的宗旨是最大限度地促进发展中国家的贸易与投资机会，并帮助它们应对全球化带来的挑战和在公平的基础上融入世界经济。贸发会议每 4 年举行一届大会，大会是贸发会议的最高权力机构。中国于 1972 年参加贸发会议。

联合国体系

指联合国的主要机构及其他附属机构。根据《联合国宪章》的规定，联合国设有联合国大会、联合国安全理事会、联合国经济及社会理事会、联合国托管理事会、国际法院和联合国秘书处等 6 个联合国主要机构。

陆地棉案

是巴西诉美国的一起 WTO 案件（DS267）。2002 年 9 月 27 日，巴西就美国向陆地棉的生产商、使用者和 / 或出口商提供禁止或可诉补贴的做法以及向陆地棉生产商、使用者和出口商提供此种补贴、赠与或者其他援助的法律规定，向美国提出磋商请求。磋商失败后又于 2003 年 3 月向 WTO 争端解决机构提出设立专家组的请求。2004 年 9 月 8 日，专家组散发报告。2005 年 3 月 3 日，上诉机构散发报告。2005 年 3 月 21 日，争端解决机构通过了上诉机构报告和专家组报告，专家组报告和上诉机构报告支持了巴西的大部分主张，裁决美国通过出口信贷保险等方式对棉花提供了禁止性补贴。美国对美棉花的国内支持不符合"和平条款"的豁免条件，与价格挂钩的补贴项目造成棉花价格大幅抑制，严重损害了巴西的利益。因美国未能履行裁决，巴西又提出二楼设立 DSU 第 21.5 条专家组的请求，专家组于 2007 年 12 月 18 日散发报告。DSU 第 21.5 条上诉机构于 2008 年 6 月 2 日散发了上诉报告。因美国未能执行裁决，2009 年 11 月 19 日，WTO 争端解决机构授权巴西对美国采取报复措施。2010 年 8 月 25 日，巴西和美国通知 WTO 争端解决机构，双方达成了和解协议。

绿色科技的"301 条款"申请

2010 年 9 月 9 日，就中国清洁能源政策和措施，美国钢铁工人联合会向美国政府提出"301 条款"调查申请，内容涉及限制外国公司获得稀土等关键原材料、为发展绿色科技提供扭曲贸易的国内补贴等五项政策和措施。申请人指控：中国的政策和措施使美国在风力设备、太阳能、核电站和其他清洁能源领域出口被中国产品取代，严重损害美就业，提请美国贸易代表办公室开展调查，并将这些政策和措施诉诸 WTO。"301 条款"是美国《1974 年贸易法》中第 301 条款的简称，在于保护美国在国际贸易中的利益。根据该条款，美国可以对它认为采取不公平贸易做法的其他国家的贸易做法进行调查，并与有关国家政府协商，最后由总统决定是否采取提高关税、限制进口、停止有关协定等报复措施。但对世界贸易组织成员，只有被世界贸易组织争端解决机构裁决违法但又不执行裁决的成员，才可以根据 301 条款采取相应的措施。

绿屋会议

WTO 总干事在日内瓦的会议室是绿色的，由于 WTO 总干事和部长级会议的主席经常将一些多边谈判会议的主要利益集团集中在这个房间开会，协调各方的矛盾，然后再将达成的意见提交 WTO 部长级会议，因此，此类具有协调性质、往往实质性影响甚至决定多边谈判走向的会议被称为"绿屋会议"。绿屋中进行的谈判往往是由 WTO 总干事牵头，因为房间较小，举行的都是只有小部分 WTO 成员国可以参加的排外的、不公开的会议。因此，反对 WTO 的人有时以绿屋为例，证明他们所声称的 WTO 不透明的决策过程。

罗马国际统一私法协会国际商事合同通则

由国际统一私法协会于 1994 年公布，具有示范性质，不是国际公约。该通则对国际商事合同的普遍原则进行了国际重述，对各国产生了很大影响。2004 年，该通则进行了第二次修订，2010 年又进行了第三次修订。

贸易保护主义

指一国政府通过采取高关税、进出口许可证措施、进出口配额措施、外汇管制措施、进出口商品检验措施等限制进出口的措施达到保护本国国内产业和市场免受外国竞争的做法。

贸易救济调查

泛指进口国对进口产品采取的反倾销调查、反补贴调查和保障措施调查。

贸易权和分销权

贸易权在中国对外贸易法律中通常被称为进出口经营权，指在中华人民共和国境内从事货物和技术进出口的权利。在《中国加入 WTO 议定书》中，中国政府承诺：(1) 在不损害中国以与符合《WTO 协定》的方式管理贸易的权利的况下，中国应逐步放宽贸易权的获得及其范围，以便在加入后 3 年内，使所有在中国的企业均有有权在中国的全部领土内从事所有货物的贸易，但依照中国议定书继续实行国营贸易的货物除外。(2) 除非中国加入议定书有规定，否则对于所有外国个人和企业，包括未在中国投资或注册的外国个人和企业，在贸易权方面应给予不低于在中国的企业的待遇。(3) 在 3 年过渡期内，中国将逐步放开贸易权的范围和可获性。(4) 中国将在加入后 3 年内取消贸易权的审批制。分销权是指商品批发或零售的经营权以及辅助分销和服务的经营权。

贸易政策审议

指 WTO 贸易政策审议机制，该机制是依据《WTO 协定》附件 3《贸易政策审议机制》而建立的对各成员贸易政策进行定期审议的法律机制，是乌拉圭回合为实现 WTO 透明度要求而设立的最为重要的制度之一。WTO 所有成员的贸易政策和实践都要接受 WTO 贸易政策审议机制的定期审议，每个成员接受审议的频率是不同的。成员在最近代表期的世界贸易中所占份额确定了其接受审议的频率：排名前 4 个贸易实体每两年审议一次；其后的 16 个实体每四年审议一次；其他成员每六年审议一次，但可对最不发达国家成员确定更长的期限。在例外情况下，如一成员贸易政策或实践的变更可能对其贸易伙伴产生重大影响，经 WTO 贸易政策审议机构磋商后，可要求该有关成员提前进行下一次审议。

美国对来自中国的轮胎采取特殊保障措施

2009 年 4 月 20 日，美国钢铁工人协会根据美国 1974 年贸易法，向美国国际贸易委员会 (ITC) 申请对中国出口至美国的乘用车轮胎产品采取特别保障措施。4 月 29 日，ITC 启动特别保障措施调查。9 月 11 日，美国宣布，对中国出口至美国的乘用车轮胎产品采取特别保障措施，即自 9 月 26 日生效起对上述轮胎产品征收惩罚性关税，税率第一年为 35%，第二年为 30%，第三年为 25%。

美国钢铁工人协会

它是北美最大的工会组织，包括美国和加拿大的 85 万名会员，钢铁工人是其中的主要力量，但不限于钢铁工人。工会的总部设在钢铁业的中心宾夕法尼亚州的匹茨堡市。轮胎业中有很大一部分的雇员是这个工会的成员。2009 年 4 月 20 日，该组织向美国国际贸易委员会提出特别保障措施调查申请，指责原产于中国的轮胎对其造成了产业损害。

美中经济和安全审查委员会

根据《2001 年国防授权法》，美国于 2000 年设立美中经济和安全审查委员会（U.S.-China Economic and Security Review Commission），目的是就美中双边经贸关系对美国国家安全的影响进行监督、调查并向国会提交年度报告，以及向国会提出建议以便采取立法和行政行动。委员会由 12 名委员组成，分别由参众两院多数党和少数党领袖选任，每人任期 2 年。委员会主要研究下述 8 个方面的问题：增值做法，经济转移，能源，美国资本市场，区域经济和安全的影响，美中双边项目，遵守 WTO 规则的情况，中国对言论和利用信息进行限制产生的影响。

美国国会—行政部门委员会

2000 年 5 月 24 日，美国国会众议院以 237 票对 197 票，表决通过了《对中华人民共和国正常贸易关系法》。该法含有专门针对中国的一些规定，包括成立"国会—行政部门委员会"（U.S Congressional-Executive Commission），监督中国人权状况，建立所谓的中国被迫害者名单，监督中国的法治进展，开展双边合作，发展与非政府组织的关系，提交年度报告。

美国国务院

美国国务院（U.S.Department of State）于 1789 年 9 月由美国外交部改组而成，其行政负责人为国务卿。美国国务院的具体职责是：主管美国在全世界的大使和领事以及涉外官员的工作，协助总统同外国签订条约和协定，安排总统接见外国使节，就承认新国家或新政府向总统提供意见，掌管美国国印等。国务院的行政首长国务卿由总统任命（经参议院同意）并对总统负责，是仅次于正、副总统的高级行政官员。国务卿对总统发布的某些文告有副署之责。

美国贸易代表办公室

是美国总统行政办公室的一个机构，根据 1963 年 1 月 15 日总统 11075 号行政命令创立，原名为贸易谈判特别代表办室。贸易代表办公室（Office of the United States Trade Representative，USTR）主要负责处理贸易协定、制定和实施贸易政策。美国贸易代表直接对总统负责，享有全权大使的地位，是总统内阁会议的组成人员，也是美国进出口银行和海外私人投资公司的董事会成员，是国际货币和金融政策的国家咨询委员会成员。美国贸易代表的职责主要包括根据部际贸易咨询委员会的建议，制定和协调美国外贸方针的实施，担任美国总统国际贸易政策和效果的主要顾问，进行国际贸易谈判，就涉及关贸总协定／WTO、经济合作与发展组织、联合国贸易与发展组织及美国根据贸易协议的权利保护等问题，向政府各部门提供政策指导，扩大美国出口，对国家贸易、双边贸易、商品问题和涉及能源的国际贸易问题进行政策研究，制定有关应对不正当贸易做法的美国总体政策。

美国诉中国知识产权案

2007 年 4 月 10 日，美国以中国相关法律不符合《与贸易有关的知识产权协定》为由，向中国提出了 WTO 争端解决机制下的磋商请求（DS362）。该案涉及知识产权犯罪的刑事门槛、海关处置侵权货物的措施、依法禁止出版传播作品的著作权保护等问题。2007 年 6 月，中美双方进行了磋商。2007 年 8 月，美国要求设立专家组，并指控中国在三个方面的做法不符合《与贸易有关的知识产权协定》的规定。2009 年 1 月 26 日，专家组散发报告，驳回了美国的绝大多数主张。中美双方对该报告均未提出上诉。2009 年 3 月 20 日，WTO 争端解决机构通过了专家组报告。

秘书处

指世界贸易组织在日内瓦总部设立的日常工作机构，由总干事领导。总干事由部长级会议任命。总干事任命秘书处工作人员，并确定其职责和服务条件。总干事和秘书处工作人员独立行使其所承担的职责，不能寻求或接受 WTO 之外任何政府或其他权力机关的指示。秘书处的职责是为 WTO 各机构进行谈判和执行协议提供行政和技术支持；为发展中国家特别是最不发达国家提供技术援助；组织、WTO 经济学家、统计学家对贸易实绩和贸易政策进行分析；就争端解决涉及 WTO 规则和惯例的解释问题，由 WTO 法律顾员提供帮助；处理新成员的加入谈判，为准备加入的国家提供咨询等。秘书处下设总干事办公室和与 WTO 各机构、各专门委员会对应的工作部门，以支持、协助 WTO 各部门的工作。

南北关系

指发展中国家与发达国家之间的关系。

农业特殊保障条款／农业特殊保障机制

农业特殊保障条款（Special Safeguard，SSG) 是在关贸总协定乌拉圭回合谈判中提出的。它是针对部分对农产品进口实施关税化管理的国家所设立的一种紧急措施，目的在于避免部分国家由于实施关税化管理而对国内农产品市场造成冲击。当初对农产品实施关税化管理的多为发达国家，大部分发展中国家由于没有实现关税化管理而没有获得特殊保障措施权力，所以在新一轮农业谈判中，改革或者取消SSG，建立新的特殊保障措施机制，成为大多数 WTO 成员特别是发展中成员的共识。

欧盟反倾销基本条例

原指 1995 年 12 月 22 日欧共体理事会通过的《关于抵制非欧共体成员国倾销进口的第 384/96 号条例》。2009 年 11 月 30 日，欧盟理事会通过了新的第 1225/2009 号条例，取代了 1995 年通过的条例，但名称仍称为《欧盟反倾销基本条例》。

普惠制

全称是普遍优惠制（Generalized System of Preference,GSP）。指发达国家单方面给予发展中国家出口的制成品和半制成品（包括某些初级产品）以普遍的、非歧视的、非互惠的优惠制度。普惠制的三项原则是：(1) 普遍性。即所有发达国家对所有发展中国家出口的制成品和半制成品给予优惠待遇；（2）非歧视性。即应使所有发展中国家无例外地享受优惠待遇；（3）非互惠性。发达国家应单方面给予发展中国家以优惠，而不要求发展中国家给予同等优惠。普惠制的目标是：增加发展中国家的出口收益；促进发展中国家的工业化；加速发展中国家经济的发展。普遍优惠制待遇最初是在 1964 年召开的的第一次联合国贸易与发展会议中提出的，该会议建议发达国家对发展中国家的出口给予免税待遇。1968 年 3 月，在印度新德里召开的联合国第二届贸易发展会议上，与会国家通过了《发展中国家制成品及半制成品出口至发达国家予以优惠进口或免税进口》的第 21（II）号决议。该决议确定了普惠制的原则、目标、实施期限，并成立优惠问题特别委员会对普惠制的实施进行协商。

气候变化条约

泛指《联合国气候变化框架公约》和《京都议定书》。1992 年 6 月 4 日，在巴西里约热内卢举行的联合国环境与发展大会（地球首脑会议）上，与会国通过了《联合国气候变化框架公约》，1994 年 3 月 21 日生效。它是世界上第一个为全面控制二氧化碳等温室气体的排放，以应对全球气候变暖给人类经济和社会带来不利影响的国际公约。其目标在于将温室气体的浓度稳定在使气候系统免遭人为破坏的水平上。中国于 1992 年 6 月签署该公约，1993 年 1 月 5 日批准公约。1997 年 12 月，在日本京都举行的第三次缔约国大会通过了一项旨在限制发达国家温室气体排放量、抑制全球变暖的《京都议定书》，以规范工业国家 2008 年到 2012 年温室气体减量目标及进程。2005 年 2 月 16 日，议定书生效。中国于 1998 年 5 月 29 日签署议定书，2002 年 9 月 3 日核准。但美国作为全球温室气体排放量最大的国家至今仍没有加入该议定书。

汽车零部件案

指美国、欧盟和加拿大针对中国汽车零部件政策和做法向世界贸易组织提起的案件（DS340）。该案起因于中国 2005 年 4 月 1 日开始实施的《构成整车特征的汽车零部件进口管理办法》。《办法》规定，对等于或超过整车价值 60% 的零部件征收与整车相同的关税。2006 年 3 月 30 日，上述三方向中国提出磋商请求。在未能达成一致的情况下，又于 2006 年 9 月 15 日要求 WTO 成立专家组，审理中国对进口汽车零部件征收关税的措施。专家组和上诉机构分别于 2008 年 7 月 18 日和 12 月 15 日散发报告，均裁决中国的相关措施违反了世界贸易组织的相关规则。中国政府通过修改相关措施已经执行了这一裁决。

倾销幅度

指倾销产品的出口价格低于其在出口国的正常价值的差额。进口国在对倾销产品课征反倾销税时，不得超过倾销幅度。

全球治理

随着全球化的深入发展，包括冲突、环境、生态、资源、气候等许多问题的解决都非一国政府所能及。在保留现有各国政府管理机制和力量的基础上，加强彼此的沟通和协调，以解决一些共同面临的问题就是全球治理的目标。全球治理并不是要建立一个世界政府。。

瑞士公式

在关贸总协定第 7 次多边贸易谈判即东京回合中，瑞士提出了关税减让谈判的一个折中公式，主要是为了实现线性关税减让。该公式使原有关税越高者减让越多，原有关税越低者减让越少。具体公式为：Ｚ＝ＡＸ／（Ａ＋Ｘ）。其中：Ｘ代表最初的关税率，Ａ是一个经过同意的系数，Ｚ是减低后的关税率。欧洲经济共同体、北欧国家和澳大利亚的系数为 16，美国、日本和瑞士为 14。新西兰则采取逐项谈判的方式。东京回合谈判中有 18 个工业发达国家采用了这个公式，有 31 个缔约方仍采用传统方式。

"十六大"报告

是指中国共产党第十六次全国代表大会上的报告，全名是："全面建设小康社会，开创中国特色社会主义事业新局面"。

约束关税

指关贸总协议缔约方或 WTO 成员经过谈判达成、列入减让表的关税税率。对于实施约束关税的商品，实施该关税的成员在未与其他成员进行谈判或给予补偿的情下，不得单方面提高关税。不得超出约束关税征收普通关税，列入减让表中的关税构成了相关成员可以征收的普通关税的最高限额。

"十四大"

指中国共产党第十四次全国代表大会。该会议于 1992 年 10 月 12 日至 18 日在北京召开，确立了我国的经济体制为"市场经济"。

世界银行

是指世界银行集团，包括国际复兴开发银行和国际开发协会。总部设在华盛顿，其最高权力机构是理事会。国际复兴开发银行成立于1945年12月27日成立，目的是为重建国际货币金融体系，帮助各国发展国内经济获得贷款。然而因其贷款限制比较严格，为满足发展中国家的资金需求，1960年9月又成立了国际开发协会。世界银行主要帮助借款国获得数额较大、条件较好、偿还期较长的资金，其资金来源主要有各成员国缴纳的股金、向国际金融市场借款以及发行债券和收取贷款利息。这些政府借款必须用于特定方案，如减轻贫困、提供社会服务、环境保护、或经济增长。所有借款项目一旦确定，世界银行将考察其可行性以确保世行资助的项目符合经济、金融、社会和环境要求。

市场经济

又称自由市场经济。在这种体系下，产品和服务的生产及销售完全由自由市场的自由价格机制所引导，而不是像计划经济体制那样由国家引导。

市场经济地位

市场经济地位（Market Economy Status，MES）是反倾销调查中确定倾销幅度时使用的一个概念。反倾销调查机关如果认定被调查商品的出口国为市场经济国家，在进行反倾销调查时，就必须根据该产品在生产国的实际成本和价格来计算其正常价格。如果认定被调查商品的出口国为非市场经济国家，将援用与出口国经济发展水平大致相当的市场经济国家（即替代国）的成本数据来计算正常价值，并进而确定倾销幅度，而不使用出口国的原始数据。

市场准入

指一国产品或服务在非歧视情况下进入另一国市场时所面临的进口方政府采取的管制措施。市场准入条件既包括边境措施，也包括针对产品销售和服务国内市场措施。就货物贸易而言，市场准入谈判既涉及关税减让，也涉及非关税措施的规范；就服务贸易而言，市场准入谈判既涉及拟开放的服务产业部门、服务贸易方式，还涉及准入的具体条件（包括国民待遇方面的限制等）。

授权报复功能

指 WTO 争端解决机制中，如果败诉方不执行裁决，胜诉方可以请求 WTO 争端解决机构授权其对败诉方中止适用关税减让或其他义务。这实际上是对败诉方不实施建议或裁决的报复措施，目的是为了敦促败诉方尽快执行建议或裁决。但为了防止对报复措施的滥用，WTO 规定了实施报复应遵守的规则，如报复的方式、报复水平及报复的暂时性等。报复制度的发展尤其是交叉报复的采用，是强化 WTO 争端解决的力度、保证其裁定执行的重要步骤。

司法审查

也称"司法审议"。是指由法院对立法机关、行政机关或其他组织的行为的合宪性或者合法性进行复审或者审查的制度。各国司法审查的范围不尽相同，但法院对行政行为的司法审查是通例。WTO 规则中的司法审查是指，WTO 成员方应通过设立司法、仲裁或行政庭或程序，对其他成员、企业或个人质疑的其与贸易相关的行政行为（包括与法律、法规、司法裁决和行政决定实施有关的所有行政行为）进行独立的审查，以使其与贸易相关的行政行为不与 WTO 规则相冲突。

特殊保障措施

是指特定产品的过渡性保障措施或者选择性保障措施，简称特保。它是 WTO 成员专门就某一特定成员的特定产品采取的保障措施，具有明显的歧视性。《中国加入 WTO 议定书》第 16 条及《中国加入 WTO 工作报告书》规定了针对中国出口产品的特保措施。根据这些规定，自中国加入 WTO 之日起的 12 年内，如果原产于中国的产品在进口至任何 WTO 成员境内时，发生数量上的绝对增加或者相对增加，其增加的数量和依据的条件对生产同类产品或者直接竞争产品的进口国国内生产商造成或者威胁造成市场扰乱，或者造成重大贸易转移，作为进口国的 WTO 成员可在经过调查、公告和通知、磋商等程序后，在防止或补救此种市场扰乱所必需的限度内，对上述产品采取撤销减让或限制进口的特别保障措施。

替代国

替代国（Surrogate Country/Analogue Country）是指一些国家在反倾销调查中确定非市场经济国家涉案出口产品的正常价值时所采用的一种方法。根据该方法，调查机关拒绝采用涉案产品原产国的成本数据，而选择一个所谓市场经济国家的同类的成本数据确定涉案产品的正常价值。通常情况下，由于替代国价格往往高于涉案产品原产国的价格，在出口价格确定的情况下，通过价格比较所得出的产品倾销幅度一般都比较高。《中国加入世界组织工作组织报告书》第 151 段规定，其他的 WTO 成员在采用代替国方法确定中国涉案产品的正常价值时，应尽量大努力保证按一下方法实施，即该代替国必须是市场经

附录：术语解释

济体，且是调查所涉案产品的主要生产者。被选择的代替国的经济发展水平应与中国具有可比性，或者根据受调查的产业的性质，该被选择的具替代国属适用的价格或成本来源。

替代国价格

指一些国家在反倾销调查中确定所谓非市场经济国家涉案出口产品正常价值时所用的替代国方法所计算出的正常价值。通常情况下，由于替代国价格往往高于涉案产品原产国的价格，在出口价格确定的情况下，通过价格比较所得出的产品倾销幅度一般都比较高。

条约解释

指《关于争端解决规则与程序的谅解》第3.2款规定的应按国际公法解释条约的习惯规则来阐明这些协定中的现有规则。国际公法解释条约的习惯规则指的就是《维也纳条约法公约》第31、32和33条的规定。这些条款已经构成WTO条约解释的一般原则和方法。第31条是条约解释的一般通则：条约应依其用语按其上下文并参照条约之目的及宗旨所具有之通常意义，善意解释之。第32条为解释之补充资料，为了证实适用第31条确定的用语意义，或按照第31条确定的用语意义不明或不合理时，适用解释之补充资料，包括该条约的准备资料及其缔结的情况。第33条是关于以两种或更多语言认证的条约所作的解释。一般的原则是在没有明确规定以某种文本为准时，各用语约文具有同等效力。

听证会

听证会起源于英美国家，它是把司法审判的模式引入行政和立法程序的制度。听证会模拟司法审判，由意见相反的双方互相辩论，其结果通常对最后的处理有拘束力。WTO 争端解决程序中的听证会是指 WTO 专家组和上诉机构与争端各方召开的实质性会议。专家组阶段有两次听证会，由起诉方和被诉方分别陈述其观点以及正式辩驳。与争端有利害关系的第三方可以在第一次听证会上陈述其意见。专家组可随时向各方提出问题，并请它们在各方出席的会议过程中进行说明，或做出书面说明。

统制贸易

统制贸易又称外贸统制，是指对外贸易由国家统一管理、控制和调节，也被称为对外贸易国家垄断制。统制贸易由国家建立的集外贸经营与管理为一体、政企不分、统负盈亏的外贸管理体制，中央以指令性计划直接管理少数的专业性贸易公司进行进出口贸易。

透明度

指 WTO 成员方应公布其制定和实施的贸易法规和措施及其变化情况（如修改、增补或废除），不公布的不得实施。成员方所参加的有关影响国际贸易政策的国际协定也在公布和通知之列。

外贸权审批制

指授予外贸经营权的行政审批制度。只有经过主管部门的审批，企业才能获得从事对外贸易进出口的权利。

维也纳销售合同公约

指《联合国国际货物买卖合同公约》。该公约于 1980 年在维也纳召开的外交会议上获得通过，1988 年 1 月 1 日生效。公约规定了国际货物买卖合同的订立、买卖双方的权利和义务、违约救济等方面的统一规则。

世界卫生组织

简称世卫组织或世卫。它是联合国的专门机构，总部设在瑞士日内瓦。1946 年，国际卫生大会通过了《世界卫生组织组织法》，1948 年 4 月 7 日，世界卫生组织宣布成立。每年的 4 月 7 日也就成为了全球性的"世界卫生日"。世界卫生组织的宗旨是使全世界人民获得尽可能高水平的健康。其主要职能包括：促进流行病和地方病的防治；提供和改进公共卫生、疾病医疗和有关事项的教学与训练；推动确定生物制品的国际标准。

乌拉圭谈判

1986 年 9 月 15 日，关贸总协定缔约方部长会议在乌拉圭的埃斯特角城召开，由此启动的关贸总协定第八轮谈判，也被称为乌拉圭回合多边贸易谈判。这轮回合确立的谈判目标是：制止和扭转贸易保护主义，消除贸易扭曲现象；维护关贸总协定基本原则，促进总协定目标的实现；建立一个更加开放，具有生命力和持久的多边贸易体制。谈判议题共有 15 个，按内容可以分为三个部分：货物贸易、多边贸易体制的作用和服务贸易。每个议题由一个独立的谈判工作组负责。其中，与贸易有关的投资措施、与贸易有关的知识产权和服务贸易三个议题是前几轮多边贸易谈判从未涉足的领域。同时，在这轮回合中，虽然关税仍是议题之一，但谈判的重点全面转向各种非关税措施、服务贸易、知识产权新议题和总协定的机制的作用上。1993 年 12 月 15

日，各谈判方草签协议，1994年4月15日举行了最后一次会议，历时7年半的乌拉圭回合谈判正式结束。乌拉圭回合是关贸总协定历史上最后一轮，也是成就最大的一轮多边贸易谈判。该谈判的成果之一是建立了世界贸易组织。

限制性商业惯例

联合国贸易与发展会议于1980年4月主持签署的《管制限制性商业惯例多边协议的公平原则和规则》对"限制性商业惯例"定义为："凡是企业具有下述的行为和行动，即通过滥用或谋取滥用市场力量的支配地位，以限制进入市场或以其他方式不适当地限制竞争，从而对国际贸易、特别是发展中国家的国际贸易及其经济发展造成或可能造成不利影响：或通过企业之间正式的或非正式的、书面的或非书面的协议或安排，造成同样的影响的都称之为限制性商业惯例"。限制性商业行为必须是为法律所禁止的不合理的或不正当的限制竞争或实行歧视的做法或惯例。法律法规所禁止的限制性商业行为可分为三类：实行垄断支配地位、滥用市场支配地位、实行不公平及歧视性的做法。

小型部长会

指在部长会议召开之前，一些成员的主管部长先行举行的非正式会议。商讨推动谈判的方法、讨论谈判中的一些重点问题，甚至作出重要决定。它是一种非正式会议。

协商一致原则

是WTO采取的一种决策方式。指出席会议的成员方对拟通过的决议如果不正式表示反对，就视为同意。保持沉默、弃权或进行一般的评论等都不能构成反对意见。

新兴的处于过渡体制的国家

指正在发展中的由计划经济向市场经济过渡的国家，如中国、俄罗斯等。

亚洲开发银行

简称亚行。根据 1963 年 12 月在菲律宾首都马尼拉由联合国亚太经社会主持召开的第一届亚洲经济合作部长级会议的决议，1965 年 11 月至 12 月在马尼拉召开的第二届会议通过了亚洲开发银行章程。章程于 1966 年 8 月 22 日生效，11 月在东京召开首届理事会，宣告该行正式成立。它是亚洲和太平洋地区的地区性金融机构，总部设在菲律宾首都马尼拉，最高权力机构是理事会。它的成立旨在减少亚太地区的贫困、促进经济增长、发展人力资源等。亚行主要通过开展政策对话、提供贷款、担保、技术援助和赠款等方式支持其成员在基础设施、能源、环保、教育和卫生等领域的发展。

"亚洲四小龙"

从 20 世纪 60 年代开始，亚洲的韩国、新加坡、中国台湾、中国香港实行出口导向型战略，重点发展劳动密集型的加工产业，在短时间内实现了经济腾飞，因此被称为"亚洲四小龙"。

一国一税

又称全国统一税率。按照欧美反倾销法，非市场经济国家的出口企业只有通过单独税率测试，才能依据他们各自的倾销幅度确定反倾销税率，否则将适用全国统一税率。对来自"非市场经济国家"的应诉企业，除非企业提交个别申请并经审核通过，否则即实施无分别裁决和一国一税的歧视性反倾销政策。反倾销协议第6.10条规定："主管机关通常应对被调查产品的每一已知出口商或生产者确定各自的倾销幅度。"按照此条规定，调查机关应当对每一个企业确定一个单独的倾销幅度，不能对整个所有中国企业给一个统一税率。

永久正常贸易关系法

2000 年，美国国会通过了《对中国正常贸易关系法》（Permanent Normal Trade Relations，PNTR），规定自中国加入 WTO 时起，按 WTO 最惠国待遇原则给予中国最惠国待遇，从而结束了过去根据 1974 年贸易法对中国的最惠国待遇一年一审的做法。

有计划的商品经济

指在计划指导下的商品经济，或者说是建立在商品经济基础上的计划经济。《中共中央关于经济体制改革的决定》第一次明确指出：社会主义经济"是在公有制基础上的有计划的商品经济"。该决定突破了将计划经济同商品经济对立起来的传统观念。社会主义有计划商品经济的发展，要求在国家的宏观经济决策和企业的微观经济活动中都尊重价值规律的作用，逐步形成计划经济与市场调节有机结合的调控模式，运用计划调节和市场调节的双重功能，对社会经济运行进行调控。这样，既能促使企业提高经济效益，又能促使国民经济按比例协调发展，避免资本主义商品经济那样的经济危机和无政府状态，保证社会主义国民经济生气蓬勃地健康发展。

有条件的最惠国待遇

指一国授予另一国最惠国待遇时附加了该国应当履行的条件或义务。例如，美国国会通过 1974 年贸易法的"杰克逊 - 瓦尼克修正案"将授予最惠国待遇限制在那些采取自由移民政策的国家。

有序市场安排

通常指进口国根据双边协议同意减少或限制出口，而无需进口国采取配额、关税或其他措施对进口实施限制。二十世纪 70 年代，日本家电对美出口规模的大幅增加遭至美国国内产业的抵制，最后，日美两国于 1977 年达成有序市场安排协议。根据该协议，日本承诺从 1977 年至 1980 年间每年针对美国的彩电出口限制在 175 万台之内。此后，日本彩电制造商改向美国投资。到 80 年代末，美国市场上只有一家美资的彩电制造商，其他美资制造商不是退出市场就是被西欧和日本的公司所收购。

增量市场

指还有上升空间的销售市场。

正常价值

是反倾销调查程序中确定是否存在倾销的核心概念之一。《反倾销协定》第 2.1 款关于倾销的定义中包含了正常价值的定义。正常价值指一出口产品的相似产品在正常贸易过程中供出口国消费的可比价格。正常价值的确定由三种方法：一是按正常贸易过程中出口国国内销售价格；二是按照出口国向第三国正常贸易中的出口价格；三是按结构正常价值，即被调查产品的相似的产品在原产国的生产成本价合理金额的管理、一般和销售费用及利润来确定正常价值。一般情况下，应优先采用地一种方法。只有在不能采用地一种方法时，才能采用第二或第三种方法。

正常贸易关系待遇

该术语从 1998 年开始被美国用来代替最惠国待遇一词。由于美国认为最惠国待遇已经给予了世界上的大多数国家，如果继续将其称之为最惠国待遇，容易引起歧义，所以，将其更改为正常贸易关系待遇。该词在关于是否继续授予中国最惠国待遇／正常贸易关系待遇的国会年度辩论中尤为经常使用。

政府的继承

指由于某一政府代表国家的资格被新政府取代，从而导致前政府在国际法上的权利义务转移给新政府。政府继承并不影响一国在国际法上的法律地位，也不影响该国依国际法承受的权利义务。

指导性计划

亦称"参考性计划"，是国家或计划主管部门按隶属关系下达，用以指导经济和社会发展的控制性计划。指导性计划的生产任务所需的重要物资和产品的销售，有的由上级主管部门积极安排，有的由企业通过市场自行解决，产品价格一般实行固定价格和浮动价格。指导性计划不具有强制性，国家主要通过经济政策、经济杠杆和经济法规，采取各种经济措施进行引导，必要时辅之以行政手段，促使执行单位的经济活动符合国家计划的要求。因此具有引导性、协调性、灵活性的特点。

指令性计划

也称直接计划。它主要是国家从全局利益出发做出决策，并且用直接下达具体计划指标或直接干预企业经营活动的方式来执行。指令性计划具有强制性，计划一经确定，执行单位必须执行，不得任意修改。

中国加入 WTO 工作组

指根据 WTO 总理事会 1995 年 1 月 31 日的决定，由原中国 1947 年《关贸总协定》缔约方地位工作组转化而来、以审议中国加入 WTO 的申请为主要任务的工作组。该工作组从 1995 年 12 月 7 日中国正式提出加入 WTO 申请起开始行使职权。工作组共由 63 个 WTO 成员组成，主席为皮埃尔—路易斯·吉拉德（瑞士籍）。工作组的职权范围是：审议中国根据《马拉喀什协定》第 12 条提出的加入 WTO 的申请，并向 WTO 总理事会提出建议，该建议包括《加入议定书（草案）》。在中国入世谈判期间，工作组共召开了 18 次会议。在 2001 年 9 月中旬举行的第 18 次即最后一次工作组会议上，工作组最终审定了拟提交 WTO 部长级会议审议的《中国加入 WTO 议定书（草案）》和《中国加入 WTO 工作组报告书（草案）》，为 2001 年 11 月于卡塔尔首都多哈举行的第四届 WTO 部长级会议审议并通过《关于中国加入 WTO 的决定》铺平了道路。

中国诉美国禽肉案

指中国就美国采取的歧视中国禽肉的措施向 WTO 提起的案件（DS392）。自 2007 年开始，美国通过年度拨款法案及一系列相关措施使得中国禽肉制品无法出口美国。2009年4月17日，中国就美国限制中国禽肉进口的措施向美方提出磋商要求，案件主要涉及美国国会《2009年综合拨款法》第727条款。该条禁止美国农业部利用财政拨款调查取消限制中国禽肉进口的行动，带有明显歧视性，违反WTO最惠国待遇原则。因中美双方未能达成一致，中国请求WTO设立专家组。专家组在2010年9月29日散发的报告中裁定：美国对中国禽肉的进口限制违反了WTO关于动植物检疫措施的相关规则，也违反了WTO最惠国待遇。报告作出后，中美双方均未提出上诉。2010年10月25日，WTO争端解决机构通过了专家组报告。

中美市场准入备忘录

指中美两国于1992年10月签署的《中华人民共和国政府和美利坚合众国政府关于市场准入的谅解备忘录》。该协议内容广泛，包括有关商品的海关分类或估价或关税税率、国内税收或其他税费、有关进出口的规定、限制或禁止以及由此产生的支付转移或影响销售、分梢、运输、保险、仓储、检验、展览、加工、混合或其他进出口活动等等有关立法程序、许可程序以及复议程序的承诺等。

诸侯经济

是对地方政府采取的与中央"上有政策下有对策"博弈的经济政策的形象化比喻。从发展角度讲，"诸侯经济"就是无论是在区域上还是行政区块上，地方从自身利益出发所选择的发展方式、发展规模、发展速度跟中央宏观调控不一致。一些学者用"诸侯经济"来形容地方与地方、区域与区域之间这种条块分割、各自为政、肥水不流外人田、封闭的割裂大市场等错误的发展思路或发展方式。

咨询中心

全称为 WTO 法律咨询中心。2001 年 7 月 1 日成立，是一个独立于 WTO 的政府间国际组织。咨询中心是在发达国家和发展中国家及单独关税区的合作下上建立的。目标是促进国际关系的法治，使各成员方有效利用 WTO 争端解决体制，全面提高以规则为导向的多边贸易体系的普遍性和可信度。咨询中心提供的服务包括：WTO 法律的建议；帮助争端双方和第三方参与 WTO 争端解决机制；通过研讨会和其他适当方式对政府官员进行 WTO 法律培训。咨询中心向不同类型的国家收取不同的服务费用，但本质上不是商业性质的机构。

自然禀赋

是一种经济理论。最早始于斯密的比较优势理论，强调各国自然资源的差异，并以此来解释国与国之间进行贸易的有利性。后由郝克歇尔·俄林发展为"要素禀赋论"，他认为，自然禀赋包括自然资源、劳动力成本、原材料等因素，强调贸易完全是要素禀赋差异的结果。李嘉图在其相对优势的贸易理论中提出："自然禀赋决定了一个国家的比较优势，从而也决定了该国生产什么不该生产什么。"

自愿出口限制

自愿出口限制（Voluntary Export Restraint,VER）是灰色区域措施的一种，亦称自动限制安排。它是指出口国政府或出口商迫于进口国压力，自行限定一定时期向进口国输出某种产品的数量或金额，以此换取进口方放弃实施进口限制措施。20世纪七八十年代，这种做法曾在钢铁、汽车、半导体和其他所谓的敏感行业中被较多地采用。日本曾多次迫于美国的压力实施自动出口限制。

专家组（Panel）

指WTO《关于争端解决规则与程序的谅解》规定的审理各成员之间贸易争端的临时性机构。应争端申诉方的请求，争端解决机构应最迟在此项请求首次作为一项议题列入争端解决机构议程的会议之后的争端解决机构会议上设立专家组，除非在此会上争端解决机构经协商一致决定不设立专家组。除争端各方另有议定外，专家组的标准职权范围是：按照提出申诉方引用的使用写的有关规定，审查当事方提交争端解决机构的事项，并提出调查结果以协助争端解决机构提出建议或作出裁决。

此外，在设立专家组时，争端解决机构可授权其主席与争端各方协商，制定专家组的特别职权范围。专家组一般由三名成员组成。专家组的成员由资深政府官员和/或非政府个人组成，成员的选择应以保证各成员的独立性和丰富的经验。但政府为当事方或为第三方成员的公民不得在与该争端有关的专家组中任职除非争端各方同意。为协助选择专家组成员，秘书处应保存一份满足资格要求的政府和非政府个人的指示性名单，便于从中酌情选出专家组成员。如果在专家组设立后20天内争端双方无法就专家组人选达成一致，争端一方可请求总干事指定专家组成员，总干事应在收到上述请求后10日内指定。

祖父条款

又称保留条款、不追溯条款。指因事先已存在的条件或状况允许正式免除执行某项规则或法律的例外条款。1947 年《关贸总协定》中的祖父条款是指创始成员于 1947 年通过的《临时适用议定书》中的一个条款。该条款规定，可在不违背现行立法的最大限度内适用 1947 年《关贸总协定》第二部分，允许原缔约方强制性国内立法与 1947 年《关贸总协定》条款的不一致，这些不一致的国内立法必须在签署 1947 年《关贸总协定》之前已经存在。祖父条款意味着在 1947 年《关贸总协定》第二部分的适用上，缔约方国内立法具有优先地位。1994 年《关贸总协定》没有包含祖父条款，在 WTO 成立后，祖父条款已经不复存在。

最惠国待遇

根据联合国国际法委员会 1978 年拟定的《最惠国条款法最后草案》第 5 条的定义，最惠国待遇是指给惠国给予受惠国或者与该受惠国确定关系的人或物的优惠，不低于该给惠国给予第三国或者与该第三国有确定关系的人或物的待遇。由于其基本含义是待遇平等，因此在过去亦被称为对外平等。最惠国待遇被纳入 WTO 协定。根据 WTO 的规定，最惠国待遇是指一成员方将在货物贸易、服务贸易和知识产权领域给予任何其他国家（无论是否 WTO 成员）的优惠待遇，在情形相同时，应立即和无条件地给予其他成员方。

遵循先例

遵循先例 (stare decisis) 本是一项英美法制度，主要规定法院的判决可以作为未来案件的法律渊源。在 WTO 法律体系中，该制度通常涉及专家组与上诉机构报告的法律地位问题，即在 WTO 争端解决中，是否要将此类报告作为先例予以遵循。在任何 WTO 协定和《关于争端解决规则与程序的谅解》中，都找不到对该问题的明文规定。上诉机构曾在"日本酒精案"中否定了专家组报告的先例作用，但同时指出，后来的专家组应考虑到先前通过的专家组报告，因此，这些报告为 WTO 成员提供了合理期望，在与任何争端相关时将会得到考虑。大多数人认为，在 WTO 争端解决中缺乏遵循先例的条约法依据，但实际上存在着类似先例制度的作用。